철학카페에서 시 읽기

철학카페에서 시 읽기

김용규 지음

웅진 지식하우스

시를 사랑했던 아우를 위하여

책머리에

시를 읽자
젊은이여, 시를 읽자

　가을을 보내는 길목에서 철학카페가 다시 문을 열었습니다. 《철학카페에서 문학 읽기》를 낸 지 5년 만입니다. 그동안 열 편의 소설과 세 편의 희곡을 함께 읽는 철학카페는 고객들로 항상 붐볐지요. 고마운 마음을 담아 새로운 이야깃거리를 준비하여 고즈넉한 모퉁이 카페에서 다시 당신을 기다립니다. 이번엔 '시 읽기'입니다. 각자 즐기는 커피나 음료를 한 잔씩 앞에 놓고 당신과 내가 함께 시를 읽으며 다시 한번 수다를 떨자는 거지요.
　수다라, 이것을 쓸데없는 이야기라, 부질없는 잡담이라 여기지 맙시다. 내 생각엔 수다를 떠는 가운데 인류는 문학을, 철학을, 그리고 종교를 갖게 되었으니까요. 특별히 카페에서 떠는 수다는 애초부터 생산적이었지요. 1680년 파리의 화려한 국립극장 테아트르 프랑세 맞은편에 문을 연 프랑스 최초의 카페 '커피 마시는 집'에는 몰리에르, 라신, 라퐁텐 같은 당대의 작가들이 문턱이 닳도록 드나들었습니다.

계몽 시대를 이끈 루소, 볼테르, 몽테스키외, 디드로도 단골손님이었지요. 그들은 모두 이곳에서 커피를 마시고 수다를 떨며 새로운 작품을 구상하고 새로운 시대를 열었습니다.

몽파르나스에 자리한 카페 라 로통드에는 1차 세계대전이 끝난 후 피카소, 모딜리아니, 수틴, 후지타와 같은 화가들이 죽치고 있었습니다. 미국에서 건너온 작가 헤밍웨이도 한때 자리를 든든히 지키고 있었지요. 같은 시기 파리 중심부에 위치한 카페 드 플로르는 "미라보 다리 아래 센 강이 흐르고 / 우리의 사랑도 흐른다"로 시작하는 시 〈미라보 다리〉를 쓴 기욤 아폴리네르 덕분에 이름을 떨쳤습니다. 후에는 장 폴 사르트르와 시몬 드 보부아르의 철학 아지트로 더욱 유명해졌지요. 그들도 모두 카페에서 동료들과 만나 수다를 떨며 새로운 예술과 철학의 길을 개척했습니다.

우리의 철학카페도 이에 못지않습니다. 여기에는 한용운, 이상, 김소월, 서정주, 박두진, 유치환, 김수영 시인을 비롯해 강은교, 김남조, 문정희, 최승자, 김지하, 정희성, 정호승, 신경림, 정현종, 천상병, 장정일, 유하, 함성호, 김승희, 김혜순, 도종환 등 40여 명의 시인들이 자리하고 있고, 진은영, 심보선, 유희경 같은 젊은 시인들도 드나듭니다. 게다가 릴케, 횔덜린, 헤세, 네루다, 오르탕스 블루 같은 외국 작가들도 가끔 들르지요. 어디 그뿐인가요! 플라톤, 아리스토텔레스,

세네카, 아우구스티누스, 키르케고르, 니체, 하이데거, 사르트르, 카뮈, 마르셀, 프롬, 리쾨르, 푸코, 바디우, 싱어와 같은 철학자들이 단골임은 물론, 베버, 마르크스, 보드리야르, 바우만, 벡 같은 사회학자들도 등장합니다. 어때요, 모두 내로라하는 입담꾼들이 아닌가요?

철학카페에서 당신은 이들 가운데 그 누구와도 수다를 떨 수 있습니다. 물론 당신이 원하는 사람과 말입니다. 그것도 90여 편의 시를 읽으며, 시에 대해서, 철학에 대해서, 그리고 무엇보다도 우리의 삶에 대해서 마음껏 수다를 늘어놓을 수 있습니다. 수다란 본디 무엇인가요? 전문 용어로 한마디면 끝낼 말을 아무 거리낌 없이 열 마디로 늘여서 하는 것이 아니던가요? 우리는 그렇게 쉽고 자유롭게 이야기할 것입니다. 그런 와중에 우리의 갈 길을 찾으려는 것이지요.

말처럼 허망한 것도 없지만, 그래도 인간은 말 속에서 길을 찾는 존재입니다. 말 속에서 갈 길도 찾고, 말 속에서 살 길도 찾는 것이 사람이지요. 그래서 철학카페는 수다를 즐기지 못할 만큼 고상한 사람, 현학적인 고준담론을 즐기는 사람들은 오히려 사양합니다. 분명히 하지요! 우리의 관심은 시에 담긴 시인의 은밀한 의도를 알아내거나 시를 학문적으로 분석해 평가하려는 데 있지 않습니다. 더구나 시를 매개로 이런저런 철학 이론들을 소개하려는 의도와는 아예 거리가 멉니다.

언제나 그랬던 것처럼 철학카페의 관심은 철학 이론을 도구 삼아 작품을 해석함으로써 드러나는 우리의 갈 길을 찾자는 데 있습니다. 폴 리쾨르가 갈파했듯이, 하나의 작품을 해석한다는 것은 그것을 통해 자신의 새로운 '존재가능성'을 찾는 일입니다. '텍스트 앞에서의 자기 이해'를 얻는 것이지요. 그것은 텍스트를 향해 자신의 고유하고 한정된 이해 능력을 주입시키는 것이 아니라, 텍스트 앞에 겸허히 나서는 일입니다. 그럼으로써 텍스트에서 더 넓어진 자기를 얻는 것입니다.

산다는 것은 본디 길을 가는 것이지요. 그런데 언제부터인지 우리의 갈 길이 궁벽하고, 살 길이 궁핍합니다. 청소년 때부터 무한 경쟁으로 내몰린 오늘날 젊은이들은 연이어 닥쳐오는 학비난, 취업난, 주택난, 생활난에 시달립니다. 그들의 가슴에는 어둠이 내리고 마음에는 길이 끊어졌습니다. 자기도 모르는 사이에 소비사회, 위험사회로 내몰린 사람들에게는 사랑이 메말랐고 희망이 사라졌습니다. 그들은 길을 잃고 방황하며, 고통하고, 분노합니다. 그래서 철학카페는 함께 시를 읽고, 함께 길을 찾으려 합니다. 동의하나요? 자, 그럼 지금부터 함께 차를 마시며 실컷 수다를 떨어볼까요!

이 책은 훌륭한 시를 아름다운 말에 담아 건네준 시인들에게 은혜를 입었습니다. 머리 숙여 감사하며, 행여 누가 되었다면 용서하기를 바랍니다. 출간해준 웅진지식하우스에도 감사를 전합니다. 집필하는 동안 건강이 좋지 않았는데, 이수미 본부장님과 신동해 주간님의 격려와 후원이 힘이 되었습니다. 윤동희 편집장님은 애초 이 책을 기획해 제안해주었고, 책이 만들어지기까지 크고 작은 궂은일들을 손수 해주었습니다. 두루 고맙습니다

2011년 만추에
철학카페에서 김용규

차례

| 책머리에 | 시를 읽자 젊은이여, 시를 읽자 ·························· 7

chapter 1
시는 베아트리스에게 무슨 짓을 했나 _ 시란 무엇인가 ········· 17
과일의 달콤한 맛을! 떨어지는 낙엽 소리를! _19
네루다의 우편배달부 _21
메타포는 힘이 세다 _31
신문질 밥상으로 펴면 밥상 차려 밥 먹는다고요 _38
와서 보라, 거리의 피를 _46
봄날, 서점에서 시집을 안 사면 뭘 사나요? _53

chapter 2
사랑하였으므로 행복하였네라 _ 연애의 기술 ············· 55
우리는 연애할 수 있을까 _57
나는 미친 회오리바람이 되었습니다 _62
사랑은 언제나 벼락처럼 왔다가 정전처럼 끊겨지고 _68
각자 화분에서 살아가지만 햇빛을 함께 맞는다는 것 _78
우체국 창문 앞에 와서 너에게 편지를 쓴다 _90

chapter 3
그대 있음에 내가 있네_사랑의 기술 · · · · · · · · · · · · · · · 99
한눈에 반하고 죽을 때까지 계속된다 _101
돈 후안과 샤토브리앙의 비밀 _106
큰 기쁨과 조용한 갈망 _115
일찌기 나는 아무것도 아니었다 _126
판단하거나, 사랑하거나 _131

chapter 4
울지 마라, 외로우니까 사람이다_외로워야 사람이다 · · · · · · · · 141
저를 흔드는 것이 제 조용한 울음인 것을 _143
사랑이 깊으면 외로움도 깊어라 _148
물러서라! 나의 외로움은 장전되어 있다 _157
손들엇 탕탕! _167
젊은이여 기침을 하자 _172

chapter 5
흔들리지 않고 피는 꽃이 어디 있으랴(1)_자기 사랑법 · · · · · · · 181
어쩌자고 젖은 빨래는 마르지 않는지 _183
불안을 강요받는 사람들 _187
죽음에 이르는 병 _198
떠나고 싶은 자 떠나게 하고 _207
죽음을 향해 미리 달려가보라 _217

chapter 6
흔들리지 않고 피는 꽃이 어디 있으랴 (2) _자기 사랑법 ······ 225
영토 없는 국왕의 공중누각 _227
'안은 내'가 '안긴 나'를 만든다 _236
생각을 바꾸면 세상이 다르게 보인다 _247

chapter 7
바람 부는 날이면 압구정동에 가야 한다 _소비사회에서 행복 가꾸기 ············ 255
백화점 왕국의 비밀 _257
VOGUE야 넌 잡지가 아냐 _263
가끔은 주목받는 생이고 싶다 _271
늑대의 칼날 핥기 _281
세상이 우리에게 물려준 단 하나의 교훈 _291
욕망이여 입을 열어라 그 속에서 사랑을 발견하겠다 _300

chapter 8

제13의아해도무섭다고그리오_ 위험사회에서 살아가기 · · · · · · · 305

길은막다른골목이적당하오 _307
오감도(烏瞰圖), 까마귀가 내려다본 불길한 세상 _314
프로메테우스적 인간의 영광과 비극 _328
조금만 경계를 늦춰도 재앙은 피할 수 없는 현실이 된다 _335
시를 읽고 분노하자 _347

chapter 9

시가 나를 찾아왔어_ 시인이란누구인가 · 355

어느 거리에선가 날 부르고 있었지 _357
가방을 든 남자 _361
언어가 말한다 _371
이제 내 말은 내 말이 아니다 _378
시 짓기는 몸으로 하는 것이다 _384
시인들이여! 우리에게 주어진 사명은 _394

chapter 1

시는 베아트리스에게
무슨 짓을 했나

…

시란 무엇인가

과일의 달콤한 맛을! 떨어지는 낙엽 소리를!

시를 좋아하세요? 아니라고요? 그럼 좋아하지는 않더라도 가끔 시를 읽나요? 그건 왜 묻느냐고요? 요즘에는 사람들이 시를 별로 좋아하지 않는 것 같아서 그래요. 이따금이라도 읽는 것 같지 않아서 그래요. 하지만 시를 읽으면 좋은데. 오늘처럼 바람 부는 날, 비 오는 날, 그리고 햇살 고운 날에도 시를 읽으면 참 좋은데. 집에서도, 전철에서도, 학교나 직장에서도, 카페에서도, 광장에서도 시를 읽으면 정말 좋은데, 왜 그럴까요?

독일의 극작가이자 시인인 베르톨트 브레히트(Bertolt Brecht, 1898~1956)가 〈적당한 값을 받는 시인들의 노래〉에서 비아냥거리는 목소리로 항변했듯이, 시인들은 "당신들이 이 지상에서 향유하던 모든 것을 노래해 주지 않았던가요? / 당신들이 다시 한번 향유하도록 말입니다. 여자들의 육체하며, / 가을의 슬픔, 냇물을, 그리고 달빛 아래 냇물이 어떻게 흘러가는지를……. / 과일의 달콤한 맛을! 떨어지는 낙엽 소리를! / 다시 여자들의 육체를! 당신들의 눈으로 / 볼 수 없는 것까지도! 언젠가 당신들이 삶을 마감하게 될 때, / 죽음에 대한 생각까지도 말입니다!" 정말 그렇죠? 그런데도 사람들은 왜 시를 읽지 않을까요? 이처럼 재미있고 멋지고 유익한데도 말입니다.

"여자들의 육체하며"라니요. 재미있잖아요! "가을의 슬픔, 냇물을, 그리고 달빛 아래 냇물이 어떻게 흘러가는지를"이라니요. 멋지잖아요! 또 "당신들의 눈으로 / 볼 수 없는 것들까지도! 언젠가 당신들이 삶을 마감하게 될 때, / 죽음에 대한 생각까지도 말입니다!"라니요. 유익하잖아요! 그런데 왜 다들 시를 읽지 않을까요? 브레히트가 힐난한 대로 시인들이 "적당한 값을 받고" 권력자와 자본가의 구미에 맞게 시를 쓰기 때문인가요? 그건 아니잖아요. 독일 시인들은 몰라도 우리 시인들은 그렇지 않잖아요. 우리 시인들은 배가 고파도 정직하게 시를 쓰잖아요. 그럼 왜 그럴까요?

시간이 없어서 그런다고요? 아마 그럴 거예요. 하지만 시간이란 항상 내기 나름이지요. 게다가 시처럼 짧은 시간에 향유할 수 있는 독서가 또 어디 있어요? 무슨 소린지 잘 모르겠어서 그렇다고요? 그거야말로 무슨 소리예요. 느낌대로 읽으면 되지요. 한번 읽어보세요. 재미있다니까요! 가슴이 철렁하고 심장이 펄떡 뛸 거예요. 나이가 들어서라고요? 괜한 말씀을! 시를 읽는 사람은 누구나 젊은이인걸요. 실은, 사는 데에 시가 별 도움이 안 돼서 그런다고요? 이제야 속내를 털어놓는데, 미안하지만 그건 시가 하는 일을 잘 모르고 하는 말입니다. 그럼 시가 하는 일이 뭐냐고요?

아! 그렇다면 당신에게 소개하고 싶은 이야기가 하나 있습니다. 《네루다의 우편배달부》라는 소설인데, 시란 무엇이며 시가 우리에게 무엇을 해줄 수 있는지를 아주 흥미롭게(이게 중요하지요!) 보여주기 때문입니다. 그럼, 함께 볼까요?

네루다의 우편배달부

칠레 출신 작가 안토니오 스카르메타(Antonio Skrmeta, 1940~)가 쓴 소설 《네루다의 우편배달부》는 우리에게 영화 〈일 포스티노〉로 더 잘 알려져 있습니다. 거기에는 영국 옥스퍼드 대학에서 철학을 전공한 마이클 래드포드(Michael Radford, 1946~) 감독이 지휘한 카메라가 한 몫을 단단히 했습니다.

은가루를 풀어놓은 듯이 반짝이는 감청색 바다, 첫눈같이 새하얀 모래밭, 이빨을 드러내고 달려드는 파도, 바닷바람에 살이 터진 검은 바위들, 밤바다로 쏟아져 내리는 별똥별들, 고기잡이배가 들어온 어촌의 활기, 정오의 태양같이 싱싱한 매력을 뿜어대는 여배우, 이 아름다운 것들을 화면 가득히 담았지요. 물론 아카데미 영화제에서 음악상을 수상한 삽입 음악도 큰 몫을 했고요. 원작을 약간 바꾼 각색 역시 이야기를 맛깔나게 살리는 데 힘을 보탰습니다.

이야기는 1969년 여름, 칠레의 어촌 이슬라 네그라에서 시작합니다. 수도 산티아고에서 남으로 120킬로미터 정도 떨어진 작고 한적한 마을이지요. 그곳에서 날마다 할 일 없이 빈둥대던 청년 마리오 히메네스는 어느 날 깜짝 놀랄 만한 행운을 붙잡습니다. 소설에는 17세로 나오지만 영화에서는 27세도 넘어 보이는 이 청년이 마을 우체부로 취직하게 된 겁니다. 그것도 해마다 노벨상 물망에 오르내리는 저명한 민중 시인 파블로 네루다(Pablo Neruda, 1904~1973)를 위한 전용 우체부로 말이에요. 세계 각지에서 네루다에게 날아오는 우편물이 폭주한 덕분입니다.

마을 인근의 별장에서 잠시 휴양 중인 네루다가 떠나면 없어질 임시직이지만, 마리오는 맡은 일을 대단히 영광스럽게 생각하지요. 그는 매일 아침 만나는 시인과의 대화를 통해 은유(metaphor)가 무엇인지, 운율이 무엇인지, 또 시가 무엇인지를 점차 깨우칩니다. 그뿐 아니라 세계가 무엇이며, 또 그 안에서의 삶이 어떠해야 하는지도 차츰 알아가지요. 그들의 대화는 이렇게 전개되곤 했습니다.

"뭐라고요?"

"메타포라고!"

"그게 뭐죠?"

"대충 설명하자면 한 사물을 다른 사물과 비교하면서 말하는 방법이지."

"예를 하나만 들어주세요."

네루다는 시계를 바라보며 한숨을 지었다.

"좋아, 하늘이 울고 있다고 말하면 무슨 뜻일까?"

"참 쉽군요. 비가 온다는 거잖아요."

"옳거니, 그게 메타포야"

(……)

"아닙니다. 시가 이상하다는 것이 아니에요. 시를 낭송하시는 동안 제가 이상해졌다는 거예요."

"친애하는 마리오, 좀 더 명확히 말할 수 없나. 자네 이야기를 들으면서 아침나절을 다 보낼 수는 없으니까."

"어떻게 설명해야 할지요. 시를 낭송하셨을 때 단어들이 이리저리 움직였어요."

"바다처럼 말이지!"

"네, 그래요. 바다처럼 움직였어요."

"그게 운율이라는 걸세."

"그리고 이상한 기분을 느꼈어요. 왜냐하면 너무 많이 움직여서 멀미가 났거든요."

"멀미가 났다고?"

"그럼요! 제가 마치 선생님 말들 사이로 넘실거리는 배 같았어요."

시인의 눈꺼풀이 천천히 올라갔다.

"'내 말들 사이로 넘실거리는 배'."

"바로 그래요."

"자네가 뭘 만들었는지 아나, 마리오?"

"뭘 만들었죠?"

"메타포."

"하지만 소용없어요. 순전히 우연히 튀어 나왔을 뿐인걸요."

"우연이 아닌 이미지는 없어."

(······)

"선생님은 온 세상이, 즉 바람, 바다, 나무, 산, 불, 동물, 집, 사막, 비……."

"이제 그만 '기타 등등'이라고 해도 되네."

"기타 등등! 선생님은 온 세상이 다 무엇인가의 메타포라고 생각하시는 건가요?"

이런 식으로 네루다에게서 은유와 운율, 그리고 시를 배운 마리오는 그것을 맨 먼저 베아트리스라는 아름다운 아가씨를 정복하는 데 사용합니다. 결과가 어땠을까요? 당연히 성공했지요! 이제 곧 알게 되겠지만 은유는 우리 생각보다 훨씬 힘이 셉니다.

그렇다고 해서 "산들바람에 흩어진 밤색 곱슬머리, 슬픔을 머금은 듯하면서도 꿋꿋한 둥그런 갈색 눈, 두 치수는 작음직한 새하얀 블라우스에 앙증맞게 짓눌려 있는 젖가슴으로 미끄러져 내리는 목, 눌려 있으면서도 도발적인 젖꼭지, 새벽이 다하고 포도주가 바닥날 때까지 휘어 감고 탱고를 추고픈 허리", 그리고 무엇보다도 "눈길을 확 끄는 미니스커트가 아찔한 엉덩이"를 가진 베아트리스를 유혹하는 데 마리오가 사용한 은유가 그리 대단한 것은 아니었어요. 베아트리스가 그녀의 어머니에게 전한 마리오의 은유는 이랬습니다.

"그가 말하길…… 그가 말하길 내 얼굴에 번지는 미소가 날아다니는 나비래요."

"그러고는?"

"그 말을 듣고 웃음이 났어요."

"그랬더니?"

"그랬더니 이번엔 내 웃음에 대해 말했어요. 내 웃음이 한 떨기 장미이고 영글어 터진 창이고 부서지는 물이래요. 홀연히 일어나는 은빛 파도라고도 했어요."

어때요? 그리 탁월한 은유 같지는 않지요? 사랑스러운 연인 앞에서라면 당신도 이 정도 은유는 얼마든지 구사할 수 있을 것 같지 않나요? 그럼에도 이 은유들이 아름다운 아가씨가 잠 못 이루고 가을바람이 스며드는 침대 위에 비스듬히 엎드려 은은한 보름달 빛을 받으며 "심상치 않은 숨을 몰아쉬게" 하는 데는 조금도 부족함이 없었지요. 바로 이것이 은유가 "미니스커트가 아찔한 엉덩이"를 가진 아가씨에게 맨 처음 한 일입니다.

물론 그게 다는 아니지요. 하지만 그 이야기는 잠시 뒤로 미뤄야겠습니다. 바로 그 순간 베아트리스의 어머니가 방으로 들어왔기 때문이지요. 마리오에게 온통 넋이 나가 뜨거운 숨을 몰아쉬고 있는 딸의 모습을 보고 어머니가 쏟아붓는 걸쭉한 은유 또한 이 소설의 재미를 한층 더합니다. 한번 들어볼까요?

닭대가리 같으니! 지금은 네 미소가 한 마리 나비겠지. 하지만 내일은 네 젖퉁이가 어루만지고 싶은 두 마리 비둘기가 될 것이고, 네 젖꼭지는 물오른 머루 두 알, 혀는 신들의 포근한 양탄자, 엉덩짝은 범선의 부풀어 오른 돛, 그리고 지금 네 사타구니 사이에서 모락모락 연기를 피우는 고것은 사내들의 그 잘난 쇠몽둥이를 달구는 흑옥 난 여기서 나는 너를 사랑한다.
바람이 검은 소나무 숲을 흔들며 지나가고,
달은 떠도는 물결 위에 인광(燐光)을 뿌린다.
똑같은 날들이 서로 쫓고 쫓기며 흘러간다.

안개는 춤추듯 풀려나고,
석양에서 은빛 갈매기 한 마리 미끄러져 내려온다.
이따금 돛단배가. 까마득히 솟은 별들이.

로가 될걸! 퍼질러 잠이나 자!

어때요? 한적한 어촌에 사는 늙은 과부의 입담치고는 은유가 대단하지요? 소설 속에서 네루다가 "허허, 칠레에서는 모두가 시인이야"라고 감탄한 것이 그래서입니다. 이 입담 센 과부는 은유가 가진 힘에 대해서도 정확히 알고 있지요. "강물은 자갈을 휩쓸어 오지만 말은 임신을 몰고 오는 법이야. 가방을 싸!"라며 마리오에게서 딸을 떼어내 산안토니오에 사는 이모 집으로 보내려고 애를 씁니다.

그러나 베아트리스의 어머니는 "겨우 은유 두어 개"에 마음을 송두리째 빼앗긴 딸을 어쩌지 못합니다. 그래서 결국 "가진 것이라고는 알량한 무좀균뿐인" 마리오에게 딸을 내어줄 수밖에 없게 됩니다. 우체국장 코스메의 증언에 의하면, 마리오라는 놈팡이가 은유 몇 마디로 베아트리스와 결혼에 골인하기까지는 겨우 두 달밖에 걸리지 않았지요. 바로 이것이 은유가 마리오에게, 그리고 베아트리스에게 한 일입니다. 그게 전부냐고요? 아니죠. 아직 끝나지 않았습니다.

결혼 후 마리오는 장모가 운영하는 식당 주방에서 일하게 됩니다. 네루다가 해외로 나가는 바람에 실직을 했기 때문이지요. 그래도 그는 네루다의 시들을 읽으며 은유를 부단히 익히고, 그런 가운데 자신도 서서히 시인이 되어갑니다. 마리오가 주방에서 일하며 익힌 은유들은 대부분 식재료에 관한 것이었습니다. 그것은 네루다가 《기본적인 것들에 바치는 송가》라는 그의 시집에 〈토마토에 바치는 송가〉, 〈양파에 바치는 송가〉, 〈옷에 바치는 송가〉처럼 우리가 일상생활에서 가까이 접하는 사소한 것들을 찬양하는 시를 여러 편 담아놓았기에 가능했지요.

예를 들어, 〈양파에 바치는 송가〉에서 네루다는 양파에 "동그란 물의 장미"라는 은유를 사용했습니다. 이 밖에도 조금 과장한다면 셰익스피어 작품들에서나 찾아볼 법한 멋진 은유들을 숱하게 구사해놓았지요. 마늘은 "아름다운 상아", 토마토는 "상쾌한 태양", 감자는 "한밤의 밀가루", 참치는 "깊은 바닷속의 탄알" 또는 "상복을 입은 화살", 사과는 "오로라에 물들어 활짝 피어오른 순수한 뺨", 소금은 "바다의 수정" 또는 "파도의 망각"이란 은유를 사용해 찬양했습니다.

심지어 〈엉겅퀴에 바치는 송가〉라는 시도 있는데, 여기에는 다음과 같은 흥미로운 시구들도 들어 있습니다.

밑바닥 흙에서는
붉은 콧수염의
당근이 잠을 잤고,
포도밭은
포도주가 타고 올라오는
덩굴들을 말라비틀어지게 했다.
양배추는
오로지 스커트를 입어보는 일에만
마음을 썼고,
박하는 세상에 향기를 뿌리는 일에 열중했다.

─파블로 네루다, 〈엉겅퀴에 바치는 송가〉 부분

따분한 일상과 사소한 일용품마저도 새롭고 아름다운 어떤 것으로 바꿔놓는 네루다의 기막힌 은유는 단순하고 무식했던 청년 마리오를 시의 세계로 가차 없이 이끌고 갔습니다. 그리고 시란 진부한 일상과 낯익은 세계에 새로운 색깔을 덧입히는 일이라는 사실을 깨닫게 했지요. 또한 마리오가 네루다를 처음 만났을 때 뭣 모르고 던졌던 말대로 "온 세상이 다 무엇인가의 메타포"라는 사실을 스스로 확인하게 만들었습니다. 그리고 마침내 세상을 보는 마리오의 눈을 송두리째 바꿔놓았지요.

자, 이쯤에서 궁금한 것들이 하나둘 생겼을 겁니다. 말하자면, 다음과 같은 것들 말이지요. 은유란 대체 무엇인가? 그것은 본디 단순한 수사법이 아니던가? 네루다가 마리오에게 가르친 것처럼 한 사물을 다른 사물과 비교하면서 표현하는 시 짓기 방법이 아니던가? 그런데 은유에 대체 무슨 힘이 있어서 그런 대단한 일들을 할 수 있을까? 어떻게 아름다운 아가씨를 정복하게 하고, 일상과 세계의 진부함을 떨쳐내고, 심지어는 세상을 보는 눈까지 바꿔놓을 수 있단 말인가?

덩달아 '소설이니까 그렇지, 만일 그런 일이 실제로 일어나기만 한다면 시를 못 읽을 이유가 뭐란 말인가!' 같은 생각도 들 겁니다. 그러니 여기서 홀가분하게 그 의문들을 털어버리고 가도록 하지요.

메타포는 힘이 세다

우선, 은유란 무엇일까요? 은유는 네루다가 마리오에게 설명한 대로 시작법(詩作法)입니다. 시작법에 은유만 있는 것도 아니고 은유가 시를 짓는 데에만 쓰이는 것도 아니지만, 시를 짓는 데 가장 중요한 기법인 것은 분명합니다. 이미 2400년 전에 아리스토텔레스 (Aristoteles, BC 384~BC 322)가 《시학》에서 은유에 대해 설명한 것도 그래서이지요. 그는 은유를 "낯선 어떤 것에 속하는 이름을 사물에 적용시키는 것이며, 유(類)에서 종(種)으로, 종개념에서 유개념으로, 종개념에서 종개념으로 비례적으로 전이시키는 것이다"라고 규정했습니다.

아리스토텔레스가 내린 정의는 매우 뛰어나지만, 우리가 선뜻 이해하기는 쉽지 않습니다. 그래서 오늘날 사람들은 은유를 보통 '대상이 가진 본래의 관념으로는 전달할 수 없는 의미를 표현하기 위해 유사한 특성의 다른 사물이 가진 관념을 써서 표현하는 비유법'이라고 설명하지요. 우리는 여기에서 '유사한 특성의 다른 사물이 가진 관념을 써서'라는 말에 우선 주목해야 합니다. 은유의 본질이 원래 표현하려는 원관념(tenor)과 매개하려고 동원하는 보조관념(vehicle) 사이의 유사성이기 때문입니다.

무슨 소리일까요? 설명하자면 이렇습니다. 영국의 문호 윌리엄 셰익스피어(William Shakespeare, 1564~1616)는 《루크리스의 겁탈》에서 '시간'을 '민첩하고 교활한 파발마'라고 표현했습니다. '시간'이라는 원관념과 '파발마'라는 보조관념이 함께 갖고 있는 '빠르다'라는 유사성을 효과적으로 이용한 것입니다. 이에 비해 마리오가 베아트리스의 웃음을 '영글어 터진 창', '부서지는 물', '홀연히 일어나는 은빛 파도'라고 표현했을 때는 (기발하고 참신하긴 하지만) 둘 사이의 유사성이 그리 분명하게 드러나지 않습니다. 그래서 한 번 더 생각해봐야 무슨 뜻인지 알아차릴 수 있지요.

그럼, 김광균(1914~1993) 시인의 다음 시에 사용된 은유들은 어떤가요?

> 낙엽은 폴란드 망명 정부의 지폐
> 포화(砲火)에 이즈러진
> 도룬* 시의 가을 하늘을 생각케 한다.
> 길은 한 줄기 구겨진 넥타이처럼 풀어져
> 일광(日光)의 폭포 속으로 사라지고
> 조그만 담배 연기를 내어뿜으며
> 새로 두 시의 급행차가 들을 달린다.
> * 도룬: 폴란드 도시 이름

— 김광균, 〈추일서정(秋日抒情)〉 부분

이 시는 시인이 어느 가을 날 오후 들에 나가서 느낀 정서를 노래한 것입니다. "시는 회화다"라는 모더니즘(modernism)의 구호를 구현한 본보기로 꼽히는 작품이지요. 그만큼 뛰어난 은유들의 잔치입니다.

시인은 '바람에 나뒹군다'는 유사성을 근거로 낙엽을 "폴란드 망명 정부의 지폐"에, '쏟아져 내린다'는 유사성을 이용해 햇살日光을 "폭포"에, 또 '사라져간다'는 유사성을 바탕으로 기차 연기를 "담배 연기"에 은유했지요. "길은 한 줄기 구겨진 넥타이처럼"에만 직유법(simile)을 썼는데, 이것 역시 길과 넥타이 사이에 존재하는 '구불구불하다'는 유사성을 이용했습니다. 은유든 직유든, 비유법에는 이렇게 원관념과 보조관념 사이의 유사성이 반드시 존재해야 합니다.

물론 은유에서 유사성만을 강조하다 보면 자칫 표현이 진부해지거나 일상화될 수 있습니다. 예컨대 '청춘은 봄이다', '마음은 거울이다' 같은 표현은 분명 은유지만 너무 진부하지요. 우리가 흔히 사용하는 '책상 다리'나 '한강 다리'의 '다리' 역시 은유적 표현이지만 이미 일상화된 것입니다. 오래전부터 많은 사람들이 사용했기 때문이지요. 이런 은유들을 '죽은 은유(dead metaphor)'라고 부릅니다.

아리스토텔레스가 은유를 "낯선 어떤 것에 속하는 이름을 사물에 적용시키는 것"이라고 규정했을 때는 이처럼 죽은 은유를 경계한 것입니다. 이 '낯선(allotrios)'이라는 말에는 '일상(kyrion)에서 벗어남'과 '다른 사실을 나타냄'이라는 뜻이 들어 있습니다. 그러므로 '살아 있는 은유(live metaphor)'에는 필히 원관념이 갖고 있지 않은 다른 어떤 사실이 들어 있어야 하지요. 다시 말해, 원관념과 보조관념 사이에 어느 정도 비유사성이 들어 있어서 의미의 변환이나 확장을 가져와야 합니다. 그것이 은유를 기발하고 참신하게 만들지요. 무슨 소리냐고요?

다시 '시간'을 '민첩하고 교활한 파발마'라고 표현한 셰익스피어의 은유로 돌아가 볼까요? 여기에서 보조관념인 파발마(擺撥馬)에는 '빠르다'라는 유사성만 들어 있는 것이 아닙니다. 원관념인 시간에는 없는 '소식을 전한다'라는 비유사성이 함께 들어 있지요. 이 '낯선 어떤 것', 곧 비유사성 때문에 셰익스피어의 은유는 '시간이 민첩하고 교활하게 소문을 퍼뜨린다'라는 새로운 의미를 창조해냅니다. "낙엽은 폴란드 망명 정부의 지폐"라는 김광균 시인의 은유도 마찬가지이지요. 낙엽과 지폐 사이에는 '바람에 나뒹군다'라는 유사성만 있는 것이 아닙니다. 보조관념인 '망명 정부의 지폐'가 지닌 '내버려지다', '쓸모없어지다'라는 비유사성이 함께 들어 있지요. 바로 이것이 마치 포화에 이지러진 도시같이 황량한 가을이라는 새로운 의미를 만들어내고, 그래서 살아 있는 은유가 되는 것이지요.

진 코언(Gene Cohen)이나 길버트 라일(Gilbert Ryle, 1900~1976) 같은 학자들은 은유적 표현이 지닌 비유사성을 각각 '의미론적 무례함(semantic impertinence)' 또는 '범주의 오류(category mistake)'라고 부르기도 합니다. 그럼에도 아리스토텔레스의 정의에서 '낯선 어떤 것'으로 명시되어 있는 이 무례함과 오류는 은유적 표현의 필수적인 요소이지요. 정리하자면, 은유에는 원관념과 보조관념 사이에 존재하는 유사성과 비유사성이 적당한 긴장 관계를 유지하며 들어 있어야 한다는 말입니다.

직유에도 원관념과 보조관념이 동원됩니다. 이 두 관념 사이에도 당연히 유사성과 비유사성이 존재하지만, 직유는 유사성을 특히 강조하는 비유법입니다. 그래서 직유에는 유사성을 나타내는 '~처럼'이나 '~같이', '~듯', '~인 양'과 같은 조사나 '같다', '비슷하다', '유사하다'와 같은 형용사가 반드시 등장하지요. 또한 "길은 한 줄기 구겨진 넥타이처럼"에서의 '구겨진'이나 "분수처럼 흩어지는 푸른 종소리"에서의 '흩어지는'처럼 두 관념 사이의 유사성이 무엇인지를 노골적으로 보여주는 수식어가 붙어서 나오기도 합니다. 직유에서 유사성을 강조하는 이런 형용사나 수식어를 생략하면 은유가 됩니다. 요컨대 직유는 유사성이 강조된 은유이지요.

이와 대조적으로 상징(symbol)은 보조관념만 노출되고 원관념은 아예 숨어버린 은유입니다. 비유사성만 남아 있고 유사성이 철저히 사라진 은유라고 할 수 있지요. 그래서 흔히 대나무가 절개를, 비둘기가 평화를 상징하는 것처럼, 상징은 눈에 보이는 현실 세계의 사물을 통해 감추어진(또는 추상적인) 세계를 표현하는 데 사용됩니다. 상징적 표현에서는 드러난 보조관념을 통해 사라진 원관념을 찾아내는 노력이 필요하다는 뜻이지요. 그래서 상징적인 시를 해석할 때는 어느 정도 모호성을 감수할 수밖에 없습니다. 하지만 그것이 오히려 풍부한 해석 가능성을 제공함으로써 시를 풍요롭게 합니다.

모든 수사법이 그렇듯이, 살아 있는 은유도 널리 쓰여 일상화되면 언젠가는 죽은 은유가 되어 어휘 사전의 일부가 됩니다. 그러나 살아 있는 은유가 사전에 실리는 법은 없지요. 만일 시인이 자기가 쓸 은유를 찾을 목적으로 사전을 뒤적인다면, 그것은 헛수고가 될 것입니다. 네루다 역시 시인이 되고 싶으면 '걸으면서 생각하는 것'부터 시작하라고 마리오에게 충고합니다. 당장 해변으로 가서 바다의 움직임을 관찰하면 은유를 만들 수 있을 거라고 부추기기도 하고요. 관찰과 사유가 은유의 산실이라는 뜻입니다.

이후 마리오는 자주 해변을 걷고 생각에도 잠깁니다. 또 밀물과 썰물이 내는 소리, 바람에 자지러지는 파도 소리, 갈매기가 수직으로 하강하여 정어리를 쪼는 소리, 펠리컨 몇 마리가 날개를 펄럭이는 소리, 별을 스치는 바람 소리, 태양의 오르가즘을 만끽하는 벌떼 소리, 쏟아지는 별똥별을 보고 개들이 하릴없이 짖는 소리, 바닷바람이 자아내는 종루의 종소리, 등대의 사이렌 소리, 그리고 베아트리스의 배 속에서 나는 태아의 박동 소리, 갓 태어난 아이의 울음소리 등을 일일이 녹음하여 유럽에 머물고 있는 네루다에게 보내기도 하지요.

그런 가운데 온갖 은유들이 마리오의 목구멍에 서서히 차올라 꿈틀대기 시작합니다. 그리고 마침내는 그 은유들을 토해내 시를 쓰게 됩니다. 제목은 〈파리의 네루다를 덮는 백설 송가(白雪頌歌)〉인데, 처녀작인 이 시에서 마리오는 '하얀 눈'을 표현하기 위해 다음과 같은 은유들을 동원했습니다. "은은하게 걷는 부드러운 동반자", "하늘의 풍요로운 우유", "티 하나 없는 우리 학교 앞치마", "말 없는 여행자의 침대 시트", "하늘거리는 귀공녀들", "수천 마리 비둘기 날개", "미지의 이별을 머금은 손수건", "나의 창백한 미인". 물론 이 은유들은 모두 소설의 작가인 스카르메타가 만든 것이겠지만, 어때요? 나쁘지 않지요?

그럼, 이제 당신도 은유가 무엇인지 감을 잡았을 것입니다. 어쩌면 이미 멋진 은유를 만들고 싶어졌을지도 모르겠네요. 마리오의 것보다 더 멋지고 살아 있는 은유들을 말입니다. 물론 그러기 위해서는 마리오처럼 해변을 걸으며 생각을 해야겠지요. 파도 소리와 바람 소리, 그리고 태아의 박동 소리에도 귀를 기울여야 할 거예요. 하지만 그것만으로는 애초에 궁금해하던 또 하나의 문제, 그러니까 은유의 힘이 도대체 어디서 나오는지는 여전히 알 수 없을 겁니다. 이에 대한 해답은 프랑스의 철학자 폴 리쾨르(Paul Ricoeur, 1913~2005)의 해석학적 은유 이론에서 찾아볼 수 있습니다.

신문질 밥상으로 펴면 밥상 차려 밥 먹는다고요

리쾨르는 《살아 있는 은유》에서 독일의 철학자 마르틴 하이데거(Martin Heidegger, 1889~1976)의 해석학 이론을 문예 이론에 접목시켜 은유를 설명했습니다. 하이데거는 그의 《존재와 시간》에서 해석의 근본 구조를 '어떤 것을 어떤 것으로 봄(sehen etwas als etwas)'으로 규정했는데, 리쾨르는 이를 자신의 은유 이론에 그대로 수용하여 은유의 기본 구조를 '무엇을 다른 무엇으로 봄'이라고 설정했지요. 그것은 리쾨르가 은유를 일종의 해석이라고 보았다는 것을 의미합니다. 다시 말해, 그에게 은유는 '같지 않은 것'을 '같은 것으로' 본다는 것을 뜻합니다.

예를 들어, 셰익스피어는 시간과 같지 않은 파발마를 시간과 같은 것으로 보고, 네루다는 태양과 같지 않은 토마토를 태양과 같은 것으로 보며, 김광균은 지폐와 같지 않은 낙엽을 지폐와 같은 것으로 보았다는 것이지요. 은유에는 이처럼 일치(a는 b이다)와 불일치(a는 b가 아니다)가 모두 포함되어 있습니다. 앞에서 살펴본 문예 이론에서 은유에는 유사성과 비유사성이 함께 들어 있다고 한 것과 같은 논리이지요.

그래서 리쾨르는 은유가 사용된 문장을 단어가 본래 가진 의미로만 이해하려고 하면 의미가 파괴된다고 말했습니다. 은유 문장은 오직 '은유적으로 봄(le voir mtaphorique)'으로써만 그것이 은폐하고 있는 새로운 의미를 알아챌 수 있고, 그 새로운 의미를 통해 비로소 문장의 의미를 이해할 수 있게 된다는 겁니다. 무슨 소리냐고요? 조금 자세히 설명하면 이렇습니다.

예를 들어, 보들레르(Charles-Pierre Baudelaire, 1821~1867)의 시에 나오는 "자연은 사원이다(La nature est un temple)"라는 문장을 단어 그 자체로 해석하면 당연히 비문(非文)이 됩니다. 자연은 사원이 아니기 때문이지요. 은유 문장 안에 들어 있는 불일치 때문에 문장이 성립하지 않는 것입니다. 그러나 이 문장을 은유적으로 보면, 자연은 사원처럼 '신성하다'는 의미가 새롭게 드러나지요. 그럼으로써 우리는 자연에 대한 일상적 의미를 뛰어넘어 새로운 이해를 얻게 됩니다.

리쾨르는 이를 두고 "은유는 일상 언어에서 드러나는 것과 다른 현실의 장을 발견하고 열어 밝혀주는 데 기여한다"라고 표현했습니다. 여기에서 주목해야 할 것이 '다른 현실의 장을 열어 밝혀준다'라는 표현인데, 이것은 언어가 세계를 '열어 밝힌다(erschlossen)'라는 하이데거의 해석학적 사유를 말만 바꿔 은유 이론에 적용한 것이지요.

은유의 힘은 바로 이 '열어 밝힘(開示性, Erschlossenheit)'에서 나옵니다. 시인은 은유를 통해 단순히 대상을 미화하는 것이 아니라 '다른 현실의 장'을 열어 밝히지요. 그리고 그 열어 밝힘으로 드러나는 새로운 현실이 보여주는 아름다움, 고결함, 참됨, 위대함, 선함, 정의로움, 새로움 등이 아름다운 아가씨를 정복하고, 일상과 세계의 진부함을 떨쳐내며, 세상을 보는 눈을 바꿔놓습니다.

이미 진부해진 은유이지만, 가령 사랑스러운 연인에게 "당신은 나의 로미오(또는 나의 줄리엣)"라는 말을 전했다고 칩시다. 이것은 단순히 연인이 듣기 좋도록 미화한 것이 아닙니다. 이 말 한마디로 당신은 셰익스피어가 《로미오와 줄리엣》에서 열어 밝힌 다른 현실의 장, 즉 죽음마저 뛰어넘는 사랑의 아름다움, 고결함, 참됨, 위대함, 선함, 정의로움 등을 연인에게 열어 밝혀 보여준 것이지요. 그리고 바로 그것이 연인의 마음을 움직여 마침내 정복할 수 있게 하는 것입니다.

마찬가지로 호메로스(Homeros, BC 800?~BC 750)는 《일리아스》에서 구사한 숱한 은유를 통해 트로이 전쟁이라는 역사적 사실을 미화한 것이 아니라, 인간이 마땅히 그렇게 살아야 할 다른 현실의 장을 열어 밝힌 겁니다. 하이데거가 〈예술작품의 근원〉에서 사용한 표현을 빌리자면, 은유와 직유로 가득 찬 호메로스의 서사시는 "무엇이 신성하며 무엇이 비속한지, 무엇이 위대하며 무엇이 하찮은지, 무엇이 용감하며 무엇이 비겁한지, 무엇이 고결하며 무엇이 덧없는지, 무엇이 주인이고 무엇이 노예인지"를 열어 밝혔지요. 바로 그것이 지난 2800년 동안 일상과 세계의 진부함을 떨쳐내고, 세상을 보는 사람들의 눈을 바꿔놓았습니다.

물론 이때 은유가 열어 밝히는 현실은 객관적 현실이 아니라 은유에 의해 구성된 새로운 현실입니다. 그래서 리쾨르는 이것을 '다른 현실의 장'이라고 이름 지은 것이고, 미국의 언어철학자 넬슨 굿맨(Nelson Goodman, 1906~1998)은 '다시 만들어진 현실(Remade Reality)'이라고 불렀지요. 한마디로 말하자면, 허구라는 뜻입니다. 우리가 주목해야 할 것은, 그 다시 만들어진 현실이 우리의 현실 세계를 바꿔놓는다는 사실이지요. 여기에 우리가 사는 세계의 비밀이자 은유(또는 시)가 가진 힘의 원천이 숨어 있습니다. 도대체 어떻게 해서 이런 일이 일어나는 걸까요?

이에 대한 답은 하이데거가 그의 《존재와 시간》에서 규정한 '세계(die Welt)'가 무엇인지를 아는 데에서 얻을 수 있습니다. 리쾨르의 '다른 현실의 장'이나 굿맨의 '다시 만들어진 현실'이라는 개념이 모두 여기에서 나왔기 때문이지요.

하이데거에게 '세계'는 객관적 세계, 곧 데카르트나 뉴턴의 물리적·연장적 시공간이 아닙니다. 그것은 사물을 그것의 '쓸모(Bewandnis)에 따라' 이해하고, 자신의 '처지(Befindlichkeit)에 따라' 해석하는 우리 각자가 구성해낸 의미들의 집합체에 불과하지요. 아니, 그건 또 무슨 엉뚱한 소리냐고요? 그래요, 조금 생소하게 들리지요? 하지만 알고 보면 별 게 아닙니다. 간략히 설명하면 이렇지요.

우리는 예를 들어 산과 해변의 어느 부분을 그것의 '쓸모'에 따라 각각 등산지와 해수욕장으로 인식합니다. 또 어떤 작업 도구 역시 그것의 '쓸모'에 따라 망치라고 인식하지요. 하이데거는 이처럼 우리가 어떤 대상을 '쓸모'에 따라 인식하는 것을 '이해(Verstehen)'라고 규정했습니다.

그런데 하이데거는 사물의 '쓸모'를 그것을 쓸모 있게 하는 인간의 '존재가능성(Seinöknnen)'으로도 파악하지요. 그래서 같은 말을 다음과 같이 바꿔서 할 수 있습니다. 예컨대 우리는 산을 '등산가능성'에 의해 등산지로 이해하고, 해변을 '해수욕가능성'에 의해 해수욕장으로 이해한다는 거지요. 이처럼 이해는 우리가 대상을 자신의 존재가능성에 의해 인식하는 것이기도 합니다. 하이데거는 이 말을 다음과 같이 했습니다. "현존재(인간)는 존재하는 한 언제나 이미 그리고 언제나 여전히 존재가능성들에 입각해서 이해한다."

그렇다면 해석이란 무엇일까요? 그 역시 어려운 게 아닙니다. 만일 당신이 상인이라면 각각 등산지와 해수욕장으로 이해된 장소들을 상인이라는 '처지에 따라' '관광호텔 개발지로서' 매매합니다. 또 망치로 이해된 작업 도구를 '상품으로서' 진열하지요. 하이데거는 이같이 우리가 자기에게 이해된 것들을 자신의 처지에 따라 정리하여 다시 이해하는 것을 해석(Auslegung)이라고 부릅니다. 그는 "이해의 완수를 우리는 해석이라 부른다. 해석에 있어서 이해는 자기가 이해한 것을 이해하면서 자신의 것으로 만든다. 해석에 있어서 이해는 다른 것으로 되는 것이 아니라 자기 자신의 것으로 되는 것이다"라고 설명했지요.

이 같은 해석학적 관점에서 보면, 자신 앞에 존재하는 개개의 사물들을 이해하고 해석함으로써 그것들의 '의미'를 열어 밝히는 인간이 하이데거가 말하는 현존재(Dasein)이고, 그 현존재에 의해 이해되고 해석됨으로써 열어 밝혀진 '의미의 집합체'가 곧 '세계'입니다. 그러니 우리의 세계는 개개의 사물에 대한 이해와 해석을 통해 우리 스스로 얽어낸 '의미의 그물망'이자 우리 삶이 그려낸 한 폭의 '풍경화'인 셈이지요. 이것이 바로 우리가 살고 있는 세계의 속성이자 은유가 가진 힘의 비밀입니다.

정리할까요? 은유 또는 시가 우리의 현실 세계를 바꿔놓을 수 있는 것은 우리가 사는 세계가 우리의 이해와 해석에 의해 구성된 의미의 집합체, 곧 '다시 만들어진 현실'이기 때문입니다. 따라서 은유 또는 시에 의해 세계에 대한 우리의 이해와 해석이 바뀌면 우리의 현실 세계도 바뀔 수밖에 없는 거지요. 이해를 좀 더 진전시키기 위해 정일근(1958~) 시인의 〈신문지 밥상〉이라는 흥미로운 시를 소개합니다.

> 더러 신문지 깔고 밥 먹을 때가 있는데요
> 어머니, 우리 어머니 꼭 밥상 펴라 말씀하시는데요
> 저는 신문지가 무슨 밥상이냐며 궁시렁 궁시렁하는데요
> 신문질 신문지로 깔면 신문지 깔고 밥 먹고요
> 신문질 밥상으로 펴면 밥상 차려 밥 먹는다고요
> 따뜻한 말은 사람을 따뜻하게 하고요
> 따뜻한 마음은 세상까지 따뜻하게 한다고요
> 어머니 또 한 말씀 가르쳐 주시는데요
>
> 해방 후 소학교 2학년이 최종학력이신
> 어머니, 우리 어머니의 말씀 철학

― 정일근, 〈신문지 밥상〉 전문

이 시를 보면 "해방 후 소학교 2학년이 최종학력이신" 시인의 어머니는 하이데거의 해석 이론과 리쾨르의 은유 이론을 이미 통달한 자신의 "말씀 철학"을 갖고 계신 분입니다. 1연의 4행과 5행을 보세요. 시인의 어머니는 "신문질 신문지로 깔면 신문지 깔고 밥 먹고", "신문질 밥상으로 펴면 밥상 차려 밥 먹는다"라고 교훈하시잖아요. 이것은

'신문지를 신문지로 해석하고 (또는 은유적으로 보고) 깔면 신문지를 깔고 밥을 먹는 궁핍한 세계가 열어 밝혀지고, 신문지를 밥상으로 해석하고 (또는 은유적으로 보고) 펴면 밥상을 차려놓고 밥을 먹는 풍요로운 세계가 열어 밝혀진다'는 가르침이지요.

우리는 이처럼 자신의 이해와 해석에 의해 스스로 자신의 세계를 열어 밝히고 그 안에서 사는 것입니다. 시인은 대상에 대한 자신의 이해와 해석인 은유 또는 시를 통해 하나의 세계를 열어 밝히는 사람이고, 시를 읽는 독자는 그 시의 텍스트를 '은유적으로 봄'으로써 시인이 열어 밝힌 세계를 다시 이해하고 해석하여 또 하나 자기의 세계를 열어 밝히는 사람이라는 거지요. 그렇게 함으로써 시인과 독자 모두 새로운 세계가 도래하는 데 기여하는 것입니다. 바로 이것이 리쾨르가 하이데거의 해석학을 수용하여 만든 해석학적 은유 이론의 핵심입니다.

물론 작품을 통해 하나의 세계를 열어 밝히는 일을 유독 시인만 할 수 있는 것은 아닙니다. 그런 일은 모든 예술 작품에서 일어나지요. 하이데거가 《예술작품의 근원》에서 예술을 "진리가 발생하는 하나의 탁월한 방식"이라고 규정한 것도 그래서입니다. 그럼에도 그는 그 일을 가장 뛰어나게 하는 이는 시인이라고 생각했지요. 그래서 "예술의 본질은 시 짓기이다. 그렇다면 건축 예술과 회화 예술, 그리고 음악 예술은 시로 환원되어야 한다"라고도 주장했습니다.

마찬가지로 시에서도 은유만이 세계를 열어 밝히는 것은 아닙니다. 은유는 "축소시킨 한 편의 시"라는 말이 의미하듯이, 시에서 은유가 매우 중요하긴 하지만 시에 은유만 들어 있는 것은 아니지요. 직유도,

상징도, 신화도, 이미지도, 반어와 역설도 들어 있습니다. 또 삶과 세계에 대한 성찰을 담은 메시지도 들어 있지요. 이 모든 것이 시가 하이데거의 '세계', 리쾨르의 '다른 현실의 장', 굿맨의 '다시 만들어진 현실'을 열어 밝히는 데 나름의 방식으로 기여하는 것입니다.

와서 보라, 거리의 피를

네루다는 민중 시인이었습니다. 1971년 노벨상 수상 연설에서도 "여명이 밝아올 때 불타는 인내로 무장하고 찬란한 도시로 입성하리라"라는 랭보(Jean Nicolas Arthur Rimbaud, 1854~1891)의 예언적 경구를 인용한 그는 혁명의 승리를 바라고 믿었으며 '잉크보다는 피에 가까운 시인'이었지요. 네루다는 민중이 군사정부에 의해 억압받고 혁명과 반혁명이 대립하던 시대에 기꺼이, 그리고 과감히 '거리의 피'를 노래했습니다. 그것을 통해 밤같이 캄캄한 현실의 장과 이윽고 새벽으로 다가올 '다른 현실의 장'을 열어 밝혔지요. 그의 시 〈그 이유를 말해주지〉와 〈나는 살리라〉에 나오는 다음 시구들만 보아도 그가 무엇을 드러내 보여주고 싶었는지를 곧바로 알아챌 수 있습니다.

그래도 당신들은 물을 것인가 — 왜 나의 시는
꿈에 관해서 나뭇잎에 관해서 노래하지 않느냐고
내 조국의 위대한 화산에 관해서 노래하지 않느냐고
와서 보라 거리의 피를
와서 보라

거리에 흐르는 피를

와서 보라 피를

거리에 흐르는!

— 파블로 네루다, 〈그 이유를 말해주지〉 부분

나는 죽지 않으리라. 난 지금 떠난다.

일촉즉발의 공포 가득한 오늘

난 민중을 향해, 삶을 향해 떠난다.

총잡이들이 옆구리에 '서구문화'를

끼고 어슬렁거리는 오늘,

나 여기 굳은 결의 되새긴다.

스페인에서 살육을 자행하는 손들

아테네에서 흔들리는 교수대

칠레를 지배하는 치욕

나 여기서 이야기를 멈추리라

    나 여기에 머물리라.

또다시 나를 기다릴, 별처럼 빛나는

손으로 나의 문을 두드릴

말[言]과 민중, 그리고 길과 더불어.

— 파블로 네루다, 〈나는 살리라〉 전문

이처럼 메시지가 강한 민중시들은 통상 세계에 은폐되어 있는 부정, 부패, 폭력, 착취, 탄압과 같은 어둠을 밝히는 횃불이 됩니다. 또한 다가올 참세상을 여는 새벽 닭 울음소리[鷄聲] 역할을 하지요. 그럼으로써 밤새 뒤척이며 잠 못 이루게 하는 사유뿐만 아니라 문을 박차고 거리로 뛰어나가는 행동도 부추깁니다. 혁명의 불씨가 된다는 말이지요.

《네루다의 우편배달부》에서 네루다가 쓴 민중시 안에서 훨훨 타오르는 횃불은 마리오의 컴컴한 의식에 불을 지폈습니다. 시간이 날 때마다 기껏해야 자전거를 몰아 시내로 나가 버트 랭커스터와 도리스 데이가 나오는 영화를 보는 것이 유일한 낙이었던 그를 송두리째 바꿔놓았지요. 예전에는 꿔다놓은 촌닭같이 남 앞에서 아무 말도 못하던 그가 부정한 상원의원에게 자기 소신을 떳떳이 밝히기도 하고, 농민·노동자 집회에서 시를 낭송하면서 그들에게 희망을 불어넣는 역할을 떠맡기도 합니다. 이것이 한적한 어촌에서 하루하루를 권태롭고 무의미하게 살아가던 청년에게 시가 행한 또 하나의 의미 있는 일이지요.

스카르메타가 《네루다의 우편배달부》에서 하려고 했던 말도 바로 이것입니다. 시에는 사람과 세상을 바꿔놓는 놀라운 힘이 존재한다는 거지요. 그리고 그 힘의 실체가 사랑이라는 것입니다. 시는 사랑을 사랑하는 노래입니다. 시는 사랑 때문에 놀라고, 사랑 때문에 기뻐하고, 사랑 때문에 슬퍼하고, 또 사랑 때문에 분노하지요. 사랑과 미움은 동전의 양면처럼 붙어 있기 때문에 일부 민중시는 때로 미움을 미워하는 노래처럼 들리기도 하지만, 그럼에도 시의 본질은 사랑이고 그것이 시가 가진 힘입니다.

우리 시들도 예외가 아닙니다. 역사 속에서 도도하게 맥을 이어 내려온 우리 민중시는 그때마다 뜨거운 사랑으로 삶과 사회에 짙게 드리워진 어둠들을 열어 밝혔습니다. 이윽고 와야 할 참세상의 모습 역시 드러내 보였지요. 그럼으로써 젊은이들을 거리와 광장으로, 그리고 마침내는 혁명으로 이끌었습니다. 민중시가 가진 계몽적 성격을 김지하(1941~) 시인과 정희성(1945~) 시인은 다음과 같이 읊었습니다.

솔직한 것이 좋다만
그저 좋은 것만도 아닌 것이

시란 어둠을
어둠대로 쓰면서 어둠을
수정하는 것

쓰면서
저도 몰래 햇살을 이끄는 일

— 김지하, 〈속 3〉 전문

친구여, 이것은 시가 아니다
아무리 수식한다 해도
어차피 노동자일 수밖에 없는
나와 내 자식의 운명을
바로 보마

내 자식이 제 운명을
스스로 개척해 나갈 수 있는 길을 터주고
참세상 함께 만들어가는
이것은 시가 아니라 싸움임을
분명하게 보마

강철노조의 조합원들이
파업한 지하철노조의 조합원들이
갇혀 있는 현대중공업 노동자들이
한때는 우리들의 교실에서
우리와 함께 눈물로 시를 읽던 시절이 있었음을
아프게 기억하마

이것은 시가 아니다
아프게 기억하마
이 아픔이
아닌밤 나와 내 자식의 가슴을 치고
배창자 속에 소용돌이쳐
피눈물로 서려올 새 세상을
바로 보마

— 정희성, 〈이것은 시가 아니다〉 전문

《네루다의 우편배달부》에서 네루다는 피노체트 군사정부의 탄압으로 자택에 감금되어 있다가 신병 탓에 산티아고 병원으로 이송되어 세상을 떠나지요. 그 후 마리오도 정체불명의 사나이들에게 연행되면서 소설이 끝납니다. 이건 순전히 내 생각이지만, 그럼에도 마리오는 행복했을 거예요. 권태롭고 무의미한 삶에서 벗어나 시와 사랑과 혁명을 꿈꾸게 되었으니까요. 다음 시를 보니 진은영(1970~) 시인도 같은 꿈을 꾸고 있네요!

그런 남자랑 사귀고 싶다.
아메리카 국경을 넘다
사막에 쓰러진 흰 셔츠 멕시코 청년
너와
결혼하고 싶다.
바그다드로 가서
푸른 장미
꽃봉오리 터지는 소리가
폭탄처럼 크게 들리는 고요한 시간에
당신과 입맞춤하고 싶다,
학살당한 손들이 치는
다정한 박수를 받으면서.

크고 투명한 물방울 속에
우리는 함께 누워

물을 것입니다
지나가는 은빛 물고기에게,
학살자의 나라에서도
시가 씌어지는 아름답고도 이상한 이유를.

— 진은영, 〈러브 어페어〉 전문

　네루다가 그랬듯이, 마리오는 여인을 노래하는 시를 통해 사랑을 얻었고, 일상과 자연을 노래한 시를 통해 삶과 세계와 아름다움을 알았으며, "어둠을 어둠대로 쓰면서 어둠을 수정하는" 시, "내 자식이 제 운명을 스스로 개척해 나갈 수 있는 길을 터주고 참세상 함께 만들어가는" 시를 통해 제 운명을 개척하고, 참세상 만들어가는 꿈을 갖게 되었지요. 한마디로 그는 삶의 소중한 것들을 모두 시를 통해 얻은 것입니다.

봄날, 서점에서 시집을 안 사면 뭘 사나요?

　자, 어때요? 시가 하는 일이 생각보다 많지요? 이제 생각이 조금 바뀌지 않았나요? 가끔씩이라도 시를 읽고 싶지 않나요? 마리오처럼 멋진 은유를 사용해 아름다운 사랑을 얻고 싶지 않아요? 흑백영화처럼 진부해진 일상과 낯익은 세계가 하나둘씩 천연색으로 변해 형형색색 새롭게 태어나는 놀라운 경험을 해보고 싶지 않나요? 세상을 보는 눈이 송두리째 바뀌어 권태롭고 무의미한 삶에서 벗어나고 싶지 않아요?

　아마 그럴 거예요! 시간이 날 때마다 기껏해야 버트 랭커스터와 도리스 데이가 나오는 영화를 보는 것이 유일한 낙이던 마리오처럼 계속 그렇게 아무 의미 없이 살 수는 없잖아요! 시는 우리의 삶과 세계를 새롭게 바꿔놓는 위대한 일을 수행합니다. 그래서 시를 읽자는 거예요. 오늘처럼 바람 부는 날, 비 오는 날, 그리고 햇살 고운 날에도 시를 읽고 집에서, 전철에서, 학교와 직장에서, 카페에서, 그리고 광장에서도 시를 읽자는 겁니다. 시를 읽고 사랑하고, 시를 읽고 슬퍼하고, 시를 읽고 분노하자는 겁니다.

　지난 봄 어느 날, 바닐라 아이스크림 같은 백목련 잎이 땅에 뚝뚝 떨어지고 영산홍이 쏟아진 붉은 포도주처럼 거리에 번지던 날, 서점에서 시집 한 권을 사들고 나오던 중이었습니다. 봄꽃 같은 아가씨들이 서점으로 들어오며 말했지요.

"야, 무슨 책 살까?"

"글쎄, 한번 보고."

그때 내가 외쳤습니다.

"오늘 같은 봄날, 서점에서 시집을 안 사면 뭘 사나요?"

물론 마음속으로만 그랬지요. 하지만 이제 당신에게 당당하게 묻고 싶습니다. 꽃피는 봄날, 비 내리는 여름날, 낙엽 뒹구는 가을날, 눈 쌓이는 겨울날, 서점에 가서 시집을 안 사면 뭘 사나요?

chapter 2

사랑하였으므로 행복하였네라

...

연애의 기술

우리는 연애할 수 있을까

지금 사랑하고 있나요? 그러니까 내 말은 부모나 형제나 친구 말고, 애인이 있느냐는 겁니다. 굳이 이렇게 가려서 묻는 이유는 '사랑'이라는 말처럼 오지랖 넓게 여기저기에 얼굴을 내미는 단어가 없기 때문이에요. 우리는 신, 국가, 학문, 예술과 같은 추상적인 대상부터 다양한 관계의 사람들, 그리고 애완동물이나 소장품에 이르기까지 아무런 구분 없이 '사랑'이라는 용어를 사용하잖아요.

서로 다른 대상에 대한 서로 다른 종류의 애정을 하나의 용어로 부르기 때문에 개념의 혼란이 일어나, 알고 보면 그 피해가 만만치 않습니다. 설마라고요? 그럼, 한번 상상해보세요. 만일 당신의 애인이 당신과의 연애를 마치 부모가 자식에게 쏟는 사랑이나 애완견에게 기울이는 애정처럼 생각한다면, 어떤 골치 아픈 일들이 일어날지를!

그런 까닭에 여기에서 우리는 사랑을 오직 연인끼리의 애정, 곧 연애(amor)라는 뜻으로 한정하여 사용하기로 합시다. 그리고 오직 그 불꽃같은 정열, 그래서 자칫 화상을 입기도 하는 뜨거운 열정에 대해서만 이야기하려고 합니다. 처음부터 느닷없이 지금 사랑하고 있느냐고 물었다가 다시 애인이 있느냐고 가려서 물은 것이 그래서예요. 그런데 도대체 그건 왜 묻느냐고요? 그런 사적인 문제를 묻는 건 실례가 아니냐고요?

그렇긴 하지요. 그래서 좀 겸연쩍긴 한데, 그럼에도 그럴 만한 이유가 있어서 묻는 것이랍니다. 만일 당신에게 애인이 없다면 애인을 만드는 '연애의 기술'을 한 수 가르쳐주려고 하거든요. 철학자들의 사랑에 대한 이런저런 사유를 먼저 읽은 사람이자 인생 선배로서 말입니다. 고맙긴 한데 이미 애인이 있다고요? 그래도 좋습니다. 애인을 오래 붙잡아두는 기술, 즉 연애를 유지하는 방법도 함께 이야기할 거니까요.

물론 그렇다고 상대를 유혹하는 어떤 실용적이고 경험적 기술에 대해 이야기하려는 것은 아닙니다. 나는 그런 것이 있는지조차 모르지만, 설사 있다고 해도 그건 내 소관이 아니지요. 그 대신에 연애의 본질이 무엇이고, 어떻게 해야 우리가 진정으로 연애할 수 있을까 하는 문제에 대해 이야기하려고 합니다. 그런 이야기가 연애를 하는 데 실제로 도움이 되겠느냐고요? 그럼요! 한번 들어보세요. 뜻밖에 많은 도움이 될 겁니다.

연애라는 파랑 많은 바다를 항해하는 데는 경험 많은 항해사의 실용적 지식도 중요하지만, 그보다 먼저 지도와 나침반(또는 GPS)이 반드시 필요한 법이거든요. 경험이란 마치 민간요법과 같아서 어떤 때 어떤 사람에게는 신통한 약효를 발휘하지만 항상 믿을 수 있는 것은 아니기 때문이지요. 이와 연관해서 생각나는 흥미로운 이야기가 하나 있습니다. 예리하고 정교한 연애 심리 분석으로 문학의 향기를 한껏 드높인 걸작 《적과 흑》을 쓴 작가 스탕달(Stendhal, 1783~1842)에 관한 이야기입니다.

말년에 "수많은 세월과 사건 후에도 나에게 기억되는 것은 사랑했던 여인의 미소뿐이다"라고 심중을 털어놓았던 스탕달의 삶에서 가장 중요한 것은 연애였습니다. 본명이 마리 앙리 벨(Marie-Henri Beyle)인 스탕달은 젊어서부터 늙어서까지 있는 힘을 거의 모두 연애에 쏟아부었고, 작품을 쓸 때보다 연애를 할 때 훨씬 더 진지했던 인물이지요. 그럼에도 사랑에는 번번이 실패했습니다. 스탕달의 연애 가운데서도 가장 많은 염문을 퍼뜨린 것이 바로 메틸데 비스콘티니 뎀보우스키(Metilde Viscontini Dembowski, 1790~1825)와의 관계였지요.

1818년 스탕달을 만났을 당시, 메틸데는 밀라노에 사는 28세의 미인으로 두 아이를 두었고 폴란드 혈통의 남편과는 별거 중이었습니다. 스탕달은 그녀를 보자마자 정신을 차릴 수 없을 만큼 빠져들었지만, 메틸데는 그를 아주 냉담하게 대했지요. 스탕달이 자신의 살롱을 잠시 방문하는 것조차 2주에 한 번으로 제한할 정도였으니까요. 그러면서도 그의 사랑을 완전히 거부하지는 않았던 걸 보면, 그녀는 스탕달을 노리갯감으로 취급하며 즐겼던 것 같습니다.

그 때문에 스탕달의 가슴은 도마 위에 난 칼자국같이 수없는 상처를 받았지만, 그녀가 35세에 세상을 떠날 때까지 그녀에 대한 집착을 끊지 못해 괴로워했습니다. 물론 세상에 대가 없는 열정은 없는 법이지요. 스탕달의 쓰라린 경험은 연애에 빠진 남녀의 은밀하고 미묘한 심리를 손바닥 보듯 훤히 들여다볼 수 있게 해주었습니다. 그리고 그것이 뒷날 《적과 흑》, 《파르마의 수도원》 같은 작품들을 불후의 명작으로 만드는 데 큰 역할을 했지요. 우리가 잘 알고 있는 《연애론》도 그 가운데 하나입니다.

이 책의 핵심은 '수정론(cristalization)'인데, 그 내용이 이미 이름 안에 담겨 있습니다. 무슨 소리냐고요? 잘츠부르크 소금 광산에 나뭇가지를 놓아두었더니 투명한 소금 알갱이들이 수없이 달라붙어 마치 수정으로 장식한 것처럼 아름답게 되었더라는 이야기입니다. 스탕달이 연애의 심리를 다루는 책에서 이 이야기를 꺼낸 이유는 명백합니다. 사랑이란 세상에 존재하지 않는 어떤 완벽성을 상대에게 덧입힘으로써 생긴 일종의 허구라서, 언젠가 그 환영이 사라지면 사랑도 함께 지워진다는 것을 말하기 위해서이지요.

《연애론》은 당시 파리의 사교계를 출입하던 귀부인과 여배우같이 특별한 여자들은 물론이거니와 일반 여성들까지도 코모드(commode, 침실 벽에 기대어 놓는 2간 혹은 여러 간의 서랍이 달린 서양식 가구) 안에 꼭 한 권 보관하고 싶어하던 책이었습니다. 설령 한 쪽도 읽지 않을지라도 말입니다. 그 이유는 오늘날 서점에서 연애에 관한 실용서를 사들이는 여성들처럼 당시 여인들도 연애 전문가가 되고 싶은 열렬한 소망을 품고 있었기 때문입니다. 그럼에도 이 책의 내용이 가진 효과에 대해서는 의심하는 사람들이 많습니다.

그 가운데 대표적인 사람이 바로 스페인이 낳은 세계적인 철학자 호세 오르테가 이 가세트(José Ortega y Gasset, 1883~1955)입니다. 그는 《사랑에 관한 연구》에서 스탕달의 연애 이론을 "사랑의 좌절에 대한 이론, 즉 사랑이 결국 어떻게 실패할 수밖에 없는가를 설명하는 이론"이라 평가하고, 실제 연애를 하는 데에 아무런 도움이 되지 않는다고 단정했습니다. 그리고 그 원인을 스탕달이 메틸데와 했던 정상적이지 않은 연애 경험에서 찾았지요. 한마디로 나쁜 경험이 나쁜 이론을 낳았다는 겁니다.

  스탕달에 관한 이야기를 꺼낸 이유가 여기에 있습니다. 그것이 본인에게 아무리 진실한 것일지라도, 또 스탕달의 글처럼 예리하고 섬세하게 묘사되었을지라도, 개인의 경험에 의한 이론은 편협하거나 잘못될 수 있다는 거지요. 그래서 지금부터 우리는 연애에 대한 경험적이고 실용적인 이론 대신 연애의 본질에 대한 철학적 사유를 살펴보려고 합니다.

나는 미친 회오리바람이 되었습니다

우선, 마음의 준비 삼아 사랑을 노래한 시 한 편을 읽으며 시작하지요! 그래야 각박한 삶 속에 갇혀 화석 박물관에 진열된 삼엽충처럼 딱딱하게 굳어졌을지도 모를 우리의 연애 감정이 풋풋하게 되살아날 테니까요. 우리가 귀를 기울이려는 여인은 막 16세가 된 춘향인데, 그녀가 노회한 서정주(1915~2000) 시인의 붓을 빌려 첫사랑의 기쁨과 놀라움을 다음과 같이 묘사했네요.

신령님…….

처음 내 마음은
수천만 마리
노고지리 우는 날의 아지랑이 같았습니다.

번쩍이는 비늘을 단 고기들이 헤엄치는
초록의 강 물결
어우러져 날으는 애기 구름 같았습니다.

신령님…….

그러나 그의 모습으로 어느 날 당신이 내게 오셨을 때
나는 미친 회오리바람이 되었습니다.
쏟아져 내리는 벼랑의 폭포,
쏟아져 내리는 소나기 비가 되었습니다.

— 서정주, 〈다시 밝은 날에-춘향(春香)의 말 2〉 부분

    서정주 시인은 〈추천사-춘향의 말 1〉, 〈다시 밝은 날에-춘향의 말 2〉, 〈춘향 유문-춘향의 말 3〉, 이렇게 모두 세 편의 시를 춘향을 위해 썼지요. 하나같이 시적 아름다움이 무르익어 뚝뚝 떨어지는 작품들입니다. 그래서 나는 서정주 시인이 이 세 편뿐만 아니라 《춘향전》 전체를 시로 써서 남겼더라면 얼마나 좋았을까 종종 안타까워합니다.

    한번 보세요. 사랑에 빠진 춘향의 마음이 어떻게 묘사되었는지를! 그를 보자 자기 마음이 "미친 회오리바람"이 되었다고 하잖아요! "쏟아져 내리는 벼랑의 폭포"가 되었다고 하잖아요! "쏟아져 내리는 소나기 비"가 되었다고도 하잖아요! 그 때문에 아지랑이 같던, 초록의 강 물결 같던, 애기 구름 같던 자기 마음을 삽시에 그리 만든 그 사람은 '도련님'이 아니고 '신령님'일 수밖에 없다고 여기고 아예 그렇게 부르잖아요! 누가 벼락처럼 후려치는 첫사랑의 전율과 환희를 이보다 잘 노래할 수 있을까요!

    이 정도 되면 사랑도 하나의 '사건'이지요! 청천벽력 같은 사건입니

다. 그래서 사랑에 빠진 연인들은 갑자기 넋이 나가게 마련이고, 자주 "정신 빠진 것들!"이라는 욕 아닌 욕도 듣게 되지요. 그래도 당사자들은 전혀 부끄럽거나 무섭지가 않습니다. 이때 연인들이 하는 말은 단지 "나는 사랑하고 있는걸요"이지요. 전봉건(1928~1988) 시인이 춘향의 이 같은 마음을 다음과 같이 읊었습니다.

> 이제는 우거진 숲에 들어도 무섭지 않고
> 햇살이 안 드는 어둔 곳이 오히려 정다워요
> 풀잎에 손이 닿으면 슬며시 허리께가 부끄러워져
> 나는 사랑하고 있는걸요
> 그래요 나는 여기 그날처럼 앉아 있어요
> 그이도 그날처럼 저만치에 서 있어요
> 흰 돌 쓸리는 물에 목욕하다가
> 문득 놀란 물새 한 마리
> 그 새가 그 날의 나였어요
> 아 지금도 나는 놀라워 보세요
> 내 입술 놀라움에 반쯤 열려 있는 걸
> 물에 젖어서 반쯤만 흔들리는 연꽃이에요
> 나는 사랑하고 있는걸요
>
> ― 전봉건, 〈춘향연가〉 부분

이 시에서 춘향은 목에 칼을 차고 감옥에 앉아 있지요. 변학도의 수

청을 거절한 탓에 모진 고문을 당해 몸이 꺾이고 찢기고 갈라지고 부서졌습니다. 그러니 앞에서 묘사한 아름다운 장면들은 당연히 그녀가 옥중에서 그리는 환상입니다. 그럼에도 춘향은 "하지만 어머니 나는 보아요 / 나는 이곳에 앉아 있어도 / 나는 옥중에 갇혀 있어도 / 나는 광한루 앉아 있는 것"(《춘향연가》 부분)이라고 말합니다. 이유는 단 하나, "나는 사랑하고 있는걸요"입니다. 한마디로 사랑이 불러일으킨 "미친 회오리바람" 때문에 정신이 나간 거지요.

이런 광기와 열기야말로 사랑의 속성인지라, 동서고금을 막론하고 사랑 이야기에는 언제나 이런 "미친 회오리바람"이 들어 있습니다. 이 점에서는 《춘향전》이든 《로미오와 줄리엣》이든 《아벨라르와 엘로이즈》든 《트리스탄과 이졸데》든 모두 마찬가지라는 말입니다. 플라톤(Platon, BC 428?~BC 347?)이 《파이드로스》에서 언급한 테이아 마니아(theia mania), 즉 '신성한 광기'가 바로 이 미친 회오리바람이지요.

그래서인지 조금만 돌아보면 우리 시에도 정신 나간 연애를 노래한 작품들이 참 많습니다. 그 가운데서 하나 더 골라볼까요? 다음은 문정희(1947~) 시인의 〈한계령을 위한 연가〉입니다.

한겨울 못 잊을 사람하고
한계령쯤을 넘다가
뜻밖의 폭설을 만나고 싶다.
뉴스는 다투어 수십 년 만의 풍요를 알리고
자동차들은 뒤뚱거리며
제 구멍들을 찾아가느라 법석이지만

한계령의 한계에 못 이긴 척 기꺼이 묶였으면.

오오, 눈부신 고립
사방이 온통 흰 것뿐인 동화의 나라에
발이 아니라 운명이 묶였으면.

이윽고 날이 어두워지면 풍요는
조금씩 공포로 변하고, 현실은
두려움의 색채를 드리우기 시작하지만
헬리콥터가 나타났을 때에도
나는 결코 손을 흔들지는 않으리.
헬리콥터가 눈 속에 갇힌 야생조들과
짐승들을 위해 골고루 먹이를 뿌릴 때에도…….

― 문정희, 〈한계령을 위한 연가〉 부분

어때요? 아무리 "못 잊을 사람하고"라고는 해도 "한계령의 한계에 못 이긴 척 기꺼이 묶였으면"이라니요! 아무리 "사방이 온통 흰 것뿐인 동화의 나라"라고 해도 "헬리콥터가 나타났을 때에도 결코 손을 흔들지는 않으리"라니요! 여기에도 분명 미친 회오리바람 한 줄기가 들어 있지요? 정신이 빠진 겁니다. 하지만 그게 사랑이고, 그게 연애인걸요.

문정희 시인은 시재(詩才)가 뛰어나 여고 3학년 때 벌써 첫 시집을

냈습니다. 서정주 시인이 그 재주를 아껴 서문을 쓰고 《꽃숨》이라는 시집 제목도 달아주었다지요. 두 시인의 작품 안에 모두 들어 있는 못 말릴 미친 회오리바람을 보면, 그것이 우연은 아닌 것 같습니다. 연애가 그렇듯 시에도 미친 회오리바람, 벼랑의 폭포, 쏟아져 내리는 소나기 비 가운데 적어도 하나는 들어 있어야 하지요. 더구나 사랑을 노래한 시에는 말입니다. 그래야 연애가 사건이 되고, 시도 사건이 되지요.

그런데 사랑을, 연애를 하나의 '사건'이라고 표현하는 건 왜냐고요? 좋은 질문입니다. 그렇잖아도 그 이야기를 하려고 했어요. 그래요, 사랑은 하나의 사건입니다. 그것도 아주 놀라운 사건이지요. 사랑을 통해 세계가 삽시에 변하기 때문입니다. 사랑을 이처럼 하나의 사건으로 파악하는 것은 본디 프랑스의 철학자 알랭 바디우(A. Badiou)인데, 자칭 '연인-철학자'인 그가 그런 주장을 한 데는 다 이유가 있습니다. 한번 들어볼까요?

사랑은 언제나 벼락처럼 왔다가 정전처럼 끊겨지고

2008년 7월 14일, 프랑스 대혁명 기념일이기도 한 이날 바디우는 니콜라 트뤼옹(Nicolas Truong, 1967~)과 함께 아비뇽 연극 페스티벌에 참가한 관객들 앞에서 사랑에 대해 공개 대화를 나누었습니다. 그것을 녹음했다가 손보아 출간한 책이 《사랑 예찬》이지요. "사랑은 재발견되어야 한다. 우리가 익히 알고 있듯이"라는 랭보의 시구를 표제어로 붙인 이 책에서 바디우는 사랑을 하나의 '사건'으로 규정하는 자신의 사유를 반복하며 그것의 재발견을 요구했습니다.

바디우가 《존재와 사건》, 《조건들》, 《철학을 위한 선언》과 같은 저서에서 말하는 '사건(événement)'이란 모든 종류의 평형 상태를 뒤흔드는 우연한 충격입니다. 사건은 언제나 우연으로 나타나 한 상황을 지배하는 기존의 법칙들, 즉 정치, 과학, 예술, 사랑의 법칙들을 파괴한다는 뜻이지요. 그가 《윤리학》에서 "사건은 우리로 하여금 새로운 존재방식을 결정하도록 강요하는 것이다"라고 말한 것도 그래서입니다. 이 같은 생각을 바탕으로 그는 "사랑은 세계의 법칙들에 의해서는 계산되거나 예측할 수 없는 하나의 사건입니다"라고 주장했지요. 바디우의 이 말은 적어도 다음 두 가지 중요한 의미를 갖고 있습니다.

하나는 사랑의 시작에 있어 '만남의 우연성'이고 다른 하나는 사랑에 의한 '법칙성의 파괴'입니다.

무슨 소리냐고요? 우선 만남의 우연성이 무슨 의미인지부터 살펴보기로 하지요. 《사랑 예찬》에서 바디우는 오늘날 연애에서 만남의 우연성이 사라져가고 있는 것을 신랄하게 비난하면서 이야기를 시작합니다. 그가 공격하는 상징적 타깃은 인터넷 알선 사이트를 통한 만남입니다. "위험 없는 사랑을 당신에게"라는 슬로건을 내걸고 외모, 성격, 직업, 수입, 생일, 취미, 심지어는 별자리에 이르기까지 다양한 정보를 조합해서 고객에게 딱 맞는 이상형을 알선해주는 사이트를 통한 만남은 잘못된 사랑의 시작이라는 거지요.

할인 매장에서 자기 몸에 맞는 옷을 고르거나, 중고차 시장에서 자기 수입에 맞는 자동차를 찾는 것같이 시작하는 연애는 바디우가 보기에 "사랑으로 촘촘히 짜여진, 타자에게서 비롯된 시련이나 심오하고 진실된 온갖 경험"을 회피하려는 것입니다. 사랑의 중요성을 처음부터 완전히 박탈한다는 겁니다. '사랑에 빠지는 위험을 감수하지 않고서도 사랑할 수 있다'는 쾌락주의적 사고로는 사랑이라는 집의 문턱조차 밟을 수 없다는 것이 바디우의 생각이지요.

게다가 우스꽝스러운 것은 이런 사람들이 원하는 '위험 없는 사랑'이란 마치 '전사자 없는 전쟁'처럼 터무니없이 만들어진 허상일 뿐이며 상업적 프로파간다에 불과하다는 겁니다. 위험은 아무리 조심스레 피한다 해도 "길가에 뻥 뚫린 맨홀 구멍부터 지하철역의 경찰 신문에 이르기까지" 그 어떤 경우에도 사라지지 않는다는 거지요. 그래서 바디우는 사랑의 만남도 필히 위험과 모험을 동반하는 우연에서 시작되어야 한다고 주장합니다.

  만일 당신이 모던하고 쿨한 요즈음 젊은이라면 이미 80이 넘은 이 철학자의 주장이 마음에 들지 않을 수도 있습니다. 이 프랑스 노인의 말이 한갓 낭만적인 푸념으로 들릴 수도 있다는 말입니다. 그렇지는 않더라도 당신이 만일 언젠가 연애 때문에 상처받은 경험을 아직 간직하고 있다면, 바디우의 말이 무모하고 무책임하게 들릴 수도 있겠지요. 문정희 시인의 시에서처럼 다른 사람을 사랑한다는 것은 결코 녹록한 일이 아니기 때문입니다. 게다가 최승자(1952~) 시인의 시에서처럼 이별은 정전처럼 느닷없이 찾아오기도 하기 때문이지요. 그러면서 차츰 "우는 날"이 많아지고 "아픔이 출렁거려" 말을 잃어가다 "더 이상 내 것이 아닌 열망들"과 작별을 고하고 영영 서로 헤어지는 것입니다.

  그대 사랑하는 동안
  내겐 우는 날이 많았었다.

  아픔이 출렁거려
  늘 말을 잃어갔다.

— 문정희, 〈찔레〉 부분

  사랑은 언제나
  벼락처럼 왔다가
  정전처럼 끊겨지고

갑작스런 배고픔으로
찾아오는 이별.

— 최승자, 〈여자들과 사내들〉 부분

그 가운데는 최승자 시인의 시에서처럼 죽을 것 같은 아픔을 견디면서도 마음을 비우지 못하는 여자도 있고, 기형도(1960~1989) 시인의 시에서와 같이 장님처럼 더듬거리면서 어렵게, 어렵게 마음의 문을 걸어 잠그는 남자도 있지요.

봄이 오고 너는 갔다.
라일락꽃이 귀신처럼 피어나고
먼곳에서도 너는 웃지 않았다.
자주 너의 눈빛이 셀로판지 구겨지는 소리를 냈고
너의 목소리가 쇠꼬챙이처럼 나를 찔렀고
그래, 나는 소리 없이 오래 찔렸다.

찔린 몸으로 지렁이처럼 기어서라도,
가고 싶다 네가 있는 곳으로.
너의 따뜻한 불빛 안으로 숨어들어가
다시 한번 최후로 찔리면서
한없이 오래 죽고 싶다

— 최승자, 〈청파동을 기억하는가〉 부분

사랑을 잃고 나는 쓰네

잘 있거라, 짧았던 밤들아
창밖을 떠돌던 겨울 안개들아
아무것도 모르던 촛불들아, 잘 있거라
공포를 기다리던 흰 종이들아
망설임을 대신하던 눈물들아
잘 있거라, 더 이상 내 것이 아닌 열망들아

장님처럼 나 이제 더듬거리며 문을 잠그네
가엾은 내 사랑 빈집에 갇혔네

— 기형도, 〈빈집〉 전문

어때요? 어떻게 대처하든 이별이란 한마디로 고통의 아수라장이지요? 이 점에서 보면 사랑에는 우연에서 시작하는 위험과 모험이 필히 동반되어야 한다는 바디우의 주장은 '나이도 드신 분이 정말로 뭘 모르고 하신 말씀' 같습니다. 한데 과연 그럴까요? 이에 대한 답을 얻기 위해 우리는 바디우가 "사랑으로 촘촘히 짜여진, 타자에게서 비롯된 시련이나 심오하고 진실된 온갖 경험"을 사랑의 중요한 요소로 삼았다는 것에 주목해야 합니다.

사랑의 경험이 도대체 사랑에서 왜 그리 중요할까요? 처음에는 춘향이나 로미오와 줄리엣처럼 전율과 환희, 감미로움과 애틋함으로 시작하지만, 이내 최승자, 문정희, 기형도 시인의 시처럼 슬픔과 고통의 축제로 변한다면, 그것이 반드시 필요하고 중요할까요? 차라리 그렇게 과도한 육체적·심리적·경제적 소모 없이 '위험 없는 사랑'을 추구하는 것이 무한경쟁 사회라는 새로운 정글을 사는 지혜가 아닐까요? 그래서 요즘 젊은이들이 "사랑에 빠지지 않고도 우리는 사랑을 할 수 있다"라는 슬로건을 내건 인터넷 사이트를 빈번히 드나드는 것이 아닐까요?

하지만 조금만 곰곰이 생각해보면, 이런 생각들이 실로 안일하고도 어리석은 것임을 알 수 있습니다. 이 질문을 '삶의 경험이 삶에서 왜 중요할까'라고 바꿔보면 곧바로 진실이 드러나지요. 삶의 경험이 삶에서 중요한 까닭은 그것이 삶의 '전부'이기 때문입니다. 그것 이외에 우리의 삶에 아무것도 없기 때문이지요. 사랑도 마찬가지입니다. 사랑의 경험이 사랑에서 중요한 까닭은 그것이 사랑의 '전부'이기 때문입니다. 사랑에서 "사랑으로 촘촘히 짜여진, 타자에게서 비롯된 시련이나 심오하고 진실된 온갖 경험"을 제외한다면 그것은 이미 사랑이 아니기 때문입니다.

이렇게 보면 연애의 경험은, 설령 그것이 최승자 시인이나 문정희 시인의 시에서처럼 눈물과 아픔으로 기억되더라도, 아니면 기형도 시인의 시에서처럼 더듬거리면서 작별을 고해야 하는 것들, 즉 "짧았던 밤", "창밖을 떠돌던 겨울 안개", "아무것도 모르던 촛불들", "공포를 기다리던 흰 종이들", "망설임을 대신하던 눈물들"로 남더라도, 우리는 그것을 두려워하거나 회피해서는 안 됩니다. '위험 없는 사랑'을 위해 사랑의 경험을 회피한다는 것은 마치 '살아가기 위해서 살아갈 이유를 잃어버리는 것'처럼 돌이킬 수 없는 후회를 남기기 때문이지요.

바디우가 '만남의 우연성'을 강조하며 '위험 없는 사랑'을 힐난한 것도 바로 이런 이유 때문인데, 문정희 시인이 이 같은 관점에서 읽으면 매우 흥미로울 만한 시를 썼습니다.

요새는 왜 사나이를 만나기가 힘들지.
싱싱하게 몸부림치는
가물치처럼 온몸을 던져 오는
거대한 파도를……

몰래 숨어 해치우는
누우렇고 나약한 잡것들뿐
눈에 띌까, 어슬렁거리는 초라한 잡종들뿐
눈부신 야생마는 만나기가 어렵지.

여권 운동가들이 저지른 일 중에
가장 큰 실수는
바로 세상에서
멋진 잡놈들을 추방해 버린 것은 아닐까.
핑계 대기 쉬운 말로 산업 사회 탓인가.
그들의 빛나는 이빨을 뽑아 내고
그들의 거친 머리칼을 솎아 내고

그들의 발에 재지의 쇠고리를
채워 버린 것은 누구일까.

그건 너무 슬픈 일이야.
여자들은 누구나 마음속 깊이
야성의 사나이를 만나고 싶어하는 걸.

— 문정희, 〈다시 남자를 위하여〉 부분

바디우가 이 시를 보면 무척 좋아할 것 같습니다. 문정희 시인이 만남을 알선하는 인터넷 사이트나 뒤지고 있는 "누우렇고 나약한 잡것들"을 신나게 까발려주었다고 생각할 테니까요.

그런데 잠깐! 문정희 시인도 이미 잘 알고 있겠지만, 남자들도 연봉, 학벌, 직업, 집안 배경이나 저울질하고 있는 "누우렇고 나약한 잡것들"보다 "눈부신 야생마" 같은 여자를 만나고 싶어한답니다. 그래서 하는 말인데 남성이든 여성이든 만일 아직 애인이 없다면, 이 시를 마음에 담아두고 되새겨야 할 것입니다!

우리가 또 눈여겨보아야 할 것은 바디우가 자신의 사유를 여기서 한 걸음 더 밀고 나가, 사랑의 만남이 우연이어야 한다는 자신의 주장에 '사회적 의미'를 부여한다는 사실입니다. 이건 또 무슨 소리냐고요? 그래요, 좀 엉뚱하지요? 철저히 기획된 위험 없는 사랑보다 만남의 우연성을 통해 "눈부신 야생마" 같은 애인을 만나야 한다는 것까지는 이제 이해하겠는데, 그것이 어떻게 사회적 의미를 가질 수 있다는 것인지는 잘 모르겠지요? 바디우의 이야기를 직접 들어볼까요?

사랑은 항상 만남에서 시작됩니다. 그리고 저는 형이상학적인 방식으로 이러한 만남에 사건, 다시 말해 사물들의 즉각적인 법칙에 속하지 않는 무언가에 사회적 지위를 부여합니다.

사랑의 이러한 출발점을 보여주는 수많은 예를 우리는 문학과 예술 작품에서 찾아볼 수 있습니다. 수많은 이야기와 소설은 **둘**이 각별하게 강조된 사례들에 바쳐졌으며, 이러한 사례들은 두 연인이 동일한 사회 계층이나 동일한 집단, 동일한 파벌이나 동일한 국가에 속해 있지 않은 경우가 대부분입니다. 두 연인이 대립되는 세계에 속해 있는《로미오와 줄리엣》(Romeo and Juliet)이 바로 이러한 구분의 대표적인 알레고리라 하겠습니다. 이렇듯 가장 강력한 이원성과 가장 극단적인 분리를 경유하여 사랑의 대각선처럼 교차되는 측면은 매우 중요합니다.

조금 장황하지만, 이 말을 통해 바디우가 전하려는 내용은 오히려 단순합니다. 우연한 만남이 사회 계층, 집단, 파벌, 국가가 가진 동일성이라는 두꺼운 벽을 허문다는 거지요. 그리고 차이에서 비롯된 새로운 세계를 연다는 겁니다. 로미오와 줄리엣의 우연한 만남이 캐퓰렛 가문과 몬터규 가문의 오랜 증오와 분투를 종식시키고 화합과 평화로 이끈 것처럼 말입니다. 만일 로미오와 줄리엣이 캐퓰렛 가문의 축제에서 우연히 만나지 않고 각자의 가문을 지배하는 법칙을 따라 동일한 집단에서 애인을 만났다면 그 같은 일은 일어나지 않았을 테니까요. 바로 이것이 바디우가 만남의 우연성에 부여한 사회적 지위입니다. 어때요? 재미있는 발상이지요?

 연애를 통한 기존 세계의 파괴! 사랑을 통한 새로운 세계의 구축! 이것이 "사랑은 세계의 법칙들에 의해서는 계산되거나 예측할 수 없는 하나의 사건입니다"라는 바디우의 말이 지닌 또 하나의 의미입니다. 사랑이 동일한 사회 계층이나 동일한 집단, 동일한 파벌이나 동일한 국가를 고집하는 기존 세계와 그 세계의 법칙(진리)들을 깨트리고, 차이에서 출발하는 새로운 세계와 법칙(진리)들을 구축한다는 것이지요. 여기에서 바디우의 《사랑 예찬》은 세계 구축론과 진리 구축론으로 넘어갑니다.

각자 화분에서 살아가지만 햇빛을 함께 맞는다는 것

바디우에게 연애는 안전하거나 위험 없는 쾌락을 추구하는 것이 아니라, 새로운 세계와 진리를 구축하는 모험입니다. 그것도 나 혼자가 아니라 사랑하는 그 또는 그녀와 함께 하나의 세계와 그 세계의 진리들을 만들어가는 일이지요. 바디우는 다음과 같이 말했습니다.

> 사랑은 개인인 두 사람의 단순한 만남이나 폐쇄된 관계가 아니라 무언가를 구축해내는 것이고, 더 이상 **하나**의 관점이 아닌 **둘**의 관점에서 형성되는 하나의 삶이라 하겠습니다. 그리고 바로 이것이 제가 "둘이 등장하는 무대"라고 일컫는 것이기도 합니다.

여기서 우리는 우선 "**둘**의 관점에서 형성되는 하나의 삶"이라는 말에 주목해야 합니다. 바디우가 말하는 새로운 세계, 곧 "둘이 등장하는 무대"가 바로 이런 방식으로 구축되기 때문이지요.

1장에서 살펴본 하이데거의 '세계'와 마찬가지로 바디우의 '둘이 등장하는 무대'도 데카르트와 뉴턴의 물리적·연장적 시공간이 아닙니다. 그것은 '하나'의 관점이 아닌 '둘'의 관점에서 전개되는 의미의 구성체이자, 두 사람이 그려내는 하나의 풍경화이며, "차이의 프리즘을 거쳐" 전개되는 세계입니다. 이것이 바디우가 '둘이 등장하는 무대'를 강조하는 이유이자, 세계는 우리가 '경험'하는 것이 아니라 '구축'하는 것이라고 표현하는 까닭입니다. 그는 다음과 같이 부연했습니다.

> 여기서 저는 "구축"을 "경험"과 대립시킵니다. 예를 들어 산에 올라 사랑하는 여인의 어깨에 기댄 채, 황금빛 초원, 나무 그늘, 울타리 뒤에서 미동도 않는 검은 코 양떼들, 바위 뒤로 서서히 모습을 감추는 태양 등 저녁 무렵의 평화를 보는 자는 바로 나이며, 그녀의 얼굴을 통해서가 아니라 있는 그대로의 세계에서, 내가 사랑하는 여인이 저와 같은 세계를 보고 있다는 사실을 인식하는 것입니다.

이처럼 사랑하는 두 사람은 결코 동일한 하나의 관점에서 기존의 세계를 함께 경험하는 것이 아닙니다. 오히려 차이가 있는 둘의 관점에서 하나의 세계를 함께 바라보며 구축해가는 것이지요. 이런 상황을 바디우는 "동일한 하나의 차이"라는 어려운 말로 표현했는데, 다음 노래는 이렇게 쉽게 말하네요.

> 게다가 내가 너와 같은 건 우린 각자 화분에서
> 살아가지만 서로에게 기댄다는 것
> 내가 너와 같은 건 우린 각자 화분에서
> 살아가지만 햇빛을 함께 맞는다는 것
> 내가 너와 같은 건 우린 각자 화분에서

살아가지만 서로에게 기댄다는 것
　　서로에게 기댄다는 것

— 키비, 〈자취일기〉 부분

　이 노래에서 "우린 각자 화분에서 / 살아가지만 햇빛을 함께 맞는다는 것"이라는 구절이 바디우가 말하는 "둘의 관점에서 형성되는 하나의 삶"이 무엇을 뜻하는지를 구체적으로 보여줍니다. 바디우는 프랑스 극작가 폴 크로델(Paul Claudel, 1868~1955)의 《정오의 공분》에 나오는 "멀리 떨어져서, 그러나 서로가 서로에게 기대면서, 우리의 영혼은 변화를 맞이하는가?"라는 대사를 인용해 둘이 등장하는 무대의 본질을 설명하기도 했는데, 바로 그것을 키비가 "우린 각자 화분에서 / 살아가지만 서로에게 기댄다는 것 // 서로에게 기댄다는 것"이라고 노래한 거지요.

　바디우는 이 같은 생각에서 사랑에 대한 일체의 낭만적 개념을 거부합니다. 그는 리하르트 바그너(Richard Wagner, 1813~1883)의 《트리스탄과 이졸데》에서처럼 낭만적 사랑은 한순간에 불타버리고 융합해버리고 소진되는 강렬함 때문에 둘이 등장하는 무대가 아니라 하나가 등장하는 무대가 되어버린다고 단정하지요. 그리고 문학 안의 이런 낭만적인 이야기들은 강력한 예술적 신화일 뿐, 사랑에 대한 진정한 철학은 아니라고 주장합니다.

　바디우가 보기에, 상대와 융합해 하나가 되는 사랑은 사랑이 아닙니다. 설사 우리가 사랑하는 사람에게 자신을 완전히 내맡기고 싶은 열정에 종종 사로잡힌다고 해도 말입니다. 그러니, 기억하세요! 사랑은 '하나가 등장하는 무대'가 아니라 '둘이 등장하는 무대'라는 것을! 상대에게 자신을 완전히 내맡기려고 하지 말며, 상대를 완전히 떠맡으려고 하지 말아야 한다는 것을! 상대에게 무릎을 꿇으려고도 하지 말며, 상대를 무릎 꿇리려고도 하지 말아야 한다는 것을!

하지만 이처럼 "햇빛을 함께" 맞아도, "서로에게" 기대어도, 영영 "각자 화분에서 살아가"야 하는 사랑의 존재론적 거리는 사랑을 한편으로는 쓸쓸하고 허전하게 하기도 합니다. 영원히 좁히지 못하는 평행선처럼 하나가 될 수는 없기 때문이지요. 그렇지만 그것이 사랑의 본질이자 숙명입니다.

마종기 시인의 〈바람의 말〉은 이처럼 "참을 수 없게 아득하고 헛된" 사랑의 존재론적 거리와 숙명을 아름답게 표현한 시입니다. 영원히 좁힐 수 없는 그 거리를 영혼으로라도 다가가 "봄 나뭇가지 흔드는" 바람과 같이 스치겠다니 말입니다.

우리가 모두 떠난 뒤
내 영혼이 당신 옆을 스치면
설마라도 봄 나뭇가지 흔드는
바람이라고 생각지는 마.

나 오늘 그대 알았던
땅 그림자 한 모서리에
꽃 나무 하나 심어 놓으려니

그 나무 자라서 꽃 피우면

우리가 알아서 얻은 모든 괴로움이

꽃잎 되어서 날아가 버릴 거야.

꽃잎 되어서 날아가버린다.

참을 수 없게 아득하고 헛된 일이지만

어쩌면 세상 모든 일을

지척의 자로만 재고 살 건가.

가끔 바람 부는 쪽으로 귀 기울이면

착한 당신, 피곤해져도 잊지 마,

아득하게 멀리서 오는 바람의 말을.

— 마종기, 〈바람의 말〉 전문

　시인은 "우리가 알아서 얻은 모든 괴로움이 / 꽃잎 되어서 날아가" 버리는 것처럼, 사랑의 기쁨과 슬픔이 다 "참을 수 없게 아득하고 헛된 일"이지만, 어찌 "세상 모든 일을 / 지척의 자로만 재고" 살 수 있겠느냐고 합니다. 그러니 "피곤해져도 잊지" 말고 "가끔 바람 부는 쪽으로 귀 기울"여 "아득하게 멀리서 오는 바람의 말", 바람에 실려 오는 내 말을 들어보라고 당부하는군요. 사랑이 '각자 화분에서 살아가기'가 아니고 '한 화분에서 살아가기'라면, 그래서 바람으로라도 다가가야 할 사랑의 거리가 아예 없다면, 사랑은 이처럼 애틋하고 아름답지 않을 겁니다. 아닌가요?

흥미로운 것은 바디우가 바로 여기, 곧 사랑이 둘의 관점에서 형성하는 하나의 세계의 구축이라고 주장한 자리에서 시간의 문제를 끄집어낸다는 사실입니다. 무슨 시간일까요? 그는 그것이 "사랑을 완수할 시간"이라고 했습니다. 사랑이 하나의 동일한 관점도 아니고 차이가 있는 둘의 관점에 의한 새로운 세계의 구축이라면, 그리고 그 세계의 진리를 만드는 것이라면, 시간이 소요된다는 것은 당연한 발상이겠지요. 하지만 바디우는 여기에서 한 걸음 더 나아가, 사랑의 지속성과 그 과정이 가진 의미와 가치를 사유합니다.

매우 흥미로운 사실은 사랑이 시작되는 순간의 황홀감에 관한 문제에 놓여 있는 게 아니라는 점입니다. 물론 시작되는 그 순간의 황홀감은 분명 존재합니다. 그러나 우리가 사랑이라고 부를 수 있는 것은 무엇보다도 지속되는 하나의 구축이 되어야 한다는 것입니다. 사랑은 끈덕지게 이어지는 하나의 모험이라고 할 수 있겠지요.

이 말의 핵심은 "우리가 사랑이라고 부를 수 있는 것은 무엇보다도 지속되는 하나의 구축이 되어야 한다는 것"에 있습니다. 진정한 사랑이란 일순의 황홀 속에 불타 소진하는 것이 아니라 '지속되는 사랑'이어야 한다는 말입니다. 바디우의 말을 좀 더 들어볼까요?

최초의 장애물, 최초의 심각한 대립, 최초의 권태와 마주하여 사랑을 포기해버리는 것은 사랑에 대한 커다란 왜곡일 뿐입니다. 진정한 사랑이란 공간과 세계와 시간이 사랑에 부과하는 장애물들을 지속적으로, 간혹은 매몰차게 극복해나가는 그런 사랑일 것입니다.

사랑을 위해서 필요한 것은 사랑을 지속하려는 끈기와 장애물을 극복하려는 의지라는 말이지요. 바디우는 또 다른 저서 《조건들》에서 이것을 충실성이라고 표현했습니다. "사랑은 최초의 명명에 대한 끝나지 않는 충실성이다"라고 말이지요. 이때 그가 말하는 충실성은 단순히 다른 사람과 연애 관계를 맺지 않겠다는 뜻이 아니라, 사랑을 가로막는 모든 장애물, 예컨대 둘 사이의 대립, 권태, 그리고 무엇보다도 다시 하나가 등장하는 무대로 돌아가고 싶은 유혹 등을 지속적으로, 그리고 매몰차게 극복하겠다는 의지입니다.

바디우가 "사랑의 절차는 난폭한 물음, 견디기 힘든 고통, 우리가 극복하거나 극복하지 못하는 이별 따위를 동반합니다"라고 언급했듯이, 세상에 황홀하기만 한 연애는 없습니다. 무척 유감스럽지만 순탄하기만 한 사랑도 없지요. 그래서 다시 한번 묻겠는데, 혹시 지금 사랑을 하고 있나요? 아니, 연애하고 있어요? 그렇다면 바디우가 말하는 충실성이란 개념을 마음에 담아두어야 합니다. 그뿐만 아니라 다음과 같은 시 하나 정도는 외우고 있어야지요. 당신과 당신의 연인 사이에 장애물, 대립, 권태가 찾아올 그날에 대비해서 말입니다.

우리 살아가는 일 속에
파도치는 날 바람 부는 날이
어디 한두 번이랴
그런 날은 조용히 닻을 내리고

오늘 일을 잠시라도

낮은 곳에 묻어두어야 한다

우리 사랑하는 일 또한 그 같아서

파도치는 날 바람 부는 날은

높은 파도를 타지 않고

낮게 낮게 밀물져야 한다

사랑하는 이여

상처받지 않은 사랑이 어디 있으랴

추운 겨울 다 지내고

꽃 필 차례가 바로 그대 앞에 있다

— 김종해, 〈그대 앞에 봄이 있다〉 전문

하지만 우리가 마음에 이 같은 충실성을 간직하고 있다고 해서 모든 문제가 해결되는 것은 아닙니다. 연애는 혼자서 하는 짝사랑이 아니니까요. 그래서 바디우가 내놓은 지혜가 바로 '사랑의 선언'입니다. 사랑은 우연한 만남에서 시작해 "나는 너를 사랑해"라는 선언을 통해 고정된다면서 바디우는 그것의 중요성을 다음과 같이 설파합니다.

 사랑의 선언은 우연에서 운명으로 이행하는 과정이고, 바로 이런 이유로 사랑의 선언은 그토록 위태로운 것이며, 일종의 어마어마한 긴장감으로 가득 차 있는 것입니다. 게다가 사랑의 선언은 필연적으로 단 한 번으로 끝나는 것이 아니라 길고 산만하며, 혼돈스럽고 복잡하며, 선언되고 또 다시 선언되며, 그런 후에조차 여전히 선언되도록 예정된 무엇일 수 있습니다.

바디우는 이 글에서 "나는 너를 사랑해"라는 사랑의 선언이 단 한 번으로 끝나는 것이 아니라 부단히 반복되어야만 한다는 것을 강조하고 있습니다. 그런데 사실상 이 말은 대부분의 남성들이 가장 잘 하지 못하는 말이자, 거의 모든 여성들이 가장 자주 요구하는 말이기도 하지요. 또 한편으로는 너무나 흔히 사용되어, 예컨대 누군가와 잠자리를 같이하기 위한 술수로 이용되어 그 의미가 심하게 훼손된 말이기도 합니다. 그래서 정희성 시인의 다음 시에서처럼 이미 "그대 귓가에 닿지 못한 한마디 말"이 되어버린 서글픔이 함께하는 말이기도 하지요.

한 처음 말이 있었네
채 눈뜨지 못한
솜털 돋은 생명을
가슴 속에서 불러내네

사랑해

아마도 이 말은 그대 귓가에 닿지 못한 채
허공을 맴돌다가
괜히 나뭇잎만 흔들고
후미진 내 가슴에 돌아와

혼자 울겠지

사랑해

때늦게 싹이 튼 이 말이
어쩌면
그대도 나도 모를
다른 세상에선 꽃을 피울까 몰라
아픈 꽃을 피울까 몰라

— 정희성, 〈그대 귓가에 닿지 못한 한마디 말〉 전문

그럼에도 바디우는 우리가 "사랑해"라는 말을 자주 반복해야 한다고 주장합니다. 그 이유는 이 말이 책임감을 불러일으켜 만남이라는 우연에서 지속성, 끈덕짐, 약속, 충실성을 이끌어내기 때문이랍니다. 그뿐만이 아니지요. 이미 진부하고 때로는 무의미하게 보이는 이 말이 자꾸 반복되면 "나는 항상 너를 사랑해"가 되어, 결국엔 "나는 너를 영원히 사랑할 거야"라는 불가능한 약속까지 가능하게 만든답니다. 한계 지어진 인간의 시간에서 '항상'이란, 한계 지어지지 않은 신의 시간인 '영원'과 다를 바 없기 때문이지요. 바디우는 다음과 같이 말했습니다.

"나는 널 사랑해"가 여러 측면에서 볼 때 "항상"을 의미한다면, "너

를 언제고 사랑한다"고 통고하는 것은 사실상 우연을 영원에다 기록하고 고정시키는 것이라고 보아야 합니다. 말에 겁먹지 마십시오! 우연의 고정, 그것은 바로 영원의 통고입니다.

이런 이유에서 바디우는 사랑의 선언이 "당신이 영원을 제안하게끔 만드는 보기 드문 경험 가운데 하나"라고도 평가했습니다.

자, 그렇다면 이제 다시 생각해볼까요? 당신이 지금 연애하고 있다면 연인에게 "나는 너를 사랑해"라는 선언을 반복해서 하지 못할 이유가 뭔가요? 설령 당신이 말수가 아주 적은 남자라고 해도 말입니다. 한번 곰곰이 생각해봐요! 없지요? 그럼 지금 당장, 그리고 수시로 "나는 널 사랑해"라고 말하세요. 그럼으로써 충실성을 보이세요. 또 영원을 약속하는 보기 드문 경험, 인간으로서 감히 할 수 없는 놀라운 경험을 스스로 해보세요. 그럴수록 당신의 연애가 뜨거워지고, 당신의 삶이 더욱 풍요로워질 테니까요.

그런데 잠깐! 문제가 하나 있다고요? 《사랑 예찬》에서는 《로미오와 줄리엣》에서처럼 누구에게나 사랑을 위한 '우연한 만남'이 일어날 것을 전제로 하고 있는데, 그렇지 않은 경우에는 어떻게 하느냐고요? 사랑을 하고 싶어도 사랑할 애인이 없는 사람은 어떻게 하냐고요? 세월이 다 가도록 하염없이 우연한 만남만 기다리고 있을 수야 없지 않겠느냐고요? 그러니 애인을 만들 수 있는 좋은 방법이 없겠냐고요?

아, 그렇군요! 바디우는 우리가 가만히 앉아만 있어도 우연한 만남이 찾아오고 연애가 이뤄지는 것처럼, 만남을 알선하는 인터넷 사이트에서 애인을 찾는 것을 힐난하며 《사랑 예찬》을 시작했군요. 하지만 현실은 꼭 그렇지만은 않지요. 연애를 하고 싶어도 애인이 생기지 않는 경우가 종종 있습니다. 그리고 그것이 당사자에게 심각한 문제가 될 수도 있고요. 프로이트(Sigmund Freud, 1856~1939) 이후 정신분석학자들은 물론이고 오늘날 각광을 받는 진화심리학자들까지도 하나같이 입을 모아 연애에 대한 욕구(eros)가 인간의 다른 어떤 욕구보다도 강렬하다고 주장하니까요.

예컨대 에리히 프롬(Erich Fromm, 1900~1980) 같은 정신의학자는 이 욕구가 만족되지 못하면 인간은 발광하고, 타인과 사회를 파괴하며, 심지어는 자기 자신까지 파멸시킨다고 이야기했습니다. 인간의 가장 절실한 욕구가 "고독이라는 감옥을 떠나는 것"이기 때문이라지요. 그러니 연애에 대한 이야기를 하면서 바디우처럼 이 문제를 그냥 지나치는 것은 옳지 않습니다. 그래서 지금부터 사랑을 하고 싶어도 애인을 구하지 못해 안달하는 어느 아가씨의 이야기를 하려고 합니다. 그녀에게 왜 애인이 없는지, 또 그녀가 어떻게 애인을 갖게 되는지를 알아보고 본보기로 삼자는 거지요.

우체국 창문 앞에 와서 너에게 편지를 쓴다

파니는 올해 막 30세가 되었지만 아직 날씬하고 예쁜 여성입니다. 공항 직원으로 일하며 아파트와 차도 갖고 있지요. 그녀가 가진 심각한 문제는 애인이 없다는 것뿐입니다. 한때는 남자 친구와 동거했지만 4년 전부터는 혼자서 살고 있습니다. 그 때문에 직장동료들에게서 "서른이 넘은 여자가 남자를 만나기는 원자폭탄을 맞기보다 어렵다"라는 농담을 자주 듣지요.

파니는 애인을 만들려고 무진 애를 씁니다. "물건을 팔듯이 날 소개하다니……"라고 투덜대면서도 배우자 소개소에 보낼 자기소개 동영상을 만들지요. 바디우가 힐난한 바로 그 일을 시도하고 있는 겁니다. 파니는 곱게 치장한 예쁜 얼굴인데도 다시 화장을 고칩니다. 그리고 무척 겸연쩍어 하면서도 용기를 내 카메라 앞에서 입을 엽니다.

"저는 파니 핑크예요. (……) 여자의 행복에 꼭 남자가 필요한 것은 아니겠죠. 하지만 올해 서른이 되었고. (……) 혹시 이런 말 아세요? 서른이 넘은 여자가 남자를 만나기는 원자폭탄을 맞기보다 어렵다는……. 전 혼자 살아요. 한 4년 됐죠. 괜찮아요. 예! 혼자 사는 게 좋아요. 하지만 원했던 건 아니에요……."

그뿐만이 아닙니다. 그녀는 성당의 성모상 앞에서 촛불을 켜고 기도를 드리기도 합니다.

"잘생길 필요 없어요. 키나 나이도 상관없고요. 담배나 술을 안 하고 의료보험만 보장되면 돼요. 이게 너무 큰 바람인가요?"

이것도 다는 아닙니다. 혼자 방 안에 앉아 녹음테이프를 틀어놓고 열심히 듣지요. 녹음기에서는 "나는 강하다. 나는 아름답다. 나는 똑똑하다. 나는 사랑하고 사랑받는다"라는 말이 계속 반복되어 나옵니다. 자기암시 훈련을 하는 거지요. 파니의 이러한 노력들은 보기에도 측은할 정도이지만 날이 갈수록 점점 더 집요하고 치열해집니다. 그녀가 요즈음 한국 여성이었다면, 아마 성형수술도 하고 피트니스 센터에도 다녔겠지요?

그런데 파니가 누구냐고요? 이 딱한 아가씨가 도대체 어디에 있냐고요? 사실 파니는 실존 인물이 아닙니다. 독일의 여성 감독 도리스 되리(Doris Dorrie, 1955~)가 만든 〈파니 핑크〉란 영화의 주인공이지요. 그럼에도 내가 파니의 이야기를 꺼낸 이유는 앞에서 우리가 언급한 문제에 대한 해결책이 이 영화에 들어 있기 때문입니다. 그런데 그 해결책을 읽어내기 위해서는 먼저 에리히 프롬이 제시한 '사랑의 기술'에 대한 약간의 귀뜸이 필요합니다. 그러니 잠시 들어볼까요?

독일 출신의 정신의학자인 에리히 프롬은 저서 《사랑의 기술》의 첫머리를 대뜸 다음과 같은 물음으로 시작합니다. "사랑은 기술인가? 기술이라면 지식과 노력이 요구된다. 아니면 사랑은 우연한 기회에 경험되는, 다시 말하면 행운만 있으면 누구나 '겪게 되는' 즐거운 감정이란 말인가?" 그리고 스스로 답하길, 사랑은 우연한 기회에 경험되는 즐거운 감정이 아니라고 합니다. 올바로 알고 배워야만 얻어지는 하나의 기술이라는 것이지요. 이어서 그는 다음과 같이 부연합니다.

> 우선 대부분 사람들은 사랑의 문제를 '사랑하는', 곧 사랑할 줄 아는 능력의 문제가 아니라 오히려 '사랑받는' 문제로 생각한다. 그들에게는 사랑의 문제는 어떻게 하면 사랑받을 수 있는가, 어떻게 하면 사랑스러워질 수 있는가 하는 문제다. 그들이 이 목적을 위해 추구하는 몇 가지 방법이 있다. 남자들이 특히 애용하는 방법은 성공하여 자신의 지위의 사회적 한계가 허용하는 한 권력을 장악하고 돈을 모으는 것이다. 여성이 특히 즐겨 이용하는 방법은 몸을 가꾸고 옷치장을 하는 등 매력을 갖추는 것이다. 또 남녀가 공동으로 애용하는 한 가지 매력 전술은 유쾌한 태도와 흥미 있는 대화술을 익히고 유능하고 겸손하고 둥글둥글하게 처신하는 것이다.

이것이 파니 핑크가, 그리고 우리가 일반적으로 애인을 구하기 위해 취하는 태도입니다. 그러나 이런 처신은 마치 수영장에 가서 하염없이 준비운동만 하고 있는 것처럼 어리석지요. 준비운동이 필요 없다는 것이 아니라, 준비운동만 하고 있으면 안 된다는 말입니다. 프롬도 이런 처신이 사랑에 대한 그릇된 생각에서 나왔다는 것을 지적합니다. 그리고 사랑은 '받는 것'이 아니라 '하는 것'이고, '수동적 감상'이 아니라 '능동적 활동'이라는 점을 강조하지요. 다시 말해 사랑은 '참여하는 것'이지 '빠지는 것'이 아니고, '주는 것'이지 '받는 것'이 아니라는 겁니다.

프롬은 사람들이 사랑을 하지 못하는 가장 큰 이유가 사랑을 '능력'의 문제로 생각하지 않고 '대상'의 문제로 생각하기 때문이라고 분석했습니다. 파니가 그렇듯이, '사랑하는 것'은 쉬운 일인데 다만 사랑하거나 사랑받을 '대상을 만나는 것'이 어려울 뿐이라고 생각한다는 거지요. 바로 이 그릇된 생각 때문에 사랑의 기술, 곧 '사랑할 줄 아는 능력'을 기르지 못한다고 말합니다. 그림을 그릴 줄 모르면서도 좋은 대상만 찾아내면 좋은 그림을 그릴 거라고 생각하는 것처럼 터무니없다는 거지요.

파니가 바로 그랬습니다. 그 때문에 그녀는 우울했고, 그 때문에 사랑을 할 수 없었으며, 그 때문에 죽음을 꿈꾸기도 했던 것입니다.

그런데 어느 날 이런 파니에게도 절호의 기회가 찾아옵니다. 같은 건물에 사는 흑인 점성술사 오르페오와의 만남이 그것이지요. 알고 보면 그는 신령한 점성술사가 아니라 낮에는 거리에서 손금이나 점을 봐주고, 밤에는 여장을 하고 모창을 해서 먹고삽니다. 게다가 불치의 병에 걸려 죽어가는 인물이기도 하지요.

파니는 지푸라기라도 잡아보려는 심정으로 오르페오의 방을 찾아갑니다. 그리고 그가 주는 점괘를 따라 온갖 일을 시도하지만, 애인을 구하는 데는 결국 실패하지요. 그러나 그 과정에서 그녀는 사랑하고 싶어도 사랑하지 못하는 자신의 문제를 점차 깨달아갑니다. 오르페오는 파니가 가진 문제점을 정확하고도 신랄하게 지적하지요.

"이 잔을 봐! 반쯤 찼어, 비었어? (……) 봐! 그게 문제야. 없는 것이나 불가능한 것, 잃어버린 것에 대한 불평, 항상 부족해하는 마음……. 너는 너무 많은 것을 갖고 있어. 일, 집, 가족, 하얀 피부

색…… 뭘 더 바라? 난 아무것도 없어. 병에 걸렸고 곧 죽을 거야. (……) 누굴 위해 한 번이라도 희생해본 적이 있어? 사랑받고 싶어 안달하면서도 항상 자기만 생각하지?"

이 말의 핵심은 "누굴 위해 한 번이라도 희생해본 적이 있어? 사랑받고 싶어 안달하면서도 항상 자기만 생각하지?"에 있습니다. 타인에게 사랑을 줄 생각도, 능력도 없으면서 다른 사람에게 사랑받지 못해 안달한다는 말이지요.

오르페오의 비난을 통해 파니는 마침내 자신의 문제가 무엇이었는지를 깨닫습니다. 파니는 더 이상 배우자 소개소를 찾지 않고, 성당에 가서 기도하지도 않고, 자기암시 훈련도 하지 않습니다. 그때부터 병들어 죽어가는 오르페오를 헌신적으로 간호하며 보살핍니다. 더 이상 다른 사람에게 사랑받고 싶어 안달하지 않고, 자신이 다른 사람에게 사랑을 주는 행위를 시작한 거지요. 그럼으로써 스스로 사랑을 할 줄 아는 능력을 가진 사람이 되어갑니다.

얼마 가지 않아 오르페오는 죽습니다. 하지만 그와의 만남과 헤어짐을 통해 파니는 완전히 변했습니다. 도리스 되리 감독은 아침 산책 길에서 높은 나무에 다리를 걸치고 박쥐처럼 거꾸로 매달려 있는 파니의 모습을 카메라에 담아 그녀가 어떻게 변했는가를 상징적으로 표현했지요. 사랑에 관한 그녀의 태도가 180도로 바뀌었다는 뜻입니다. 사랑을 받으려는 사람이 아니라 주려는 사람이 되었다는 거지요. 그러자 곧바로 그녀에게 멋진 애인이 생기며 엔딩 자막이 올라갑니다.

우리의 현실적 삶에서야 모든 일이 영화에서처럼 극적으로 전개되기 어렵겠지요. 하지만 '아무도 날 사랑하지 않아(Keiner liebt mich)!'라

는 원제를 가진 영화 〈파니 핑크〉가 던지는 메시지는 분명합니다. 프롬이 성찰한 대로, 사랑이란 그 대상이 나타남으로써 이루어지는 우연의 산물이 아니라는 것입니다. 사랑은 자신이 스스로 가꾸어나갈 줄 알아야 하는 능력의 문제이며, 받는 것이 아니라 주는 것이라는 말이지요. 그리고 이때 '주는 것'은 자기의 활동성과 능력의 표현이기 때문에, 남에게 물건을 주는 것처럼 가난해지는 것이 아니라 오히려 더 풍요로워지고 행복해진다는 겁니다. 사랑을 할 줄 아는 사람만이 아는 이 은밀한 '사랑의 진실'을 유치환(1908~1967) 시인은 다음과 같이 노래했습니다.

— 사랑하는 것은
사랑을 받느니보다 행복하나니라
오늘도 나는
에메랄드빛 하늘이 환히 내다뵈는
우체국 창문 앞에 와서 너에게 편지를 쓴다

행길을 향한 문으로 숱한 사람들이
제각기 한 가지씩 생각에 족한 얼굴로 와선
총총히 우표를 사고 전보지를 받고
먼 고향으로 또는 그리운 사람께로
슬프고 즐겁고 다정한 사연들을 보내나니

세상의 고달픈 바람결에 시달리고 나부끼어

더욱더 의지 삼고 피어 헝클어진 인정의 꽃밭에서

너와 나의 애틋한 연분도

한 망울 연연한 진홍빛 양귀비꽃인지도 모른다

— 사랑하는 것은

사랑을 받느니보다 행복하나니라

오늘도 나는 너에게 편지를 쓰나니

— 그리운 이여 그러면 안녕

설령 이것이 이 세상 마지막 인사가 될지라도

사랑하였으므로 나는 진정 행복하였네라

— 유치환, 〈행복(幸福)〉 전문

chapter 3

그대 있음에 내가 있네
...
사랑의 기술

한눈에 반하고 죽을 때까지 계속된다

 당신은 지금 사랑받고 있나요? 그렇게 느끼며 살아가고 있어요? 그러니까 애인에게든, 배우자에게든, 부모와 형제에게든, 자녀에게든, 아니면 친구들에게든 사랑받고 있느냐는 말입니다. 그건 또 왜 묻느냐고요? 앞 장에서는 대뜸 사랑하고 있느냐고 묻더니, 이번엔 사랑받고 있느냐고 묻는 건 대체 무슨 영문이냐고요?
 이유가 있어서 그렇습니다. 자신이 다른 사람들에게서 사랑받고 있지 못하다고 생각하는 사람이 의외로 많기 때문이에요. 대부분 체념하고 살아가지만, 사실은 무척 쓸쓸하고 고통스러운 문제잖아요. 앞 장에 나온 파니 핑크처럼 사랑하고 싶어도 사랑할 상대가 없는 고통도 만만치 않지만, 스탕달처럼 사랑하는 사람에게 사랑받지 못하는 괴로움 역시 견디기 힘들지요. 그래서 묻는 거예요.
 그런데 드물긴 해도 사람들 가운데는 가족이나 친구들에게, 다른 누구보다도 숱한 연인들에게 사랑을 받는 심히 질투 나는 인물이 간혹 있잖아요. 이런 '밥맛없는' 인물은 되도록 모르고 살거나 멀리하고 사는 것이 최선이지만, 솔직히 우리 자신도 그런 사람이 되고 싶잖아요. 그래서 묻는 거예요. 사람들에게 어김없이 사랑을 받는 인물이 될 수 있게끔 '사랑의 기술'을 몇 마디 귀띔해주려고요.

그런데 혹시 이거 아세요? 스탕달에게는 사랑을 받기만 하고 되돌려주지 않는 고약한 애인들만 있었지만, 당시 파리 사교계에는 수많은 아름답고 고귀한 여인들이 사랑을 얻으려고 안달복달 목을 매는 질투 나고 밥맛없는 인물도 있었다는 걸? 그가 스탕달과 함께 프랑스 낭만주의 문학을 선도했던 작가 프랑수아 샤토브리앙(Francois Chateaubriand, 1768~1848)이라는 걸? 모르긴 몰라도 그 때문에 스탕달의 마음이 이중·삼중으로 편치 않았으리라는 걸?

정말이냐고요? 그럼요. 예나 지금이나 사랑에는 공평이라는 것이 없나 봅니다. 어쨌든 스탕달은 사랑에 관한 한 이래저래 불운한 사내였지요. 물론 본인은 악몽 같은 짝사랑의 기억을 희망이라는 모호한 장막 뒤로 재빨리 감춘 다음, 곧바로 새로운 모험을 시도하곤 했지만 말입니다. 그런데 모든 배움에는 좋은 본보기가 필요한 것도 예나 지금이나 마찬가지이지요. 그래서 우리는 저 유명한 《연애론》의 작가인 스탕달에게는 다시 한번 미안한 일이지만, 그보다는 실전에 강했던 샤토브리앙을 전범(典範)으로 삼아 사람들에게 사랑을 받을 수 있는 기술을 탐구하려고 합니다.

철학자 호세 오르테가 이 가세트의 《사랑에 관한 연구》에 따르면, 샤토브리앙은 스탕달과는 정반대로 진정한 사랑을 할 줄은 전혀 모르는 사람이었지만, 진정한 사랑을 불러일으키는 데는 천부적인 재능을 가진 인물이었습니다. 그를 만난 수많은 여성들이 갑작스레 사랑을 느꼈고, 그 사랑 때문에 영원히 괴로워했답니다. 오르테가 이 가세트는 "갑자기 그리고 영원히!", 다시 말해 "한눈에 반하고 그 사랑은 죽을 때까지 계속된다"가 샤토브리앙이 가진 사랑의 교리라고 설명했는데, 우리가 알고 싶은 것은 이 '신비롭고 낯선' 능력의 정체입니다.

샤토브리앙은 왜소한 체구에 굽은 등을 가졌고 성격도 그리 좋지 않았다고 합니다. 게다가 한 여자에게 집중하는 기간은 길어야 8일을 넘지 않았다지요. 그렇다면 샤토브리앙은 찰스 다윈(Charles Darwin, 1809~1882)이 《종의 기원》에서 가볍게 언급했고, 오늘날 진화생물학자들이 선호하는 성선택(sexual selection) 이론에서 남성이 구비해야 할 외적 조건인 큰 키, 굵은 목소리, 곧은 자세, 강인한 인상을 주는 턱, 그리고 새끼에게 하는 투자 가운데 아무것도 갖추지 못했습니다. 그런데도 그를 만난 여성들은 하나같이 '마법의 충격'에 빠져 그에게 집착하고 매달렸답니다.

진화생물학자들은 샤토브리앙의 이 같은 마성을 어쩌면 다음과 같이 설명할지도 모릅니다. 인간의 성선택은 외적 조건뿐만 아니라 내적 조건의 영향도 강하게 받는다. 명석함, 독창성, 특히 여성의 경우에는 감수성과 같은 문화적 능력이 상대를 선택하는 데 크게 작용한다. 연애하는 동안에 남성이 여성을 공연장이나 전시회장으로 이끄는 이유도 사실은 그래서 아닌가! 샤토브리앙의 여인들은 그의 작가로서의 역량에 이끌렸을 것이다!

그래요! 그랬을 수도 있습니다. 당시 샤토브리앙은 매우 지적이고 매혹적인 문체를 가진 유명 작가였으니까요. 그렇다 하더라도 여전히 의문은 남습니다. 그렇다면 왜 다른 작가들, 특히 스탕달에게는 평생 동안 그런 일이 일어나지 않았느냐 하는 것입니다. 그 역시 생전에 작가로서 샤토브리앙 못지않은 성공을 거둔 데다 만사 제쳐놓고 연애에 몰두했는데도 말입니다. 샤토브리앙이 가진 마력의 비밀은 어쩌면 다른 데 있지 않았을까요?

20세에 샤토브리앙을 만난 어느 귀족 가문의 여인은 그를 다시 만날 가망이 없는 줄 알면서도 80세에 세상을 떠날 때까지 그에 대한 사랑을 간직했다고 합니다. 놀랄 만한 일이지요? 우리에게는 좀처럼 믿기지 않는 이야기인데, 웬일인지 샤토브리앙에게는 그런 일이 드물지 않았답니다. 그 가운데 가장 대표적인 예가 당시 프랑스 최고 명문가의 딸인 퀴스틴(Custine) 후작 부인과의 요란했던 염문입니다.

퀴스틴 가문 사람들은 프랑스 대혁명 당시 거의 모두 단두대에서 처형되었습니다. 하지만 아직 어린 소녀였던 그녀는 사형을 면해 영국으로 피신했습니다. 그 후 그녀가 다시 프랑스로 돌아왔을 때는 최고 귀족 신분에 어울리는 눈부신 미모를 가진 여인으로 성장했지요. 그녀는 우연한 자리에서 샤토브리앙을 만났는데, 즉시 사랑이라는 미친 소용돌이에 휩쓸렸습니다.

그러던 어느 날 샤토브리앙이 그녀에게 중세 시대부터 내려오는 아름다운 고성(古城)인 페르바크(Fervaques)를 구입하면 좋겠다는 말을 지나가듯 던졌습니다. 그러자 그녀는 오랜 망명 생활 탓에 아직 경제력이 회복되지 않았는데도 거의 전 재산을 털어 그 성을 사들였습니다. 그리고 자신의 연인이 봄날 파랑새처럼 금세 날아오리라는 기대에 부풀어 샤토브리앙에게 알렸지요. 그런데 샤토브리앙은 겨울잠을 자던 곰처럼 잔뜩 늑장을 부리다 한참 후에야 나타나 겨우 며칠만 머물고 기약 없이 떠나버렸답니다.

그 후 세월이 거센 강물처럼 흘러 퀴스틴 후작 부인이 70을 바라볼

즈음의 일입니다. 아름다운 페르바크 성의 웅장한 벽난로 위에는 앙리 4세가 사냥칼로 멋지게 새긴 "뭇 남자들의 사랑을 받아 마땅한 / 페르바크 성의 여주인이여!"라는 2행시가 적혀 있었는데, 한 방문객이 이 시를 보고 말했지요. "여기가 바로 샤토브리앙이 부인의 발밑에 엎드려 있었던 곳이군요." 그러자 후작 부인은 깜짝 놀라며 "선생님, 그게 아니랍니다. 제가 그 사람 발밑에 엎드려 있었지요"라고 반박했답니다.

어때요? 아무리 '낭만주의적 사랑'이 유행하던 시대라고는 해도 좀처럼 믿기 어려운 이야기가 아닌가요? 그런데 저명한 철학자 오르테가 이 가세트가 정색을 하고 "이것은 지어낸 이야기가 아니라 다큐멘터리처럼 실제로 증명된 사실"이라고 박박 우기니 믿을 수밖에요. 진실이야 어찌 됐든 그것은 우리의 관심사가 아닙니다. 우리가 정작 알고 싶은 것은, 그 이야기가 사실이라고 했을 때 샤토브리앙의 이런 마성이 도대체 어디에서 나왔느냐 하는 것이지요. 이제부터 그 흥미롭고 비밀스러운 이야기로 들어갑니다.

돈 후안과 샤토브리앙의 비밀

생전에 그 자신도 역시 크고 작은 염문을 일으켰던 스페인의 철학자 오르테가 이 가세트는 샤토브리앙이 가진 마력의 비밀을 풀 열쇠를 "사랑은 미(美)를 잉태하려는 열망이다"라는 플라톤의 말에서 찾았습니다. 다시 말해 "모든 사랑에는 하나가 되려는 욕망이 내재하고, 이때 사랑은 좀 더 절대적인 대상, 즉 자신보다 우월한 대상을 찾아가는 여정"이라는 것에 샤토브리앙의 비밀을 풀 열쇠가 숨어 있다는 것입니다. 무슨 엉뚱한 소리냐고요? 이 말을 이해하기 위해서는 플라톤이 《향연》에서 풀어놓은 에로스론에 대한 이해가 조금 필요합니다.

에로스(Eros)는 미의 여신 아프로디테의 생일 축하연에서 만난 풍요의 신 포로스(Poros)와 결핍의 여신 페니아(Penia) 사이에서 태어났지요. 그래서 그는 풍요와 결핍의 중간자입니다. 에로스는 어머니를 닮아 "많은 사람들이 생각하듯 부드럽고 아름답기는커녕 도리어 딱딱하고 거칠며 신발과 집도 없이 늘 문간이나 길가에서 흙먼지를 뒤집어쓰고 이불도 없이 누워 자는 자"이지요.

하지만 그는 아버지를 닮아 언제나 풍요를 그리워하며, 그것에 이르려는 영원한 동경과 열병 같은 연모(戀慕)를 본성으로 갖고 있기도 합니다. 그래서 "아름다운 것과 좋은 것을 좇는 대담하고 역동적이고 힘센 사냥꾼이며 늘 꾀를 내고 통찰력을 갈망하거나 성취하기도 하면서 온 생애를 통해 지혜를 사랑하는 놀라운 마술사이고 의사이며 지혜로운 자"이지요.

아마 당신도 로마와 르네상스 시대 미술에서 양 어깨에 날개를 단 나체 소년을 자주 보았을 것입니다. 그 소년이 라틴어로 큐피드(Cupid) 또는 아모르(Amor)라고 불리는 에로스인데, 그가 달고 있는 날개는 우리의 영혼을 감각적 대상에서 지성적 대상인 이데아의 세계로 상승하게 합니다. 우리가 아름다운 연인뿐만 아니라 지성적인 학문, 그리고 절대적인 신까지 사랑할 수 있게 만든다는 말이지요. 플라톤은 감각적 대상을 향하는 우리의 사랑을 '지상적 에로스'라고 불렀고, 지성적 대상인 이데아에 대한 사랑을 '천상적 에로스'라고 이름 붙였습니다.

에로스의 이 같은 본성이 '감각에 의해서 알 수 있는 영역(ho horatos topos)'에서 '지성에 의해서 알 수 있는 영역(ho noētos topos)'으로 올라가는 사다리를 놓아, 우리가 지혜와 선함과 아름다움에서 언제나 더 우월한 대상을 찾아가는 '제2의 항해(ton deuteron plūn)'를 하도록 합니다. 오르테가 이 가세트가 "사랑은 좀 더 절대적인 대상, 즉 자신보다 우월한 대상을 찾아가는 여정"이라고 말한 것이 그래서이지요. 또 《향연》에서 무녀(巫女) 디오티마(Diotoma)가 에로스의 존재를 소크라테스(Socrates, BC 470?~BC 399)에게 알렸을 때, 그가 에로스를 필멸의 인간을 영원불멸의 존재로 승화시킬 영약의 조제사로 파악했던 것도 바로 이 때문입니다. 이 이야기의 요점은 사랑이 '영혼의 전향(psychē s periagōgē)'을 일으켜 우리를 불멸의 존재로 이끈다는 것이지요. 플라톤 이후 서양 예술가들이 에로스를 회화, 조각, 그리고 시를 통해 부단히 예찬한 것 역시 이 때문입니다.

그런데 아세요? 우리에게도 '영혼의 전향'을 일으키는 사랑의 위대함을 한결같이 노래한 시인이 있다는 걸? 누구냐고요? 바로 한용운(1879~1944) 시인이지요. 정말 그런지, 그의 〈님의 침묵〉을 볼까요?

날카로운 첫 「키쓰」의 추억은 나의, 운명의 지침을 돌려놓고, 뒷걸음쳐서, 사라졌습니다.

나는 향기로운 님의 말소리에 귀먹고, 꽃다운 님의 얼굴에 눈멀었습니다.

사랑도 사람의 일이라, 만날 때에 미리 떠날 것을 염려하고 경계하지 아니한 것은 아니지만, 이별은 뜻밖의 일이 되고 놀란 가슴은 새로운 슬픔에 터집니다.

그러나 이별을 쓸데없는 눈물의 源泉을 만들고 마는 것은 스스로 사랑을 깨치는 것인 줄 아는 까닭에, 걷잡을 수 없는 슬픔의 힘을 옮겨서 새 희망의 정수박이에 들어부었습니다.

우리는 만날 때에 떠날 것을 염려하는 것과 같이, 떠날 때에 다시 만날 것을 믿습니다.

아아 님은 갔지마는 나는 님을 보내지 아니하였습니다.

제 곡조를 못 이기는 사랑의 노래는 님의 침묵을 휩싸고 돕니다.

— 한용운, 〈님의 침묵〉 부분

이 시에서 화자가 부르는 '님'은 해석에 따라 떠나간 애인일 수도 있고, 빼앗긴 조국일 수도 있고, 침묵하는 종교적 대상일 수도 있지요. 그런데 어느 해석을 따르더라도 한 가지 변하지 않는 것은 '님'에 의해 이미 화자의 운명의 지침이 돌려졌고, 귀가 먹었고, 눈이 멀었다는 것입니다. 사랑에 의해 '영혼의 전향'이 일어났다는 말이지요. 그래서 "이별은 뜻밖의 일이 되고 놀란 가슴은 새로운 슬픔에" 터지지만, 그럼에도 "걷잡을 수 없는 슬픔의 힘을 옮겨서 새 희망의 정수박이에 들어" 붓는다는 거지요. 한마디로 "아아 님은 갔지마는 나는 님을 보내지 아니하였"다는 겁니다.

오르테가 이 가세트는 샤토브리앙이 가진 마력의 비밀이 바로 이 천상적 에로스에 있다고 보았습니다. 다시 말해, 샤토브리앙은 여인들이 그를 볼 때 자신의 얼굴이나 신체가 아니라 그를 매개로 지고한 신적 형상의 아름다움을 보게 하는 능력을 가졌다는 거지요. 그 결과, 그녀들 스스로가 샤토브리앙을 "자신의 지고한 신으로 여기면서, 숭배와 경배를 보낼 목적으로 소위 자기의 이상적 형상을 만들어" 사랑했다는 것입니다. 이 때문에 "갑자기 그리고 영원히!"라는 샤토브리앙식 사랑의 교리가 가능했다는 거지요.

이제 오르테가 이 가세트가 하려는 말이 무엇인지가 분명히 드러났습니다. 샤토브리앙에게 사랑을 바친 여인들의 열정은 마치 오늘날 가수나 연기자 같은 스타에게 열광하는 사람들의 그것과 다를 바가 없다는 말입니다. 요즘 청소년들은 아이돌들이 기획하여 연출해낸 이상(idea)들, 예컨대 아름다움, 순결함, 용감함, 지혜로움, 정의로움 같은 것 때문에 한눈에 '멋지다'고 느끼고 그들에게 아낌없는 사랑을 쏟아붓습니다. 되돌려 받을 가능성이 전혀 없는데도 말이지요. 샤토브리앙의 여인들도 바로 그랬다는 것입니다.

여러 정황을 감안해보면, 적어도 퀴스틴 후작 부인의 경우에는 그랬을 가능성이 분명 존재합니다. 그녀가 오랜 영국 망명 생활에서 돌아와 아직 세상 물정을 잘 모르는 채로 파리 사교계에 발을 들여놓았을 때, 샤토브리앙은 젊음이 마침내 품위를 갖추는 30대 중반의 나이였지요. 게다가 그의 대표작인 《그리스도교의 정수》로 온 나라를 떠들썩하게 만든 성공을 거둔 직후였습니다.

이 책은 자연, 문학, 예술, 건축, 제식(祭式)의 아름다움을 감동적인 필치로 묘사해, 대혁명 후의 황폐해진 민심에 큰 반향을 일으켰지요. 특히 책의 일부로 쓰였던 《아탈라》와 《르네》는 본편과 전후하여 단행본으로 출판되었는데, 원시적 자연의 숭고함에 대한 동경, 연애지상주의적 정열에 대한 찬양, 청년의 허무주의적 고뇌와 번민 등을 화려한 문체로 펼쳐 이후 프랑스 낭만주의 문학의 방향을 결정짓는 이정표가 되었습니다. 따라서 당시 20대 초반이었던 퀴스틴 후작 부인이 샤토브리앙에게서 그녀의 '이상'을 보고 미친 열정 속으로 휩쓸려 들어갔다는 추측은 결코 억지라고 할 수 없지요.

하지만 오르테가 이 가세트의 이 같은 주장에는 문제가 있습니다. 두 사람의 관계는 매우 특별한 관계이지 보편적이고 정상적인 애정 관계라고 할 수 없기 때문에, 사랑이란 무엇인가 내지는 어떻게 하면 우리가 다른 사람들에게 사랑을 받을 수 있을까 하는 문제를 해결하는 표본으로 적당하지 않지요. 그러나 20세기 초반 생철학자이자 실존주의자로 세계적인 명성을 누렸던 이 철학자의 생각은 전혀 다릅니다.

오르테가 이 가세트는 또다시 정색을 하고, 바로 이 같은 사랑이야말로 보편적이고 정상적인 사랑이며 우리가 본받아야 할 '온전한 사랑'이라고 주장합니다. 이어서 "온전한 사랑이란 일단 태어나면 소멸되지 않는다. 거짓말 같지만 이것이 사실이다"라고 단호하게 못을 박지요. 우리가 잘 아는 돈 후안(Don Juan)까지 끌어다 샤토브리앙을 옹호하기도 합니다. 내용인즉, 샤토브리앙은 돈 후안이 그랬듯이 여자들에게 사랑을 요구하지 않았지만, 여자들이 그에게서 자기들의 '이상적인 형상'을 발견하고 스스로 숭배하며 사랑하게 했다는 겁니다. 그리고 그는 여기에서도 한 걸음 더 나아갑니다!

오르테가 이 가세트는 상대를 유혹해 '이상'으로 이끄는 사랑, 곧 천상적 에로스만이 절대적이고 온전한 사랑이기 때문에, 우리는 남자든 여자든 이런 사랑을 추구해야 한다고 주장하지요. 다시 말해 이성을 유혹한 다음 플라톤이 설파한 보편적 이상으로 이끌어갈 '유혹의 의무'가 우리 개개인에게도 있다는 겁니다. 그는 괴테(Johann Wolfgang von Goethe, 1749~1832)의 《파우스트》 중 "여성이라는 영원성이 우리를 천상으로 인도하네"라는 구절을 인용하면서, 특히 여성의 역할을 다음과 같이 강조했습니다.

여자가 아니면 안 되는 경우 여자의 직무는 무엇일까요? 그건 여자가 남자의 구체적인 이상(즉, 매력, 꿈 등)의 존재가 되는 것입니다. (……) 처녀들이 규방에서 꿈꾸는 환상들은 군인들의 총보다 더 깊고 확고하게 수세기 동안 깊은 자국을 남겼습니다. 향후 1세기 세상사가 어떻게 흘러갈지는 사춘기 소녀들이 만들어낸 그 환상에 달려 있습니다.

요컨대 《신곡》에서 베아트리체가 단테(Alighieri Dante, 1265~1321)를 천상으로 이끌었듯이 여성도 남성을 강렬하게 유혹하여 '이상'으로 이끌어야 한다는 말입니다.

꽤나 흥미로운 발상이지요? 하지만 곰곰이 살펴보면 분명 문제가 있는 주장입니다! 왜냐고요? 우선 오늘날 그 누구도 플라톤이 말한 '이데아', 곧 절대적이고 보편적인 이상이 존재한다고 생각하지 않습니다. 백번 양보해서 그것이 어떤 형식으로든 존재한다고 가정한들, 우리는 그것을 획득하는 방법을 모릅니다. 다시 말해 우리는 돈 후안, 샤토브리앙, 베아트리체가 아니거니와, 그들처럼 사랑의 마력을 가질 방법도 모른다는 거지요. 오늘날에도 대중적 사랑을 받는 스타들이 있지 않느냐고 반박할지 모르지만, 모든 사람이 스타가 될 수는 없지요. 또 그래서도 안 되고요.

물론 당신이 이미 돈 후안, 샤토브리앙, 베아트리체처럼 만나는 사람마다 "갑자기 그리고 영원히!" 사랑에 빠지게 하는 능력을 가진 사람이라면, 이 이야기에서 제외됩니다. 그럼 당장 이 책을 덮고 차라리 산책을 하세요. 하지만 나처럼 평범한 사람이라면 오르테가 이 가세트가 강력하게 권하는 낭만주의적 사랑, 다시 말해 상대를 유혹하여 이상으로 이끄는 '유혹의 의무'가 주어진 사랑과는 무관합니다.

더 중요한 것은 돈 후안이나 샤토브리앙이 누렸던 사랑을 우리가 바라거나 원해서는 안 된다는 사실입니다! 얼핏 보아 돈 후안은 행운아 같지만, 사실은 불행한 쾌락주의자에 불과했지요. 아마 샤토브리앙도 그랬을 겁니다. 그건 또 왜냐고요? 이에 대한 대답은 덴마크의 철학자 키르케고르(Søren Aabye Kierkegaard, 1813~1855)가 《이것이냐 저것이냐》에 해놓았습니다.

키르케고르는 샤토브리앙, 스탕달과 거의 같은 시대에 바로 이웃 나라에서 살았지요. 따라서 두 사람의 저서에 대해서뿐만 아니라 요란했던 염문들도 익히 들어 알고 있었으리라 짐작이 됩니다. 그런데 그는 돈 후안을 오르테가 이 가세트처럼 두둔한 게 아니라 오히려 호되게 나무랐습니다.

키르케고르는 돈 후안이나 네로 황제처럼 원초적·감각적 쾌락과 욕망에 종속된 사람들의 삶의 방식을 '윤작(輪作)'이라고 이름 붙였습니다. 마치 농부가 풍성한 수확을 위해 작물의 종류를 매번 바꾸거나 토지를 번갈아서 경작하듯이, 이런 사람들은 권태를 쫓고 쾌락을 얻기 위해 사랑의 상대를 자꾸 바꾼다는 뜻이지요. 똑같은 이유에서 그들은 자기 자신마저도 부단히 바꿉니다. 이들에게는 권태를 피하는 것이 무엇보다 중요하기 때문에 가능한 한 경작지를 변경하는 것이 하나의 계책이고, 간단없이 자기 자신을 바꾸는 것 또한 중요한 전략입니다.

따라서 이런 사람들은 평생 지속적이고 정상적인 우정 관계나 사랑 관계를 갖지 못합니다. 게다가 점차 자기 자신이 누구인지조차 알 수 없게 됩니다. 향락적인 것이라면 그것이 어떤 것이든 '이것도 좋고 저것도 좋다'는 식으로 상대와 자기 자신을 바꾸면서 살기 때문이지요. 그 결과 순간적 쾌락은 있을지언정 지속적 행복은 있을 턱이 없으며, 언젠가는 반드시 말할 수 없는 우울과 불안에 빠지게 됩니다. 키르케고르는 이런 사람을 '욕망의 지옥'에 갇힌 사람, 또는 '천장이 과히 높지 않은 지하실'에서 사는 사람으로 규정하고, 그가 가진 "가장 깊은 내면의 본질은 불안과 공포"라고 진단했습니다. 바로 이것이 돈 후안과 샤토브리앙의 비밀입니다!

이 이야기의 핵심은 단순합니다. 우리는 네로나 돈 후안처럼 살 수도 없거니와 그렇게 살아서도 안 된다는 것이지요! 그러니 만일 당신이 잠시나마 오르테가 이 가세트가 말하는 돈 후안이나 샤토브리앙이 부러웠다면, 이제 깨끗이 단념해야 합니다. 우리는 숭배받기를 원하지 않고 사랑받길 원하며, 그 사랑에는 받는 기쁨만 있는 것이 아니라 주는 기쁨도 함께 있어야 하기 때문입니다. 그래서 지금부터는 만나는 모든 여인들에게 사랑을 받았던 샤토브리앙의 비밀에 대해 오르테가 이 가세트와는 전혀 다른 방법으로 알아보려고 합니다.

큰 기쁨과 조용한 갈망

단도직입이 좋을 때가 있습니다. 복잡한 일일수록 그렇지요. 그래서 조금 참을성이 없는 것 같지만, 결론부터 먼저 밝히며 시작하려 합니다. 우리가 다른 사람들에게 진정으로 사랑을 받을 수 있는 비법은 의외로 간단합니다. 바로 '그'를 '그대'라고 부르는 것입니다. '그'를 '그대'로서 대하는 것이지요. 무슨 말이냐고요? 이제부터 차츰 설명할 텐데, 그에 앞서 김남조(1927~) 시인의 시를 하나 읽고 갈까요? 왜냐하면 이 시야말로 우리가 살펴보려는 내용을 잘 묘사했기 때문입니다.

그대의 근심 있는 곳에
나를 불러 손잡게 하라
큰 기쁨과 조용한 갈망이
그대 있음에
내 마음에 자라거늘
오, 그리움이여
그대 있음에 내가 있네
나를 불러 손잡게 해

그대의 사랑 문을 열 때

내가 있어 그 빛에 살게 해

사는 것의 외롭고 고단함

그대 있음에

삶의 뜻을 배우니

오, 그리움이여

그대 있음에 내가 있네

나를 불러 그 빛에 살게 해

— 김남조, 〈그대 있음에〉 전문

    이 시에서 주목해야 할 곳은 당연히 "그대 있음에 내가 있네"라는 구절입니다. 상식대로라면, 먼저 내가 있어야 '그대'가 있지요. 왜냐하면 '그대'란 나의 상대로서만 존재하는 대상의 명칭이기 때문입니다. 그런데 웬일인지 김남조 시인은 거꾸로 노래하고 있지요. 게다가 그대가 있어 삶의 뜻을 배운다고도 합니다. 무슨 뜻일까요? 이에 대한 대답은 프랑스의 철학자 가브리엘 마르셀(Gabriel Marcel, 1889~1973)이 《형이상학 일지》에서 전개한 '그대(toi)-이론'에서 찾을 수 있습니다.

    "가브리-에-에-ㄹ!" 1934년 가브리엘 마르셀의 고향에서 열린 베르쟈예프, 파울 란드시베르크, 루이 라벨, 르네 르 샌느 등이 참석한 회의에서, 샤를르 뒤 보스가 이렇게 외친 것을 나는 결코 잊지 못할 것이다. 이 외침은 마치 대천사 가브리엘이 갑자기 지상에 내려온 듯한 인상을 주었다. 가브리엘 마르셀은 사실상 현대의 소수의 형이상학자들 중에서 가장 독창적인 형이상학자에 속한다.

이것은 프랑크푸르트 대학과 옥스퍼드 대학에서 강의했던 독일의 현대철학자 프리츠 하이네만(Fritz Heinemann, 1889~1970)이 그의 책 《실존철학: 살았는가 죽었는가》에서 가브리엘 마르셀을 소개한 글입니다. "인간의 좌우명은 내가 존재한다(sum)는 것이 아니라, 내가 위를 향하여 존재한다(sursum)는 것이다"라고 갈파했던 마르셀은 플라톤, 플로티노스, 아우구스티누스 전통의 형이상학을 현대 실존주의 무대에 올려놓은 매우 특별한 철학자이지요. 하이네만이 지적한 그의 '독창적인' 형이상학 가운데 하나가 바로 우리가 지금부터 살펴보려는 그대-이론입니다.

가브리엘 마르셀의 그대-이론은 우리가 언제 '너' 또는 '그대'라는 2인칭을 사용할 수 있는가를 분석하는 데에서 시작합니다. 우리는 어떤 방식으로든, 비록 그것이 침묵이라 할지라도 우리에게 응답할 수 있는 상대로 간주되는 것에만 2인칭으로 말을 건넵니다. 어떤 응답도 가능하지 않은 대상에게는 2인칭 대신 3인칭을 사용하지요. 예컨대 나무나 돌에게는 '너' 또는 '그대'라는 2인칭을 쓰지 않고 '그것'이라는 3인칭을 사용한다는 말입니다.

이런 관점에서 보면, 세상에는 본디 '나'라는 1인칭과 '그', '그녀', '그것'이라는 3인칭만 존재합니다. 그런데 모든 3인칭 관계에 있는 대상들은 서로가 서로에게 '제삼자'이고, 당연히 서로 응답하지도 배려

하지도 않으며, 서로의 존재를 인정하지도 않습니다. 오직 1인칭인 '나'가 3인칭 대상에게 '2인칭 관계'를 맺어 '너' 또는 '그대'라고 부를 때에만 3인칭 대상도 나를 2인칭으로 부르면서 응답하고 존재를 인정하게 되지요.

3인칭 관계와 2인칭 관계라는 이 같은 관계의 구분은 마르틴 부버(Martin Buber, 1878~1965)가 《나와 너》에서 '나-그것'의 관계와 '나-너'의 관계를 구분한 것과 짝을 맞춰 생각하면 그 의미가 더욱 분명해집니다. 후일 장 폴 사르트르(Jean Paul Sartre, 1905~1980)가 《존재와 무》에서 '외적 관계(rapport d'extriorit)'와 '내적 관계(rapport d'intriorit)'를 구별한 것과도 상응하지요. 사르트르는 "타자의 출현이나 소멸로 인하여 나의 존재에 아무런 영향을 받지 않는" 관계를 외적 관계라 하고, "타자가 나의 나됨, 곧 내 존재의 탄생과 소멸에 개입하는" 관계를 내적 관계라 불렀기 때문입니다.

이렇게 관계 구분을 한 다음, 마르셀은 "대상은 나에게 '제삼자'다. 대상은 나에게 응답하지 않고, 또 나를 배려하지 않기 때문에 나에게 현존(la prsence)이 아니고 부재(l'absence)다"라고 선언했습니다. 3인칭 대상은 나에게 '있는 것'이 아니고 '없는 것'이라는 뜻이지요. 오직 2인칭 상대인 '너' 또는 '그대'만이 나에게 부재가 아니고 현존이라는 주장이기도 합니다. 어떤가요? 나에게 응답하지 않고 나를 배려하지 않는다고 해서 그것들이 존재하지 않는다니, 조금 이상하게 들리지 않나요? 그 의문은 20세기 실존주의 철학자들이 말하는 '존재'가 무엇을 뜻하는지를 알아야 풀립니다.

하이데거, 사르트르, 마르셀 등 실존주의 경향의 철학자들이 사용하는 '존재'라는 용어는 대부분의 경우 '존재의 의미(Sinn vom Sein)'라는 뜻으로 이해하는 것이 좋습니다. 왜냐하면 '존재'라는 용어를 통해 '존재자의 본질'을 탐구했던 고대나 중세 철학자들과 달리, 그들이 탐구하려 했던 것은 '존재의 의미', 곧 어떤 존재자가 그것으로 존재하는 의미였기 때문입니다. 그래서 만일 그들 가운데 한 사람이 당신에게 인간의 존재가 무엇인가를 묻는다면, 당신은 '인간이란 무엇인가'가 아니라 '인간이 인간으로 존재하는 의미가 무엇인지'를 대답해야 합니다.

따라서 3인칭 대상은 "나에게 현존(現存)이 아니고 부재(不在)다"라는 마르셀의 말이 뜻하는 것은 그, 그녀, 그것과 같은 3인칭 대상들이 실제로 존재하지 않는다는 것이 아니라, 그들이 나에게 응답하지 않고, 또 나를 배려하지 않기 때문에 그들의 존재가 나에게 무의미하다는 것입니다. 오직 나에게 응답하고 나를 배려하는 2인칭 상대들의 존재만이 나에게 의미가 있다는 말이지요.

여기에서 우리는 매우 중요한 존재론적 명제를 하나 얻을 수 있습니다. 모든 존재, 다시 말해 모든 존재자들이 가진 '존재의 의미'는 오직 '2인칭 관계'에서만 발생한다는 사실입니다. 별로 특별하지 않게 들릴 수도 있지만, 우리는 이 말에 주목해야 합니다. 왜냐하면 이 말 안에 우리가 살고 있는 '존재물(또는 사물)의 세계'에서 우리가 살아가는 의미를 발견하는 '존재(또는 존재의 의미)의 세계'로 들어가는 비밀스러운 문이 들어 있기 때문입니다. 무슨 말이냐고요? 자, 다음과 같이 생각해볼까요.

당신이 어느 거대하고 아름다운 왕궁에 혼자 살게 되었다고 가정해봅시다. 그곳에서 당신은 마음대로 살 수 있기 때문에 원한다면 스스로 왕이 되어 왕처럼 살 수도 있습니다. 그러면 참 좋겠지요? 하지만 시간이 지나면서 당신은 점차 당신이 존재하는 의미가 없다고 느끼게 될 것입니다. 아마 한 달도 채 지나기 전에 당신은 자신이 그곳에 있는 나무, 돌, 탁자, 의자, 도자기, 그림 같은 사물들과 조금도 다를 바가 없다고 생각하게 될 거예요. 왜냐하면 그곳에는 당신을 왕 또는 아버지, 어머니, 형제라고 부르며 응답하고 배려하는 2인칭 상대가 없기 때문이지요.

 마르틴 부버가 "진리의 진지함으로 말하노니 그대여, 사람은 '그것' 없이는 살지 못한다. 그러나 '그것'만 가지고 사는 사람은 사람이 아니다"라고 외친 것이 바로 이 때문입니다. 그런데 아래 시를 보니 심보선 시인도 똑같은 생각을 가졌군요. 처지는 반대이지만 말입니다.

하지만 내가 '나'라는 말을 가장 숭배할 때는
그 말이 당신의 귀를 통과하여
당신의 온몸을 한 바퀴 돈 후
당신의 입을 통해 '너'라는 말로 내게 되돌려질 때입니다.
나는 압니다. 당신이 없다면,
나는 '나'를 말할 때마다
무(無)로 향하는 컴컴한 돌계단을 한 칸씩 밟아 내려가겠지요.
하지만 오늘 당신은 내게 미소를 지으며
'너는 말이야'로 시작하는 이야기를 들려주었습니다.
그 이야기는 지평선이나 고향과는 아무 상관이 없었지만

나는 압니다. 나는 오늘 밤,

내게 주어진 유일한 선물인 양

'너는 말이야' '너는 말이야'를 수없이 되뇌며

죽음보다도 평화로운 잠 속으로 서서히 빠져들 것입니다.

— 심보선, 〈'나'라는 말〉 부분

　이 시에서 시적 화자에게는 다행히도 자기에게 "미소를 지으며 / '너는 말이야'로 시작하는 이야기를 들려"주는 '당신'이란 2인칭 상대가 있습니다. 그래서 그는 "오늘 밤, / 내게 주어진 유일한 선물인 양 / '너는 말이야' '너는 말이야'를 수없이 되뇌며" 편안한 잠 속으로 빠져들 수 있는 것이지요. 또 그래서 "당신이 없다면, / 나는 '나'를 말할 때마다 / 무(無)로 향하는 컴컴한 돌계단을 한 칸씩 밟아 내려가겠지요"라고 고백하는 거지요. "무로 향하는 컴컴한 돌계단을 한 칸씩 밟아 내려"간다는 말이 뭘 뜻하겠어요? 자기가 존재하는 의미가 하나씩 사라져간다는 뜻이 아니라면 말이에요!

　그대가 없으면 나도 없다! 마르셀은 '나'와 '그대' 사이에 존재하는 이런 관계를 '상호 주관적 매듭(le nexus intersubjectif)'이라고 이름 지었습니다. 사랑은 상호 주관적 매듭의 상징이지요. 나는 내가 '그대'라고 부르는 상대에게서 역시 '그대'라고 불릴 때만 존재하기 때문입니다. 사랑의 표시인 포옹(抱擁)이 그 징표(icon)입니다. 포옹은 내가 타인을 안는 행위이자 동시에 내가 타인에게 안기는 행위이기 때문입니다. 악수(握手)도 마찬가지이지요. 그것은 내가 다른 사람의 손을 잡는 것이자 내 손이 다른 사람의 손에 잡히는 행위이기 때문입니다. '상호 주관적 매듭' 안에서는 이처럼 사랑하는 것이 곧 사랑받는 것이 됩니다.

마르셀은 이 같은 '상호주관적 매듭' 개념을 아우구스티누스(Augustinus, 354~430)가 교훈한 사랑 개념에서 얻었습니다. 아우구스티누스는 《삼위일체론》에서 신의 본성인 사랑에는 사랑하는 자(amans)인 성부와, 사랑받는 자(quod amatur)인 성자, 그리고 사랑(amor)인 성령, 이 세 요소가 사실상 하나이기 때문에 온전한 사랑은 '사랑하는 것이 곧 사랑받는 것이 된다(amor amatur)'는 것을 설파했습니다. 마르셀은 바로 여기에서 '타인사랑을 통한 자기사랑'이라는 오묘한 진리를 깨달았던 거지요. 그리고 다음과 같이 말했습니다.

> 나는 내가 사랑하는 존재들에 의하여 나 자신이 사랑받고 있다고 파악하는 한에서만, 나 자신에 대해 어떤 가치를 부여하게 된다. 타인에 의한 매개는 자기의 사랑을 정립시킬 수 있다.

따라서 사랑이라는 '상호 주관적 매듭' 안에서는 '우리가 존재한다(Dous sommes)'라는 명제가 '나는 존재한다(Je suis)'라는 명제보다 언제나 우선하며, '우리가 존재한다'라는 명제가 전제되지 않는다면 '나는 존재한다'라는 명제는 아무런 의미가 없는 말장난에 불과합니다. 마르셀에 있어서는 주관성이 상호주관성을 구성하는 것이 아니라, 상호주관성이 주관성을 정립하기 때문입니다. 쉽게 말해, 내가 있어 우리가 있는 것이 아니라 우리가 있어 내가 있다는 말이지요.

이 같은 존재론적 사유는 우리에게 시사하는 바가 많습니다. 가령 당신이 앞에서 말한 무인의 성(城)이 아니라 사람으로 넘치는 서울 같은 대도시에 산다고 하더라도, 아무와도 관계를 맺지 않고 산다면 "무로 향하는 컴컴한 돌계단을 한 칸씩 밟아 내려"가는 것은 마찬가지입니다. '그대'라고 부르는 상대가 없는 그곳에서는 당신도 하나의 3인칭, 곧 '대상화된 대상'일 뿐이기 때문이지요. 그리고 바로 그곳이 사르트르가 그의 희곡 《닫힌 방》에서 묘사한 지옥이기 때문입니다.

1944년에 초연된 《닫힌 방》에는 죽어서 지옥에 온 가르생, 이네스, 에스텔르가 등장합니다. 이들은 이미 죽었기 때문에 과거의 재현으로서의 현재만 있을 뿐, 그 누구와도 새로운 관계를 맺을 수가 없습니다. 이 셋은 서로가 서로에게 영원한 타인이자 지켜보는 시선(視線)으로, 서로를 그저 판단만 할 뿐 결코 사랑할 수는 없지요. 그래서 가르생은 다음과 같은 절망을 토로합니다.

> 나를 잡아먹을 듯한 이 시선들. 아! 당신들은 고작 두 명뿐이었는가! 훨씬 더 많다고 생각했는데. (그는 웃는다.) 이것이 지옥이지. 전에는 전혀 생각을 하지 못했지. 당신들도 기억하겠지. 유황, 장작더미, 쇠꼬챙이. 아! 다 쓸데없는 얘기야. 쇠꼬챙이 같은 것은 필요 없어. 지옥, 그것은 타인들이야.

요컨대 당신을 대상화된 대상으로 바라보고 판단하는 3인칭 상대만 있을 뿐, 당신에게 "너는 말이야"라고 말을 건네며 상호 주관적 매듭을 맺는 2인칭 상대가 없는 그곳이 바로 당신의 지옥입니다!

정리할까요? 존재물의 세계에서는 내가 있어야 그대가 있지만, 존재의 세계에서는 그대가 있어야 내가 있습니다. 다시 말해 그대가 있어야 내 존재의 의미가 드러납니다. 존재물의 세계에서는 아버지, 어머니가 있어야 비로소 아들과 딸이 있지만, 존재의 세계에서는 아들과 딸이 있어야 마침내 아버지, 어머니가 존재하는 의미가 드러난다는 말이지요. 바로 이 말을 유대인 랍비인 마르틴 부버는 《나와 너》에서 "'나'는 '너'로 인해 '나'가 된다"라고 표현했고, 김남조 시인은 "그대 있음에 내가 있네"라고 노래한 것입니다.

일찌기 나는 아무것도 아니었다

그런데 혹시 이거 아세요? 최승자 시인이 김남조 시인의 "그대 있음에 내가 있네"라는 시구에 일부러 짝을 맞추려는 듯이 '그대 없음에 내가 없네'라고 노래했다는 걸? 다시 말해 "너, 당신, 그대, 사랑"과 같은 2인칭 상대와 관계가 없기 때문에 "나는 아무것도 아니었다"라고 읊었다는 걸? 설마라고요? 그럼 다음 시를 볼까요?

일찌기 나는 아무 것도 아니었다.
마른 빵에 핀 곰팡이
벽에다 누고 또 눈 지린 오줌 자국
아직도 구더기에 뒤덮인 천년 전에 죽은 시체.

아무 부모도 나를 키워 주지 않았다
쥐구멍에서 잠들고 벼룩의 간을 내먹고
아무 데서나 하염없이 죽어 가면서
일찌기 나는 아무 것도 아니었다

떨어지는 유성처럼 우리가

잠시 스쳐갈 때 그러므로,

나를 안다고 말하지 말라.

나는너를모른다 나는너를모른다.

너당신그대, 행복

너, 당신, 그대, 사랑

내가 살아 있다는 것,

그것은 영원한 루머에 지나지 않는다.

— 최승자, 〈일찌기 나는〉 전문

 이 시를 보면 화자는 일찍이 부모를 비롯한 모든 사람들과 서로 응답하고 배려하고 사랑하는 2인칭 관계를 맺지 못했습니다. 그런 탓에 누구와도 "너당신그대, 행복 / 너, 당신, 그대, 사랑"과 같은 2인칭 관계를 맺을 수 없고 그런 관계가 주는 감정들을 느낄 수도 없지요. 그래서 너와 나의 관계도 "떨어지는 유성처럼 우리가 / 잠시 스쳐갈 때"로 느끼며, 너는 "나를 안다고" 말할 수 없고, 나도 "너를모른다 나는너를모른다"라고 말할 수밖에 없는 제삼자적 관계로 파악할 수밖에 없습니다.

 문제는 그러고 보니, 다시 말해 2인칭 상대와의 관계를 일절 맺지 못하고 그 관계가 주는 감정을 느끼지 못하고 살다 보니, 내가 아무것도 아니더라는 겁니다. "마른 빵에 핀 곰팡이 / 벽에다 누고 또 눈 지린 오줌 자국 / 아직도 구더기에 뒤덮인 천년 전에 죽은 시체"처럼 존재하는 의미가 없는 존재라는 거지요. 그래서 심지어는 "내가 살아 있다는 것" 자체가 뜬소문에 지나지 않는다고 느낀다는 겁니다.

이렇게 김남조 시인의 〈그대 있음에〉와 최승자 시인의 〈일찌기 나는〉은 짝패입니다. 같은 그림을 전자가 양각으로 새긴 데 반해, 후자는 음각으로 파낸 것이지요. 하지만 그 내용은 천국과 지옥만큼이나 다릅니다. 한쪽에는 "큰 기쁨과 조용한 갈망이" 있고, 다른 한쪽에는 "쥐구멍에서 잠들고 벼룩의 간을 내먹고 / 아무 데서나 하염없이 죽어"가는 고통과 자학이 있습니다.

존재론적 관점에서 보면 '너', '그대'라는 2인칭은 이처럼 매우 특별한 인칭입니다. 그것은 '관계의 인칭'이자 '기적의 인칭'이지요. 1인칭인 '나'가 3인칭인 '그'나 '그녀'와 어떤 관계를 맺을 때, 드디어 '너', '그대'라는 2인칭이 기적과 같이 탄생합니다. 그리고 이 2인칭이 우리를 서로에게 응답하고 배려하며 사랑하게 하지요. 또 그것이 우리가 사는 세계를 "쥐구멍에서 잠들고 벼룩의 간을 내먹고 / 아무 데서나 하염없이 죽어"가는 '존재물(사물)들의 세계'에서 "큰 기쁨과 조용한 갈망이" 자라는 '존재(존재의 의미)의 세계'로 변하게 하지요. 그리고 그것이 우리가 하루하루를 그냥 사는 것이 아니라 자신이 존재하는 의미를 느끼며 살게끔 합니다. 인간에게는 이것만이, 오직 이것만이 기적이지요.

앞에서 다른 사람에게 진정으로 사랑을 받을 수 있는 비법은 '그'를 '그대'라고 부르는 것, '그'를 '그대'로 대하는 것이라고 한 까닭이 바로 이것입니다. 인간은 누구나, 즉 당신의 애인, 배우자, 부모, 형제,

자녀, 아니면 처음 만나는 그나 그녀까지도 자기 존재의 의미를 느끼고 또 알고 싶어합니다. 그러지 못할 때에는 자기 자신을 "마른 빵에 핀 곰팡이 / 벽에다 누고 또 눈 지린 오줌 자국 / 아직도 구더기에 뒤덮인 천년 전에 죽은 시체"로 인식하고 "쥐구멍에서 잠들고 벼룩의 간을 내먹고 / 아무 데서나 하염없이 죽어"가지요.

그러므로 당신이 애인, 배우자, 부모, 형제, 자녀, 처음 만나는 그, 그녀를 '그대'라고 부르고, '그대'로 대하는 것은 단순히 그들의 기분을 좋게 만드는 일이 아닙니다. 그것은 그들에게 그들이 존재하는 의미를 느끼고 알게 해주는 작업이지요. 그것은 그들을 최승자 시의 화자가 갇힌 지옥에서 구출하여 "큰 기쁨과 조용한 갈망이" 자라는 세계로 초대하는 값진 일입니다. 그들을 '그대'라고 불러 손을 잡고 "그대 있음에 내가 있네"라고 말하는 것은, 그들이 "사는 것의 외롭고 고단함"에서 벗어나 삶의 뜻을 배우고 존재의 의미가 드러나는 빛 안에 살도록 환대하는 숭고한 일이라는 겁니다.

누군들 자기에게 이 같은 구원과 초대와 환대를 베푸는 사람을 사랑하지 않을 수 있겠어요! 설사 그 사람이 자기를 떠나고 세월이 흐른다 해도, 어떻게 그 사람을 잊을 수 있겠어요! 나는 샤토브리앙이 여인들에게 이런 구원과 초대와 환대를 선물했기 때문에, "그대 있음에 내가 있네"라고 말하고 그렇게 대함으로써 존재의 의미를 일깨워주었기 때문에, 즉 그녀들을 최승자 시인이 그린 지옥에서 빼내 김남조 시인이 묘사한 천국으로 이끌었기 때문에, "갑자기 그리고 영원히!" 그를 사랑했을 거라고 믿습니다.

당신 생각은 어때요? 만일 당신도 같은 생각이라면, 이제부터는 오르테가 이 가세트가 아니라 우리가 추정하는 샤토브리앙의 마성에 대해 더 구체적으로 밝혀볼까 합니다. 당신이 다른 사람들을 '그대'라고 부르고 '그대'로 대해 그들에게 사랑을 받으려면 구체적으로 어떻게 말하고 행동해야 하는지, 실천적인 방침들을 살펴보겠다는 말입니다. 그래야 실제적으로 도움이 될 테니까요.

판단하거나, 사랑하거나

　가브리엘 마르셀은 한 인간을 '그대'로 대하는 일은 상대를 '판단하지 않는 것'이라고 했습니다. 갑자기 무슨 소리냐고요? 판단이란 3인칭 관계에서만 가능한 것이기 때문에 2인칭 관계에서는 해서는 안 된다는 거지요. 한마디로 '그대'는 인식의 대상이 되면 안 된다는 말입니다. 마르셀이《형이상학 일지》에서 설파한 이 같은 '그대 사유'는 훗날 사르트르가《존재와 무》에서 타자는 나의 인식적 소유물이 아니라고 주장한 것이나, 에마뉘엘 레비나스(Emmanuel Levinas, 1906~1995)가《타자 사유에 대한 에세이》에서 "타자는 인식 속에서 자아의 소유물이 된다"라고 경고한 '타자 사유'를 선취하고 있습니다.

　사르트르와 레비나스는 모두 우리가 다른 사람을 인식의 대상으로 접근할 경우, 그 사람은 다른 여타의 사물들과 마찬가지로 주관의 인식적 소유물로 자리 잡게 되며, 이때 대상으로 환원될 수 없는 그 사람의 존재 자체는 주관에서 달아나 결코 인식되지 않음을 입을 모아 강조했지요. 같은 말을 마르셀은 "내가 타인을 하나의 본질이나 주어진 본성으로 판단하는 것을 허용하는 것은 그 타인을 부재하는 것으로 취급하는 것이다"라고 앞질러 선포했던 겁니다.

마르셀의 말이 뜻하는 바는 존재론적으로 심각하고 현실적으로 구체적입니다. 무슨 소리냐고요? 간단히 설명하면 이렇습니다.

우리가 마르셀의 권고를 따르려면, 우리는 다른 사람에 대한 판단을 중지해야 합니다. 특히 그와 2인칭 관계를 맺으려면 말입니다. 예컨대 애인, 배우자 또는 자녀에 대해 가령 "너는 게을러", "너는 무책임해"와 같은 부정적인 내용은 물론이거니와, "너는 부지런해", "너는 책임감이 강해"와 같은 긍정적인 내용의 판단도 하지 말아야 한다는 거지요. 왜냐하면 그것이 그들이 존재하는 그대로 상대하는 것을 가로막기 때문입니다. 예를 들어 만일 당신이 당신의 애인을 "너는 부자야" 또는 "너는 가난해"라고 판단한다면, 당신은 이미 그가 존재하는 자체로 그를 사랑하기가 어려워진다는 얘기입니다.

주목해야 할 점은 마르셀이 자신의 판단에 근거해 다른 사람에게 이런저런 말을 하지 말라는 도덕적 교훈을 한 것이 아니라, 아예 마음속 판단부터 하지 말라는 존재론적 경고를 했다는 겁니다. 혹시 당신에게는 이 말이 현실에 맞지 않거나 불필요한 것같이 들릴지 모르지만, 마르셀의 이 같은 주장은 무엇보다도 다른 사람과의 관계에서 'ㅇㅇ 때문에 ××한다'라는 형식을 극복하게 합니다. 예컨대 상대가 부자이기 때문에, 아름답기 때문에, 능력이 있기 때문에, 영리하기 때문에, 착하기 때문에 그를 사랑하는 것을 뛰어넘게 한다는 거지요.

마르셀의 주장이 존재론적으로, 그리고 윤리적으로 중요한 이유가 바로 여기에 있습니다. 알랭 바디우가 그의 《윤리학》에서 적절하게 지적한 대로, 타자의 존재를 신(神)의 윤리적 이름인 "전혀-다른-타자(Tout-Autre)"와 연결해 신성하게 인정하는 레비나스의 '차이의 윤리학'을 신봉하는 사람이라도, 타자를 판단의 대상으로 대할 경우 동일성의 폭력을 피할 수 없기 때문입니다. 바디우는 이 말을 다음과 같이 했지요.

> 사실상 그 유명한 '타자'란 오직 그가 좋은 타자일 때에만 제시될 수 있는 것이다. 좋은 타자란 누구인가? 바로 우리와 동일자가 아닌가? 물론 차이를 존중해야 한다. 그러나 그 차이 나는 자가 의회민주주의자이고, 시장경제 신봉자이며, 언론 자유의 지지자이고, 페미니스트이며, 환경주의자일 때에 한해서이다. (……) 윤리 신봉자들의 눈에는 심지어 자기 나라의 외국인 이민자들의 경우도 그들이 '정합된' 경우, 또는 그들이 통합되기를 원하고 있는 경우(이를 좀 더 들여다본다면, 그들이 그들의 차이를 제거하기를 원한다는 것이다)에만 알맞게 차이가 나는 것이다.

이 말은 우리가 관용과 차이를 인정하는 어떠한 윤리학의 신봉자가 되더라도 타자에 대한 판단을 그만둘 수 없는 한 결국은 "나처럼 되어라. 그러면 너의 차이를 존중하겠다"라는 동일성의 폭력으로 귀착한다는 뜻입니다. 바로 이것이 마르셀, 사르트르, 레비나스가 다른 사람을 판단 또는 인식의 대상으로 삼아서는 안 된다고 강조했던 존재론적 이유입니다. 또한 바디우가 '다문화 사회 문제'와 같은 '차이의 문제'를 윤리적 주제에서 진리의 문제로 환원시키는 까닭이기도 하지요. 다시 우리의 사랑 이야기로 돌아갈까요?

다음 시는 영국 빅토리아 시대를 대표하는 시인 로버트 브라우닝

(Robert Browning, 1812~1889)의 아내이기도 한 엘리자베스 배럿 (Elizabeth Barrett, 1806~1861)이라는 여류 시인의 작품입니다. 이 시를 보면 그녀도 마르셀과 같은 생각이었던 것 같습니다. 그녀는 15세 때 낙마 사고로 척추를 다친 이후 시한부 인생을 살고 있었는데, 주위의 반대를 무릅쓰고 로버트 브라우닝과 결혼했습니다. 그리고 세상을 뜰 때까지 16년을 함께 행복하게 살았다지요.

당신이 날 사랑해야 한다면 오로지
사랑을 위해서만 사랑해 주세요
'난 저 여자를 사랑해
미소 때문에 예쁘기 때문에
부드러운 말씨 때문에
나와 꼭 어울리기 때문에
어느 날 즐거움을 주었기 때문에'라고
말하지 마세요
그러한 것은 그 자체가 변하거나
당신으로 하여금 변하게 할 테니까요
그처럼 맺어진 사랑은 그처럼 풀려버릴 거예요
내 뺨의 눈물을 닦아주는 당신의 사랑 어린 연민으로
날 사랑하진 마세요
당신의 위로를 오래 받았던 사람은 울기를 잊어버려
당신의 사랑을 잃을지도 모르니까요
오로지 사랑을 위해 날 사랑해 주세요

그래서 언제까지나

당신이 사랑할 수 있게

— 엘리자베스 배릿 브라우닝, 〈당신이 날 사랑해야 한다면〉 전문

이 시를 보아도 우리에게 주어진 선택지는 판단하거나, 아니면 사랑하거나입니다! '○○ 때문에' 사랑하거나, 아니면 아무 조건 없이 그의 존재 자체를 사랑하거나 둘 중 하나이지요. 당신은 어떤 걸 원하나요? 만일 당신이 마르셀과 브라우닝의 생각에 동의한다면, 모든 판단을 당장 그만두고 당신의 애인, 배우자, 자녀가 존재하는 그대로를 기뻐하고 사랑해야겠지요. 그러면 당신도 그들에게서 그렇게 사랑을 받을 겁니다.

여기에서 중요한 것은 이겁니다! 내가 상대를 판단하여 사랑하면 상대도 나를 판단하여 사랑하고, 내가 상대의 존재 자체를 사랑하면 상대도 나의 존재 자체를 사랑한다는 거지요. 바로 이것이 사랑이라는 '상호 주관적 매듭'의 근본 속성입니다. 마르셀은 성서에서 예수가 "비판(판단)하지 말라. 너희가 비판하는 그 비판으로 너희가 비판을 받을 것이요, 너희가 헤아리는 그 헤아림으로 너희가 헤아림을 받을 것이니라"(마태복음 7:1~2)라고 교훈한 것이 그래서라고 해석했습니다.

그런데 우리는 여기서 뜻밖에도 한 가지 심각한 문제에 봉착합니다. 우리가 상대를 일절 판단하지 말라는 마르셀과 예수의 주장에 전적으로 동의한다고 해도 그것을 실천에 옮기기는 사실상 불가능하다

는 것입니다. 판단을 떠나면 우리는 그 어떤 이성적인 말이나 행동도 할 수 없기 때문입니다. 이 말은 판단을 하지 않으면서도 자기 의사를 표현할 방법이 있어야 한다는 것을 뜻하기도 합니다. 그렇지요? 그럼에도 마르셀은 이 문제에 대해 언급하지 않았습니다. 때문에 우리는 그에게서 선지자적 선포만 받았을 뿐, 구체적으로 무엇을 어떻게 하라는 것인지에 대해서는 아는 바가 전혀 없습니다.

그래서 미국의 교육심리학자 마셜 로젠버그(Marshall Rosenberg, 1934~)가 《비폭력 대화》에서 설파한 몇 가지 원칙과 실천 방안을 잠시 소개하려고 합니다. 그가 제시한 실천적 방안이 마르셀의 그대-이론을 우리의 일상에 잘 구현하고 있다고 생각하기 때문입니다. 무엇보다도 로젠버그가 강조하는 비폭력 대화(Nonviolent Communication, NVC)의 핵심 역시 상대에 대한 '판단 중지'라는 점이 그렇습니다. 로젠버그는 자기가 말하는 판단 중지가 무엇을 뜻하는지를 분명히 밝힙니다. 그리고 실천적 대안도 구체적으로 제시하지요. 이것이 철학자와 심리학자의 다른 점일 텐데, 어쨌든 그의 제안이 큰 도움이 됩니다.

로젠버그가 금하는 판단은 관찰에 의한 '사실 판단'이 아니라, '사실'과 그에 대한 '평가'가 함께 섞인 도덕적·가치적 판단입니다. 예컨대 숙제를 안 한 학생에게 "너는 게을러!" 또는 "네가 숙제를 안 한 것은 게으른 행동이야!"라고 말하거나, 약속을 어긴 애인에게 "너는 무책임해!" 또는 "네가 어제 약속을 어긴 것은 무책임한 행위야!"라고 말하는 것처럼 사실과 평가가 뒤섞인 말이 우리가 삼가야 할 '폭력적 대화'라는 거지요.

"너는 게을러!"와 "너는 무책임해!"를 단순한 평가라고 생각할 수도 있습니다. 하지만 그 말들이 각각 숙제를 안 한 학생과 약속을 어긴 애인에게 했을 때는 사실이 이미 드러나 있기 때문에 역시 사실과 평가가 섞인 말이 되지요. 로젠버그는 그렇게 말하지 말고 "네가 숙제를 안 했기 때문에 실망스럽다"거나 "네가 어제 약속을 어긴 것 때문에 나는 화가 난다"라고 사실과 느낌만을 말해야 한다고 강조합니다. 그는 자신의 이런 생각을 다음과 같이 시 형식에 담아서 표현하기도 했습니다.

내가 일을 끝내지 못해서
실망했다고 말해도 좋아요
하지만 '무책임하다'는 말은
내게 동기를 주는 말이 아닙니다

당신이 다가올 때 내가 '아니오'라고 말해서
상처받았다고 하세요
그러나 나를 목석같은 사람이라고 하는 것은
앞으로 당신에게 도움이 되지 않을 거예요

그래요 '내가 무엇을 했다' 또는 '하지 않았다'라고
말하는 건 받아들일 수 있어요
그리고 내 행동에 대한 당신의 평가도 괜찮아요
하지만 이 두 가지를 섞지는 마세요

여기에서 주목해야 할 것은 비폭력 대화가 자기의 감정이나 생각을 자제하고 참는 것을 의미하지 않는다는 사실입니다. 로젠버그는 비폭력 대화가 이루어지려면 대화 당사자들 사이에 충분한 이해가 선행되어야 하기 때문에 자신의 감정과 생각을 오히려 정확히 전달할 필요가 있다고 강조하지요. 그래서 그는 비폭력 대화를 위한 기본 요령을 네 가지로 요약해 제시했는데 관찰, 느낌, 욕구, 부탁이 그것입니다!

먼저 상대의 말과 행동을 나에게 유리하든 불리하든 있는 그대로 관찰해 그것만 말하라고 합니다. 예컨대 "너는 내가 원하는 건 좀처럼 하지 않아"라고 판단하지 말고 "최근에 너는 내가 제안한 세 가지를 다 하기 싫다고 했다"라고 사실만을 말한다는 거지요. "그는 너무 자주 온다"라고 평가하지 말고 "그는 일주일에 적어도 세 번은 온다"라고 말하라는 겁니다.

다음은 그 사실에 대한 자신의 솔직한 느낌을 말하라고 합니다. 예컨대 "네가 화를 내니 나를 사랑하지 않는 것 같아"라고 평가할 것이 아니라 "네가 화를 내니 나는 슬프다"라고 느낌을 말하라는 것이지요. 이때 주의해야 할 점은 모든 느낌이 '솔직한' 느낌은 아니라는 것입니다. 예를 들어 "네가 떠난다니 무정하게 느껴져"는 느낌을 말하는 것 같지만 사실은 평가라는 거지요. 그보다는 "네가 떠난다니 나는 무척 슬프다"라고 말하라고 합니다.

세 번째는 사실에 대한 자신의 느낌이 어떤 욕구에서 나왔는지를 정확히 말하라고 합니다. 예를 들어 "네가 늦게 와서 짜증나"라고 사실과 느낌만 전하지 말고 "앞자리에 앉고 싶었는데 네가 늦게 와서 짜증나"라고 느낌의 원인이 되는 욕구도 밝히라는 거지요. 또 "네가 상을 타서 정말 기뻐!"보다는 "나는 네 노력이 인정받기를 바랐기 때문에 네가 상을 타서 정말 기뻐!"라고 말하는 것이 좋다고 합니다.

마지막으로는 상대가 해주기 바라는 것을 구체적으로 표현하라고 합니다. 예컨대 "네가 좀 더 자신감을 갖길 바란다"라는 부탁보다는 "나는 네가 자신감 육성 훈련에 참가하길 바란다"라고 구체적인 방안을 제시하며 부탁하는 것이 좋다고 합니다. 또 "나는 당신이 나에게 더 신경을 써주었으면 좋겠어"라고 말하지 말고 "나는 당신이 매주 한 번은 나와 함께 영화관이나 공연장에 갔으면 좋겠어"라고 구체적으로 부탁하라고 하지요.

모르긴 해도, 나는 샤토브리앙이 그의 연인들과 이런 식으로 대화했을 것이라고 추정합니다. 그녀들을 평가하지 않고 그녀들에 대한 느낌을 말했겠지요. 또 자기의 욕구를 정확하게 전하고, 자기가 원하는 것을 구체적으로 부탁했을 겁니다.

가령 쿼스틴 후작 부인이 샤토브리앙에게 페르바크 성을 사겠다고 약속했지만 재정 상태 때문에 차일피일 미루고 있었다고 가정해보지요. 그때 샤토브리앙이 "약속을 어기다니, 당신은 무책임한 사람이요"라고 쓴 쪽지를 보내고 그녀를 떠났을까요? 그러지 않았을 거예요. 만일 그랬더라면 그녀는 곧바로 그를 잊었을 겁니다. 샤토브리앙은 "당신이 약속을 지키지 않아 슬프오. 그 성에서 당신과 사랑을 나누고 싶었기 때문이오. 나는 당신이 그 아름다운 성의 여주인이 되길 바라오"라는 편지를 보냈겠지요. 누가 알아요? 어쩌면 그래서 정말로 그녀가 성을 샀는지도!

마하트마 간디(Mahatma Gandhi, 1869~1948)의 손자이자 '비폭력간디

협회'의 설립자이기도 한 아룬 간디(Arun Manilal Gandhi, 1934~)도 《비폭력 대화》의 머리말에 같은 희망을 밝혔습니다.

> 이 세상은 우리가 만들어놓은 것이다. 오늘날 이 세상이 무자비하다면, 우리의 무자비한 태도와 행동이 그렇게 만든 것이다. 그러므로 우리 자신이 변하면 우리는 이 세상을 바꿀 수 있다. 우리가 자신을 바꾸는 것은 우리가 매일 쓰는 언어와 대화 방식을 바꾸는 데서 시작한다.

행동과 언어와 대화 방식을 바꾸는 일은 결코 쉬운 일도 아니고, 하루아침에 되는 일도 아닙니다. 하지만 우리가 다른 사람들을 '그대'로서 사랑하고 우리도 그들에게 '그대'로서 사랑받고 싶다면, 그리하여 우리가 사는 세상과 우리 아이들이 살아갈 세상을 최승자 시인이 읊은 지옥에서 김남조 시인이 노래한 천국으로 바꾸고 싶다면, 반드시 해야 할 일이지요. 만일 당신이 지금도 고개를 갸우뚱거리며 망설이고 있다면, 나는 당신에게 이렇게 묻고 싶습니다. 스탕달처럼 평생 짝사랑만 하며 살고 싶어요? 아니면 샤토브리앙처럼 항상 사랑받으며 살고 싶어요? 선택은 당신의 몫입니다!

chapter 4

울지 마라,
외로우니까 사람이다
...
외로워야 사람이다

저를 흔드는 것이 제 조용한 울음인 것을

당신도 가끔 외로운가요? 그럴 때 어떻게 하세요? 예를 들어, 낯선 곳에 혼자 있게 되었을 때, 가을마저 벗어버린 숲에 찬비가 내리는데, 그리운 이에게서 더 이상 전화가 오지 않을 때, 그래서 살갗에 온통 모래알이 박힌 것처럼 아플 때, 당신은 어떻게 하나요? 왜 묻느냐고요? 사실은 나도 자주 외롭거든요. 그러니까 내 말은, 어느 날 갑자기 아스라한 난간에 홀로 서 있다고 느낄 때, 아무리 손을 내밀어도 잡아줄 그 누가 없다고 생각될 때, 아무도 모르는 곳으로 떠나는 열차에 몸을 싣고 싶을 때, 그래서 한나절 환한 햇살 속에서도 자꾸 눈물이 날 때, 당신은 어떻게 하세요? 우나요? 그저 울어요?

그럼 적막이 가득한 빈방에서 입을 틀어막고 울어본 적이 있어요? 늦은 밤 텅 빈 거리에서 가로등 어깨를 끌어안고 울어본 적이 있나요? 빌딩 숲으로 뿌옇게 내려앉은 새벽안개 뒤에 숨어 울어본 적이 있어요? 철새 울음소리 투명하게 떨어지는 강가에서, 밤새 뒤척이며 잠 못 이룬 바닷가에서, 바람결이 마냥 너울대는 억새밭에서, 무릎을 꿇고 흐느껴본 적이 있나요? 다음 시를 보면 다른 사람은 몰라도 신경림(1936~) 시인은 분명 그런 적이 있었던 것 같습니다.

언제부턴가 갈대는 속으로
조용히 울고 있었다.
그런 어느 밤이었을 것이다. 갈대는
그의 온몸이 흔들리고 있는 것을 알았다.

바람도 달빛도 아닌 것.
갈대는 저를 흔드는 것이 제 조용한 울음인 것을
까맣게 몰랐다.
― 산다는 것은 속으로 이렇게
조용히 울고 있는 것이란 것을
그는 몰랐다.

― 신경림, 〈갈대〉 전문

    그래요. 어쩌면 당신도 한 번쯤은 신경림 시인처럼 산다는 것이 외로워 조용히 울어보았을 거예요. 알고 보면 사람은 누구나 바람같이 외롭고, 돌아보면 삶은 언제나 그림자처럼 쓸쓸하니까요. 그것은 남자든 여자든 똑같습니다. 젊은이든 노인이든 다르지 않지요. 삶이 마냥 꽃피는 나날엔 누구나 "산다는 것은 속으로 이렇게 조용히 울고 있는 것이란 것을" 모릅니다. 하지만 언제부턴지 눈부시던 햇살이 누렇게 퇴색하고 보드랍던 바람이 바늘처럼 날카로워지면, 누구든 자기도 모르게 한 줄기 갈대가 되어 "저를 흔드는 것이" 바람도 달빛도 아니고 "제 조용한 울음인 것을" 마침내 알게 되지요.

그래서 누구나 한 번쯤은 외로워지고, 언젠가 한 번쯤은 울음이 터집니다. 이럴 때는 그냥 울어야 합니다. 외로운 나를 위해 나라도 마냥 울어주어야지요. 그것도 온갖 슬픈 상념들을 다 떠올리면서 펑펑 울어주어야 합니다. 울다 보면 제 우는 소리에 슬퍼져 더 많이 울기도 하지만, 비극의 주인공이나 된 것처럼 실컷 울고 나면 기분이 조금은 나아지지요.

이는 아리스토텔레스가 《시학》 6장에서 비극의 정의를 내릴 때 언급한 카타르시스(catharsis)가 일어나기 때문입니다. 고대 그리스에서 카타르시스는 예술적으로 고양된 비극을 통해 실연, 실패, 배신, 죽음처럼 우리 삶을 파국으로 몰아가는 것들에서 우러나오는 두려움, 슬픔, 분노, 연민 등의 감정을 순화 또는 정화하는 것이지요. 현대 정신의학에서도 인정하는 치유 방법입니다. 그런데 정호승(1950~) 시인은 무슨 영문에선지 울지 말라고 하네요.

울지 마라

외로우니까 사람이다

살아간다는 것은 외로움을 견디는 일이다

공연히 오지 않는 전화를 기다리지 마라

눈이 오면 눈길을 걸어가고

비가 오면 빗길을 걸어가라

갈대숲에서 가슴검은도요새도 너를 보고 있다

가끔은 하느님도 외로워서 눈물을 흘리신다

새들이 나뭇가지에 앉아 있는 것도 외로움 때문이고

네가 물가에 앉아 있는 것도 외로움 때문이다
산그림자도 외로워서 하루에 한 번씩 마을로 내려온다
종소리도 외로워서 울려퍼진다

— 정호승, 〈수선화에게〉 전문

    이 시에서 시적 화자는 사람이면 누구나 외로운 것이니 울지 말고 외로움을 견디라고 말합니다. 알고 보면 사람뿐만 아니라 새도, 꽃도, 산그림자도, 종소리도, 심지어는 하느님까지도 외롭다네요. 그러니 참고 견디랍니다.

    그렇지요. 외로움을 이렇게 보편화해서 생각하면, 분명 조금은 위로가 됩니다. 어떤 견디기 힘든 일을 당했을 때 유독 나만 이런 일을 당하는 것이라고 생각하면 더 힘이 들거든요. 외로움은 더욱 그렇지요. 그런데 나만 외로운 것이 아니라 다른 사람들도 다 외롭고, 심지어는 산천초목도, 하느님도 외로운 법이라고 생각하면, 그래서 살아간다는 것은 외로움을 견디는 일이란 걸 인정하고 나면 분명 위로가 되겠지요. 누구나 다 그런 걸 가지고 혼자 징징대며 운다는 것이 엄살 같기도 할 것이고요.

    시인의 위로와 충고가 내게는 도움이 되는데, 당신에게는 어떤가요? 이제부터 다른 것 때문이라면 몰라도 그깟 외로움 때문에는 울지 않는 게 좋겠지요? 아니라고요? 그렇게 달래지는 외로움 때문이었다면, 빈방에서 손으로 입을 틀어막고 울었겠느냐고요? 거리에서 가로등을 끌어안고, 새벽안개 속에서 고개를 젖히고, 강가에서, 바닷가에서, 억새밭에서 펑펑 울었겠느냐고요? 정호승 시인이 잘 모르고 하는 말이라고요? 사람이 외로워지는 것은 단순히 혼자여서가 아니고 누군가가 그립기 때문이라고요?

그래요. 듣고 보니 그렇기도 하네요. 외로움이 슬픔으로 변하는 게 반드시 외로움 때문만은 아닙니다. 대개의 경우 그리움이 함께하기 때문이지요. 그럼, 이런 때 당신은 어떻게 하세요?

사랑이 깊으면 외로움도 깊어라

　사람은 보통 누군가가 그립기 때문에 외로워지고, 외롭기 때문에 또 누군가가 그리워지는 법입니다. 이런 경우 당신이 가진 슬픔의 근원은 사실인즉 외로움이 아니고 그리움입니다. 괴테의 〈미뇽〉 중 "그리움을 모르고야 어이 슬픔을 알리 / 나를 알고 나를 사랑하는 이 / 하늘 저편에 있도다"라는 시구에 묘사된 것처럼 말입니다. 그런데 박두진(1916~1998) 시인도 같은 정서를 노래하고 있네요.

　　산새도 날아와
　　우짖지 않고,

　　구름도 떠가곤
　　오지 않는다.

　　인적 끊인 곳
　　홀로 앉은
　　가을 산의 어스름.

호오이 호오이 소리 높여
나는 누구도 없이 불러 보나,

울림은 헛되이
빈 골 골을 되돌아올 뿐.

산 그늘 길게 늘이며
붉게 해는 넘어가고

황혼과 함께
이어 별과 밤은 오리니,

생은 오직 갈수록 쓸쓸하고,
사랑은 한갓 괴로울 뿐

그대 위하여 나도 이제도 이
긴 밤과 슬픔을 갖거니와

이 밤을 그대는 나도 모르는
어느 마을에서 쉬느뇨.

— 박두진, 〈도봉(道峯)〉 전문

"인적 끊인 곳, / 홀로 앉은 / 가을 산의 어스름" 속에서 어디에 있는지조차 모르는 사람을 위하여 "긴 밤과 슬픔을" 갖는다니요! 사랑이 깊으면 외로움도 깊게 마련입니다. 그 깊음과 깊음의 사이로 또 그만큼이나 깊은 그리움이 강처럼 흐르기 마련이고요. 이때 "그립다는 것은 / 가슴에 이미 / 상처가 깊어졌다는 뜻입니다 / 나날이 살이 썩어 간다는 뜻입니다"(안도현, 〈그립다는 것〉 전문)

  이런 경우에 당신은 어떻게 하나요? 그리운 이와 어떤 이유에서든 만날 수 없고 연락조차 닿지 않을 때, 아무리 그 이름을 불러보아도 "울림은 헛되이 / 빈 골 골을 되돌아올 뿐."일 때, 그래서 "생(生)은 오직 갈수록 쓸쓸하고, / 사랑은 한갓 괴로울 뿐."이라고 느껴질 때, 당신은 어떻게 하세요? 나희덕(1966~) 시인은 분명 이런 때에 다음 시를 썼습니다.

얼어붙은 호수는 아무것도 비추지 않는다
불빛도 산 그림자도 잃어버렸다
제 단단함의 서슬만이 빛나고 있을 뿐
아무것도 아무것도 품지 않는다
헛되이 던진 돌멩이들,
새떼 대신 메아리만 쩡 쩡 날아오른다

네 이름을 부르는 일이 그러했다

— 나희덕, 〈천장호에서〉 전문

이런 때 당신이 할 수 있는 일은 그때 처한 사정이나 형편에 따라 각각 다르겠지요. 만일 당신의 마음이, 또는 그 사람의 마음이 얼어붙은 호수처럼 아무것도 비추지 않고, 아무것도 품지 않으며, 제 단단함의 서슬만 빛나고 있다면, 그래서 그 사람을 필히 잊어야만 한다면, 아마 당신은 다음 시의 화자처럼 무척 가슴이 아리겠지요.

> 우리가 저문 여름 뜨락에
> 엷은 꽃잎으로 만났다가
> 네가 내 살 속에 내가 네 꽃잎 속에
> 서로 붉게 몸을 섞었다는 이유만으로
> 열에 열 손가락 핏물이 들어
> 네가 만지고 간 가슴마다
> 열에 열 손가락 핏물자국이 박혀
> 사랑아 너는 이리 오래 지워지지 않는 것이냐
> 그리움도 손끝마다 핏물이 배어
> 사랑아 너는 아리고 아린 상처로 남아 있는 것이냐

— 도종환, 〈봉숭아〉 전문

그렇지만 아무리 사무치게 그리워도, 열 손가락에 핏물이 들듯 가슴이 아파도, 만지고 간 가슴마다 핏물 자국이 남아 아리고 아려도, 부득이 잊어야 할 사람이라면, 김소월(본명 김정식, 1902~1934) 시인의 시에서처럼 마음을 다잡아야 합니다. 물론 사람의 일인지라 온전히 잊기는 쉽지 않아서, 오늘도 어제도 아니고 먼 훗날에야 마음을 다잡을 수 있을지는 몰라도 말입니다.

> 먼 훗날 당신이 찾으시면
> 그때에 내 말이 「잊었노라」
>
> 당신이 속으로 나무라면
> 「무척 그리다가 잊었노라」
>
> 그래도 당신이 나무라면
> 「믿기지 않아서 잊었노라」
>
> 오늘도 어제도 아니 잊고
> 먼 훗날 그때에 「잊었노라」

— 김소월, 〈먼 후일〉 전문

그런데 만일 그가 기다려야 할 사람이라면, 어느 날 그와 다시 만나 마침내 하나의 꿈을 엮을 사람이라면, 정희성 시인의 시처럼 기다려야지요. 추운 길목에서라도, 오랜 침묵과 외로움 끝에서라도, 가슴 아린 그리움까지 간직하며, 기다리고 또 기다려야 합니다. 한 슬픔이 다른 슬픔에게 손을 주고, 한 그리움이 다른 그리움의 그윽한 눈을 들여다보게 될 때까지 말입니다. 그래도 당신의 사랑은 결코 춥지 않을 거니까요.

> 나는 기다리리, 추운 길목에서
> 오랜 침묵과 외로움 끝에
> 한 슬픔이 다른 슬픔에게 손을 주고
> 한 그리움이 다른 그리움의
> 그윽한 눈을 들여다볼 때
> 어느 겨울인들
> 우리들의 사랑을 춥게 하리
> 외롭고 긴 기다림 끝에
> 어느날 당신과 내가 만나
> 하나의 꿈을 엮을 수만 있다면
>
> ― 정희성, 〈한 그리움이 다른 그리움에게〉 부분

그런데 이거 아세요? 여기에서 외로움이나 그리움과 연관하여 우리가 반드시 기억해야 할 것이 있다는 것을? 그것은 어느 경우에든 자신에 대한 사랑을 잊어서는 안 된다는 것입니다. 외로움이든, 그리움이든, 그것이 자기 자신에 대한 사랑의 결핍에서, 다시 말해 자기 자신으로부터의 도피에서 나온 것이어서는 안 된다는 말이지요. 무슨 소리냐고요?

사람들은, 특히 젊은 사람들은 너무나 자주 자기 자신으로부터 도피하기 위해 다른 사람을 찾지요. 전통적인 방법은 동료나 친구를 찾아다니는 겁니다. 그것을 위해 부단히 개인적인 약속이나 모임을 만들지요. 요즈음 젊은이들은 페이스북, 트위터, 미투데이 같은 소셜 네트워크 서비스(SNS) 속을 헤매고 다니기도 합니다. 또 어떤 사람들은 만남 알선 사이트를 뒤지기도 하고, 심지어 오로지 자기 자신에게서 달아나기 위해 결혼을 선택하는 사람들도 있다지요.

그런데 이런 경우 그 사람이 느끼는 외로움이나 그리움은 사실 자기 자신을 지탱할 수 없기 때문에 스스로에게서 도망치려는 심리에서 나온 것입니다. 설사 그것이 우정 또는 사랑이라는 이름으로 포장되어 나타난다고 할지라도 말입니다. 독일 철학자 프리드리히 니체(Friedrich Wilhelm Nietzsche, 1844~1900)는 이 점을 《차라투스트라는 이렇게 말했다》에서 다음과 같이 적나라하게 지적했습니다.

그대들은 그대들 자신으로부터 도피하여 이웃에게 달려간다. 그리고 그런 행동을 하나의 미덕으로 삼고 싶어한다. 그러나 나는 그대들의 그런 '타인 지향적 헌신'의 정체를 꿰뚫어 보고 있다. (……) 그대들은 그대들 자신을 참고 견디지 못하며 그대들 자신을 충분히 사랑하지도 않는다. 그래서 그대들은 그대들 이웃을 유혹하여 사랑하도록 만들고 그들의 과오로써 그대들 자신을 미화하려는 것이다.

따라서 이러한 행위들은 외로움과 그리움을 해소하는 근본적인 해결책이 되지 못합니다. 오히려 새로운 문제들을 더할 뿐이지요. 그것은 마치 외로움이라는 '빈방'에서 스스로를 구출하기 위해 타인이라는 '감옥'에 가두는 것과 같습니다. 누군가에 대한 그리움을 지우기 위해 자기 자신을 지워버리는 것과 같지요. 그래서 나는 당신이 외로움이나 그리움에 대해 혹시라도 이런 식으로 대응하지 않기를 바랍니다. 니체도 우리에게 다음과 같은 충고를 남겼습니다.

> 어떤 사람은 자기 자신을 찾기 위해 이웃에게 가고, 어떤 사람은 자기 자신을 잃기 위해 이웃에게 달려간다. 그대들 자신에 대한 그대들의 잘못된 사랑은 고독 때문에 자신의 감옥을 만드는 것이다.

요컨대 외로움이나 그리움에서 달아나기 위해 다른 사람을 찾는 것은 자기를 잃어버리는 것이자 자신의 감옥을 만드는 일이라는 말이지요. 그렇게 사는 것보다는 차라리 외로움과 그리움을 부둥켜안고 사는 것이 낫다는 뜻이기도 합니다. 이런 의미에서 니체는 또 다음과 같이 간곡히 당부했습니다.

> 형제여, 그대의 자신에 대한 사랑, 그리고 그대 자신에 대한 창조와 더불어 고독 속으로 물러서라. 그래야 비로소 정의가 절뚝거리며 그대 뒤를 따를 것이니. 형제여, 눈물로 간청하노니 그대의 고독 속으로 물러서라. 나는 자기 자신을 뛰어넘어 자기를 창조하려 하며 그 때문에 파멸의 (고독한) 길을 가는 자를 사랑한다.

정호승 시인 역시 이같이 결연한 의지로 우리에게 "살아간다는 것은 외로움을 견디는 일이다 / 공연히 오지 않는 전화를 기다리지 마라 / 눈이 오면 눈길을 걸어가고 / 비가 오면 빗길을 걸어가라"라고 권한 것입니다. 니체는 이어서 "동굴과 숲에서 그대 자신이 그대를 숨어 엿보고 있으니, 고독한 자여, 그대는 그대 자신의 길을 가라!"라고도 권고했는데, 혹시 당신이 궁금해할지도 모르는 "갈대숲에서 가슴검은도요새도 너를 보고 있다"라는 뜻 모를 구절도 이 경구에 비추어보면 그 의미가 드러납니다. 당신이 외로움을 견디며 자신의 길을 잘 가고 있는지를 당신 자신이 지켜보고 있다는 뜻이지요.

 이렇게 해석해보면, 〈수선화에게〉는 '참' 니체적인 시입니다. 나는 당신이 니체의 충고를 좇아, 혹은 정호승 시인의 시처럼 꼭 그렇게 살지는 않더라도, 가끔은 그런 생각을 떠올리면서 외로움을 견디고, 눈이 오면 눈길을 걸어가고 비가 오면 빗길을 걸어갔으면 좋겠습니다.

물러서라! 나의 외로움은 장전되어 있다

　그런데 잠깐! 혹시 당신도 한번쯤 이런 생각을 해보았나요? 방금 살펴본 정호승 시인의 시에 이상한 점이 있다는 생각 말입니다. 그게 뭐냐고요? 제목이 왜 '수선화에게'일까 하는 거예요. 대부분 문학작품이 그렇지만, 시를 이해하는 데에도 제목은 큰 역할을 담당합니다. 보통 시가 가진 주제를 상징하거나 함축하는 말을 시제로 삼기 때문이지요. 그런데 우리가 지금까지 살펴본 이 시의 주제는 외로움이기 때문에 제목이 '수선화에게'인 것은 좀 이상하다는 겁니다.

　우리는 보통 수선화와 함께 아름답고도 슬픈 그리스 신화 하나를 자연스레 떠올립니다. 자신의 아름다움에 도취된 청년 나르키소스(Narcissos) 신화지요. 그래서 수선화의 학명(學名)이 '나르키소스'잖아요. 당신도 알다시피 이 신화의 이야기는 외로움과 아무 연관이 없습니다. 나르키소스는 외로움 때문이 아니라 물에 비친 자기 얼굴에 도취되어 그곳을 떠나지 못하다 죽어서 꽃이 되었지요. 그런데 왜 정호승 시인은 시의 제목을 '수선화에게'라고 지었을까요? 왜 수선화에게 울지 말라고 당부할까요? 나르키소스가 물가에서 울다가 죽었던가요? 아니지요! 그래서 뭔가 이상하다는 겁니다.

우리는 이에 대한 시인의 대답을 "네가 물가에 앉아 있는 것도 외로움 때문이다"라는 구절에서 찾을 수 있습니다. 이 시구를 보면, 정호승 시인은 수선화가 물가에 피어나는 것이 나르키소스가 그랬던 것처럼 자기 자신의 모습을 보기 위해서인 것을 일단 인정한다고 보아야 합니다. 그러나 그 이유는 나르키소스처럼 자신의 미모에 도취되어서가 아니라, 외로워서 너무나 외로워서 물에 비친 자기 모습이라도 보고 싶어 물가를 떠나지 못한다는 것입니다.

이 얼마나 가슴이 와락 무너지는 생각인가요. 수선화가 외로워서 물가에 피어난다니요! 너무나 외로워서 자기 모습이라도 보려고 물가를 떠나지 못한다니요! 나는 수선화에 얽힌 신화에 대해 이보다 더 슬프고 아름다운 해석을 알지 못합니다.

고대 그리스 유적에 대한 정확한 묘사로 잘 알려진 《그리스 안내기》의 저자 파우사니아스(Pausanias, 2세기경)는 나르키소스가 먼저 죽은 쌍둥이 여동생을 그리워하여 물에 비친 자신의 얼굴을 통해 여동생의 모습을 떠올리고 있는 것이라고 해석했지요. 또 인기 작가 파울로 코엘료(Paulo Coelho, 1947~)는 《연금술사》에서 나르키소스가 죽은 후에 샘이 운 이유는 그의 눈동자에 비친 자기 모습을 더 이상 볼 수 없게 되었기 때문이라고 했지요. 사람이란 상대를 향한 시선에서조차 자기 자신을 보고 있다는 나르시시즘(narcissism)의 본질을 잘 간파한 겁니다.

그래요! 정호승 시인의 해석보다 파우사니아스의 해석이 더 정확하고, 코엘료의 해석이 더 날카로운지 모르겠습니다. 하지만 더 아름답고 더 가슴이 철렁 내려앉지는 않지요. 왜냐하면 정호승 시인이 읊은 외로움은 누군가가 그리워 생긴 것도 아니고, 자기 자신에 대한 도취와 집착에서 나온 것도 아니며, 오직 이 세상에 혼자 내던져졌다는 '실존론적 상황'에서 우러나온 것이기 때문입니다. 이 같은 외로움, 이처럼 절대적이고 존재론적인 외로움을 읊은 시가 또 어디에 있겠어요? 굳이 찾는다면 프랑스 시인 오르탕스 블루(Hortense Vlou)의 〈사막〉을 떠올릴 수 있겠지요.

그 사막에서 그는
너무 외로워
때로는 뒷걸음질로 걸었다
자기 앞에 찍힌 발자국을 보려고

— 오르탕스 블루, 〈사막〉 전문

참, 등골까지 얼어붙는 외로움이지요? 그런데 혹시 아세요? 실존론적 관점에서 보면 사람은 누구나 이처럼 외로운 존재라는 걸? 이런 '실존론적 외로움'은 그리움과는 아무 상관이 없다는 걸? 그럼에도 이것은 인간의 근원적 외로움이라 그 누구도 피해갈 수 없다는 걸? 언젠가 한 번은 맞서야 한다는 걸? 그러니 당신도 이제 그 싸움을 준비해야 한다는 걸? 아니, 그건 또 무슨 소리냐고요? 이 이야기는 20세기 전반을 풍미했던 실존철학과 연관되어 있습니다.

20세기에 독일의 하이데거, 프랑스의 사르트르와 같은 실존주의 철학자들에 의해 새롭게 각성된 인간의 상황은 참으로 예사롭지 않습니

다. 그것은 우리가 아무 의미도, 목적도 없이 이 세계에 그냥 '내던져져 있다'는 것이지요. 마치 인간의 탄생이 모태에서 분리되어 모든 것이 불확실하고 오직 다가올 죽음만이 확실한 세상으로의 축출이듯 말입니다. 바로 여기에서 "인간은 피투성(被投性, 내던져져 있음)이다"라는 유명한 실존주의 경구가 나왔습니다.

당시 서구 사람들은 이 말을 듣고 모두 경악했지요. 왜냐하면 그것은 인간이 신에 의해 또는 그의 분노에 의해 '내던져진 것'이 아니라, 신이 죽어 마치 거리에 내던져진 고아처럼 '내버려진 것'을 의미하기 때문입니다. 신이 죽다니! 어찌 그런 일이! 만일 우리가 앞에서처럼 인간의 출생을 모태로부터의 축출이라고 비유한다면, 그것은 아이를 낳은 산모의 죽음을 뜻합니다. 이제 인간에게는 어머니처럼 돌봐줄 사람이 없다는 것을 말하지요. 그래서 사람들은 소스라치게 놀랐던 것입니다.

젊은 시절 실존주의 철학에 몰두했던 최승자 시인은 이 같은 인간의 상황을 마치 살바도르 달리(Salvador Felipe Jacinto Dali, 1904~1989)의 초현실화 한 폭을 보는 것같이 읊었습니다.

여자의 자궁은 바다를 향해 열려 있었다.
(오염된 바다)
열려진 자궁으로부터 병약하고 창백한 아이들이
바다의 햇빛이 눈이 부셔 비틀거리며 쏟아져 나왔다.
그들은 파도의 포말을 타고
오대주 육대양으로 흩어져 갔다.

죽은 여자는 흐물흐물한 빈 껍데기로 남아

비닐처럼 떠돌고 있었다.

— 최승자, 〈겨울에 바다에 갔었다〉 부분

이 시에서 시인은 신(神)을 "빈 껍데기로 남아 비닐처럼 떠돌고" 있는 "죽은 여자"로 묘사했습니다. 그리고 세상은 "오염된 바다"로, 인간은 죽은 신의 "열려진 자궁"으로부터 쏟아져 나온 "병약하고 창백한 아이들"이라고 표현했지요.

하이데거가 《존재와 시간》에서 '내던져져 있음(Geworfenheit)'이라는 용어로 표현한 인간의 처참하고 어처구니없는 상황은 우리 모두에게 근원적인 불안을 안겨줍니다. 사르트르가 그의 소설 《구토》에서 주인공 로캉탱을 통해 문학적으로 묘사했던 현기증과 구토증도 바로 여기에서 나온 일종의 발작 증상이지요. 내가 말하려는 '실존론적 외로움'도 이런 '내던져져 있음'에서 오는 기묘한 기분입니다.

하이데거는 이 기분을 우리가 일상생활에서 느끼는 정서적 상태를 뜻하는 기분과 구분하기 위해 '근본 기분(Grundstimmung)'이라고 불렀지요. 하지만 그것이 어떤 느낌인지 말로 표현하기란 매우 곤란한데, 17세기 프랑스가 낳은 특이한 천재 블레즈 파스칼(Blaise Pascal, 1623~1662)은 그 기분을 누구보다도 잘 묘사해놓았습니다. 그의 사후에 약 24권의 원고 뭉치로 발견된 미완성 대작 《팡세》에는 다음과 같은 단상이 담겨 있지요.

인간의 맹목과 비참을 보며, 침묵하는 온 우주를 보고, 아무 빛도 가지지 못한 인간이 홀로 내던져져 마치 우주 한구석에서 미아가 되기라도 한 듯이 누가 자기를 거기에 놓아두었는지, 무엇을 하려고 거기에 왔는지, 죽으면 무엇이 될지도 모르고, 아무런 인식도 불가능한 인간을 볼 때, 나는 잠든 사이에 황막하고 끔찍한 무인도로 옮겨져, 깨어보니 자기가 어디에 있는지도 알 수 없고 또 거기에서 빠져나올 방도도 없는 사람처럼 공포에 휩싸인다.

실존론적 외로움은 자기가 이처럼 아무 영문도 모르는 채 "황막하고 끔찍한 무인도" 같은 세상에 내던져져 있고, "거기에서 빠져나올 방도도" 없기 때문에 계속해서 그렇게 존재해야 한다는 사실을 의식하는 데에서 엄습해오는 매우 불편한 기분이지요. 죽은 여자의 자궁에서 나온 "병약하고 창백한 아이들"이 "오염된 바다"에서 느끼는 기분입니다. 그래서 거기에는 모태로부터의 축출에서 오는 분리감, 파스칼이 느낀 공포, 하이데거가 말하는 불안, 사르트르가 묘사한 현기증과 구토증이 모두 함께 들어 있지요.

당연히 이 기분은 누군가가 그리워 생긴 외로움이나 일상적으로 느끼는 외로움과는 사뭇 다릅니다. 그것은 마치 죽음으로 내쫓기는 것과 같은 불안과 공포이며, 누구의 삶에든 이미 자리하고 있어 도저히 피할 수 없는 데에서 오는 권태와 무력감이기도 합니다. 또한 우리의 감각, 생각, 행동, 다시 말해 우리의 삶 전체를 무의미하게 만드는 자기 파괴적인 우울이기도 하지요. 그래서 이 기분은 때로 매우 위험한데, 최승자 시인은 그것의 치명적인 위험성을 다음과 같이 표현했습니다.

> 물러서라!
> 나의 외로움은 장전되어 있다.
> 하하, 그러나 필경은 아무도
> 오지 않을 길목에서
> 녹슨 내 외로움의 총구는
> 끝끝내 나의 뇌리를 겨누고 있다.
>
> — 최승자, 〈외로움의 폭력〉 부분

우리는 이런 존재론적 외로움에 대해 사실상 속수무책입니다. 달아날 방법도, 대항할 방책도 갖고 있지 않지요. 그런데 최승자 시인은 이 무참한 외로움의 폭력을 더 이상 견딜 수 없었던지, 스스로 용기를 내어 과감히 한판 승부를 시도했네요. 그리고 그 싸움의 전말을 다음과 같이 전했습니다. 그러니 주목해볼까요?

> 외롭지 않기 위하여
> 밥을 많이 먹습니다
> 괴롭지 않기 위하여
> 술을 조금 마십니다
> 끔꾸지 않기 위하여
> 수면제를 삼킵니다.

마지막으로 내 두뇌의

스위치를 끕니다

그러면 온밤내 시계 소리만이

빈 방을 걸어다니죠

그러나 잘 들어 보세요

무심한 부재를 슬퍼하며

내 신발들이 쓰러져 웁니다

— 최승자, 〈외롭지 않기 위하여〉 전문

시인 자신이 분명해 보이는 시적 화자는 우리가 말하는 실존론적 외로움을 이겨보려고 밥을 많이 먹고, 술을 조금 마시고, 수면제를 삼키고, 마침내는 두뇌의 스위치마저 꺼보았습니다. 정면으로 한판 맞붙어본 거지요. 그런데 결국 확인한 것은 자기 자신의 부재와 슬픔뿐이었답니다.

가상한 용기를 냈던 시인에게는 무척 안타까운 일이지만, 그것은 사실상 애초부터 이미 정해진 귀결이었지요. 존재의 근원에 자리하고 있어 끊임없이 피어오르는 이 기분과 투쟁하는 방법이 자기 존재에 대한 철저한 부정, 즉 외롭지 않기, 괴롭지 않기, 꿈꾸지 않기, 생각하지 않기였다니 말입니다. 그 결과는 당연히 더 이상 자기가 없다는 것, 그리고 그것에서 오는 슬픔뿐일 수밖에 없지 않겠어요?

우리는 외로움과, 아니 그 무엇과도 이렇게 자신의 존재를 부정하며 싸울 수는 없습니다. 그것은 분명 하나의 도발적 저항이고 강력한 반항이지만, 동시에 무용한 도피이고 무의미한 자학일 뿐입니다. 앞에서 살펴본 최승자 시인의 〈겨울에 바다에 갔었다〉에서 오대주 육대양으로 흩어져 갔던 아이들이 "너무도 길고 지루한 밤에" 일으킨 혁명이 "언제나 불발"로 끝나는 것도 필경 그 때문이라고 할 수 있지요.*

그래서 하는 당부인데, 혹시라도 당신이 이런 싸움을 이미 하고 있거나 준비하고 있다면 지금 당장 철수해야 합니다. 이 방법으로는 최승자 시인이 거의 순교자 같은 자세로 누구도 흉내 내지 못할 만큼 훌륭히 싸웠거니와, 그럼에도 불구하고 패배했기 때문입니다. 우리는 뭔가 다른 길을 찾아야 합니다.

그런데 혹시 이거 아세요? 오래전부터 사람들이 자기도 모르는 사이에 은밀하게 개발해온 '기발한' 삶의 방식이 있다는 것을? 그것이 우리의 삶에서 치명적인 실존적 외로움을 몰아내는 매우 효과적인 길이라는 걸? 모른다고요? 생각해보세요. 분명 알고 있을 거예요! 왜냐하면 우리는 너 나 할 것 없이 이미 그런 방식으로 살아가기 때문이지요. 그래도 모르겠다고요? 그럼 잠시 살펴볼까요?

---

* 세계 각처로 뿔뿔이 흩어져 간 아이들은 / 남아연방의 피터마릿츠버그나 오덴달루스트에서 / 질긴 거미집을 치고, 비율빈의 정글에서 / 땅 속에다 알을 까놓고 독일의 베를린이나 / 파리의 오르샹가나 오스망가에서 / 야밤을 틈타 매독을 퍼뜨리고 사생아를 낳으면서, / 간혹 너무도 길고 지루한 밤에는 혁명을 일으킬 것이다. / 언제나 불발의 혁명을. — 최승자, 〈겨울에 바다에 갔었다〉 부분

손들엇 탕탕!

　인간이 실존론적 외로움에서 벗어나려고 일찍부터 개발해온 삶의 방식은 다른 사람들과 휩쓸려 그들이 사는 대로 따라 살면서 그들과의 일체감을 형성하는 것입니다. 그리고 그 일체감을 통해 모태로부터의 분리감, 파스칼이 느낀 공포, 하이데거가 말하는 불안, 사르트르가 묘사한 현기증과 구토를 잊는 거지요. 그것이 가능한 이유는 남들도 다 그렇게 산다는 평균적 일상성이 하이데거가 말하는 "편안한 자신감과 자명한 느긋함"을 제공하기 때문입니다.

　현대 민주주의 국가에서 살며 그 어느 시대보다 개성과 창의성을 강조하는 오늘날, 젊은이들이 마치 주술에라도 걸린 듯이 각종 유행과 명품 소비, 성형 열풍과 같은 시대적 유행을 맹목적으로 따라가는 현상이 이런 삶의 한 단면을 보여줍니다. '다른 사람들도 다 그런대!'가 이들이 내건 구호인데, 알고 보면 그것이 주는 심리적 안정감은 우리의 상상을 초월합니다. 그래서 젊은이들뿐만 아니라 대부분 사람들이 자기도 모르는 사이 이미 그렇게 살아가지요.

　하지만 이 같은 삶의 방식은 외부의 영향을 무비판적·무의식적으로 받아들이는 심리에 기인한다는 점에서, 중세 십자군 전쟁 때 불과 10

세 전후의 소년과 소녀들이 수만 명씩 스스로 모여 '어린이 십자군'을 조직해 전장으로 향했던 것과 크게 다르지 않지요. 어린이 십자군에 지원했던 아이들도 당시 사람들이 하는 것을 그저 따라 했던 것뿐입니다. 그리고 그들은 결코 고향으로 돌아오지 못했지요. 언뜻 듣기에 이런 일은 매우 특별한 사례 같지만, 사실 오래전부터 우리에게 너무나 보편화된 삶의 방식이 낳은 결과입니다.

스토아 철학자 세네카(Lucius Annaeus Seneca, BC 4?~AD 65)는 이미 2000년 전에 그의 《대화》에서 이러한 삶의 방식에 대해 다음과 같이 개탄했습니다.

> 우리는 다른 사람의 판단에 매여 있습니다. 그래서 많은 사람들이 원하고 칭찬하는 것은 우리에게 아주 좋아 보이지만, 진정 칭찬하고 원할 만한 것은 그렇게 보이지 않습니다. 우리는 어떤 길이 좋은지 나쁜지 생각하지 않습니다. 우리는 그저 그 길에 난 발자국이 얼마나 많은지에만 매달립니다. 그런데 돌아오는 사람의 발자국은 하나도 없습니다.

어떤 길이 좋은지 나쁜지 생각하지 않고 가는데도 돌아오는 사람의 발자국은 하나도 없다는 말은 모두가 같은 길을 가기만 하면 옳고 그른 것은 문제가 되지 않는다는 뜻이지요. 에리히 프롬도 《사랑의 기술》에서 시대를 막론하고 나타나는 사람들의 이와 같은 심리를 다음과 같이 대변했습니다.

만일 내가 남들과 같고 나 자신을 유별나게 하는 사상이나 감정을 갖고 있지 않으며 나의 관습이나 옷이나 생각을 집단의 유형에 일치시킨다면 나는 구제된다. 고독이라는 가공할 경험으로부터 구제되는 것이다.

이런 심리 때문에 오늘날 민주주의 사회에서 사람들은 '획일화되기를 강요받는' 것이 아니지만 '스스로 일치되길 원한다'는 것입니다. 프롬은 바로 이것이 현대인이 스스로 '자유로부터 도피'하여 전체주의적 획일성으로 귀환하려는 심리적 이유라고 설명했지요.

하이데거는 이와 같이 자신의 '내던져져 있음'에서 오는 실존적 불안을 해소하려고 남들이 말하는 것을 따라 말하고, 남들이 행동하는 것을 따라 행동하면서 동질화 및 평균화를 이루어 사는 사람들을 '세인(世人, das Man)'이라고 불렀습니다. 그리고 이들이 그렇게 사는 방식을 '퇴락(頹落, Verfallen)'이라 규정했지요. 진정한 자기 자신으로서 사는 '본래적 삶(eigentliches Leben)이 무너져 내린다'는 뜻입니다.

퇴락은 누구나 이미 취하고 있지만, 누구도 원하는 것이 아니며, 결코 바람직한 삶의 방식도 아니지요. 그런데 문제는 우리가 이미 퇴락한 삶의 방식에 익숙해 있으며, 그것에서 벗어나기가 쉽지 않다는 데에 있습니다. 실존론적 외로움을 피해 '편안한 자신감과 자명한 느긋함' 속에 살고 싶은 욕구가 여전히 '완강한 힘'으로 우리를 붙잡고 있기 때문이지요.

그럼 이제 어떻게 해야 할까요? 우리는 계속해서 퇴락한 삶을 살 수도 없지만, 그렇다고 실존적 외로움 속에서 살 수도 없는 상황에 놓여 있습니다. 사뮈엘 베케트(Samuel Beckett, 1906~1989)가 《고도를 기다리며》에서 묘사한 것처럼 이러지도 저러지도 못할 난감한 상황이지요. 최승자 시인이 그것을 타개할 '기발한 처방'을 내놓았습니다. "손들엇 탕탕!"입니다.

> 구르는 헛바퀴의 완강한 힘, 치욕이여
> 중국집 짬뽕 속의 삶은 바퀴벌레여,
> 그래도 코를 벌름거리며
> 돼지들은 죽어서도 즐겁고
> 오, 제 먹는 게 제 살인 줄 모르는
> 무의식의 죄의식의 내출혈의 비몽사몽의
>
> 　　　　　　　　　　　　　　손들엇 탕탕!
>
> ― 최승자, 〈여의도 광시곡〉 부분

시인은 구르는 헛바퀴와 같이 퇴락한 삶이 가진 완강한 힘에 붙들려 사는 우리를 "치욕", "중국집 짬뽕 속의 삶은 바퀴벌레", "코를 벌름거리며 죽어서도 즐거운 돼지들", "제 먹는 게 제 살인 줄 모르는" 것에 비유합니다. 이에 대한 기상천외한 처방이 바로 "손들엇 탕탕!" 이지요. 한마디로 퇴락한 삶을 처형한다는 겁니다.

그런데 여기에서 의문이 하나 생깁니다. 왜 하필 무의식, 죄의식, 내출혈, 비몽사몽에 의한 처형일까 하는 거지요. 그것은 우리의 의식이 이미 퇴락한 삶에 '완강하게' 붙잡혀 있기 때문입니다. 그러니 처형은 자연히 무의식이나 죄의식, 그리고 드러나지 않은 상처인 내출혈이나 비몽사몽에 의해 수행될 수밖에 없지요.

하이데거는 최승자 시인이 말하는 이 같은 처형 작업을 "양심을-가지려고-원함(Gewissen-haben-wollen)"이라고 규정했습니다. 그리고 이에 대해 다음과 같이 설명했지요. 인간은 일상이라는 퇴락한 삶이 제공하는 친숙하고도 편안한 생활에 젖어 있다가 '자신이 퇴락한 삶을 살고 있다'는 '양심의 부름(Ruf des Gewissens)'을 듣습니다. 그리고 자신에게 '탓(Schuld)'이 있다는 죄의식 속에서 스스로 뉘우치고 '양심을-가지려고-원함'으로써 비로소 자기 자신의 '본래적 삶'으로 돌아가게 됩니다.

그런데 우리가 여기에서 잠시 짚고 넘어가야 할 흥미로운 사실이 하나 있습니다. 김수영(1921~1968) 시인이 〈눈〉이라는 시에서 최승자 시인이 말하는 의미의 "손들엇 탕탕!", 하이데거가 주장하는 뜻의 '양심을-가지려고-원함'을 '기침' 내지 "기침을 하자"라고 표현했다는 것이지요.

젊은이여 기침을 하자

　김수영 시인이 1950년대 후반부터 하이데거의 철학에 공감하여 자신의 작품에 점차 수용한 것은 평론가들 사이에서 이미 널리 알려진 사실입니다. 이에 대해서는 9장 '시가 나를 찾아왔어'에서 더 자세히 살펴볼 것인데, 김수영 시인은 하이데거의 시론(詩論)이 담긴 논문의 일어판을 "거의 안 보고 외울 만큼" 연구했다고 토로할 정도로 하이데거 철학에 열정을 가졌지요. 그리고 그 영향이 스며든 작품들을 남겼습니다. 1956년에 발표한 〈눈〉도 그중 하나인데, 잠시 살펴볼까요?

　　눈은 살아 있다
　　떨어진 눈은 살아 있다
　　마당 위에 떨어진 눈은 살아 있다

　　기침을 하자
　　젊은 시인이여 기침을 하자
　　눈 위에 대고 기침을 하자
　　눈더러 보라고 마음 놓고 마음 놓고

기침을 하자

눈은 살아 있다
죽음을 잊어버린 영혼과 육체를 위하여
눈은 새벽이 지나도록 살아 있다

기침을 하자
젊은 시인이여 기침을 하자
눈을 바라보며
밤새도록 고인 가슴의 가래라도
마음껏 뱉자

— 김수영, 〈눈〉 전문

평론가들은 일반적으로 이 시에 등장하는 '눈'이 '순수함' 또는 '순결한 정신'을 상징한다고 해석합니다. '기침'이 폐에서 유해 물질을 '가래'로 토해내는 생리적 현상이라는 것을 감안하면, "기침을 하자" 또는 "가래라도 마음껏 뱉자"라는 구절들은 순수함 또는 순결한 정신을 지키기 위해 '유해 물질을 내뱉자'는 의미가 된다고 하지요. 또 통상적으로 '밤'이 어두운 현실을, '새벽'이 이윽고 다가올 새로운 날을 상징하기 때문에, "떨어진 눈은 살아 있다", "눈은 새벽이 지나도록 살아 있다"라는 구절들은 어두운 현실 속에서도 순수함과 순결한 정신은 이윽고 다가올 새날을 기다리며 살아 있다는 뜻이라고 합니다.

이렇게 해석할 경우 '가래', 곧 순수함을 지키기 위해 내뱉어야 하는 '유해 물질'이 무엇인가 하는 의문이 남긴 하지만, 그런대로 무난하지요. 그런데 시적 상징은 언제나 다양한 의미로 해석될 수 있고 또 그래야 시가 풍성한 생명력을 갖습니다. 그렇지 않고 어느 한 의미로 고착되면, 그때부터 그 시는 점차 피폐해집니다. 따라서 항상 기존의 해석을 뛰어넘는 새로운 시각을 생성하고 새로운 의미를 발견하는 것이 바람직한데, 앞에서 언급한 대로 이 작품을 하이데거의 사유에 기대어 해석하면 새롭고 풍성한 결과를 얻을 수 있습니다.

내 생각에는 〈눈〉을 쓸 당시 김수영 시인은 하이데거가 말하는 '양심을-가지려고-원함'이 무엇을 의미하며, 그것이 무슨 일을 하는지를 이미 정확히 알고 있었습니다. 정말 그런지 보려면, 이 시에서 시인이 말하는 '눈'을 '양심'을 상징하는 것으로, '가래'를 '퇴락한 삶이 주는 편안함과 느긋함'을 상징하는 것으로, 그리고 '기침을 하자'를 '양심을 가지려고 원하자'로 해석해 읽으면 됩니다. 자, 해볼까요?

김수영의 〈눈〉을 하이데거의 사유에 비추어보면, "눈은 살아 있다 / 떨어진 눈은 살아 있다 / 마당 위에 떨어진 눈은 살아 있다"라는 구절은 '양심은 살아 있다. 땅에 떨어진 양심은 살아 있다'라는 말로 해석됩니다. 그리고 "죽음을 잊어버린 영혼과 육체를 위하여" "기침을 하자"라는 구절은 '퇴락한 삶에서 벗어나기 위하여' '양심을 가지려고 원하자'라는 말이 되지요. 또 "밤새도록 고인 가슴의 가래라도 / 마음껏 뱉자"라는 부분은 '퇴락한 삶을 사는 동안 한껏 누린 편안함과 느긋함을 죄의식을 갖고 청산하자'는 의미가 됩니다.

어때요? 새롭고 흥미롭지요? 그런데 여기에서 한 가지 의문이 생깁니다. 김수영 시인은 왜 '양심을 갖는 일'을 하필 기침을 하고, 가래를 뱉는 '구접스러운 일'로 표현할 생각을 했을까 하는 거지요. 그 답은 우리의 옛말인 '해타(咳唾)'의 관용적 사용에서 찾을 수 있습니다. 예를 들어, 정철(1536~1593)의 〈관동별곡〉 같은 우리 고전에서 '기침을 하고 침을 뱉다'라는 뜻을 가진 '해타'는 관용적으로 '글쓰기'를 의미했습니다. 그것도 그냥 풍월(風月)을 읊는 글쓰기가 아니라 '시대적·사회적 탄압에 저항하는 글쓰기'를 가리켰지요.

김수영은 이 같은 관용적 의미의 해타와 '양심을 가지려 원함'이라는 하이데거의 사유를 자연스레 연결시켜 나름의 뜻으로 사용한 것입니다. 다시 말해 그는 '젊은 시인이여, 양심을 갖고 시대적·사회적 탄압에 저항하는 시를 쓰자'는 말을 "젊은 시인이여, 기침을 하자"라고 표현했던 거지요. 또 '양심을 갖고 어두운 시대적·사회적 탄압에 저항하는 시라도 마음껏 쓰자'라는 말을 "눈을 바라보며 / 밤새도록 고인 가슴의 가래라도 / 마음껏 뱉자"라고 읊었던 겁니다.

어때요? 나름 흥미롭고 유익하지요? 그런데 이 같은 해석이 주는 흥미와 유익은 비단 여기에서 그치지 않습니다. 김수영 시인이 사용한 '기침을 하자', '가래를 뱉자', '침을 뱉자'라는 시어들이 가진 '독특한' 의미는 '힘으로서의 시의 존재'라는 부제가 붙은 그의 시론 〈시여, 침을 뱉어라〉의 난해한 제목과 내용을 이해하는 데에도 커다란 도움을 줍니다.

우선 제목부터 볼까요? '시여, 침을 뱉어라'라니요! 무슨 뜻일까요? 이것은 김수영이 1968년에 발표한 산문을 아직 읽지 않았다면 더욱 난감한 질문이겠지만, 설령 이미 읽었다 해도 대답하기 곤란하기는 마찬가지인 물음입니다. 그러나 '기침하기', '가래 뱉기' 또는 '침 뱉기'에 대한 우리의 해석을 따르면 그 의미가 쉽게 드러나지요. 그것은 단지 '시여, 시대적·사회적 탄압에 저항하는 양심을 가져라' 또는 '시인이여, 양심을 갖고 시대적·사회적 탄압에 저항하는 시를 써라'라는 뜻이 됩니다.

그뿐이 아닙니다. 우리의 해석은 난해하기로 정평이 나 있는 〈시여, 침을 뱉어라〉의 곳곳을 이해하는 데에도 마찬가지로 유용하게 쓰입니다. 정말이냐고요? 그럼요. 그 가운데 한 부분만 살펴볼까요? 이 산문 안에는 다음과 같이 김수영 시인의 사뭇 격앙된 목소리가 들어 있습니다.

내가 지금—바로 이 순간에—해야 할 일은 이 지루한 횡설수설을 그치고, 당신의, 당신의, 당신의 얼굴에 침을 뱉는 일이다. 당신이, 당신이, 당신이 내 얼굴에 침을 뱉기 전에. 자아 보아라, 당신도, 당신도, 당신도, 나도 새로운 문학에의 용기가 없다.

만일 우리가 '침 뱉기'를 통상적인 의미로 이해한다면, 이 말은 망나니들이나 할 법한 모욕적인 언사로 읽힐 수밖에 없습니다. 하지만 '침 뱉기'를 우리가 앞에서 살펴본 대로 '양심을-가지려고-원함' 또는 '양심을 갖고 시대적·사회적 탄압에 저항하는 글쓰기'로 이해한다면, 시인의 말은 순간 엄숙해집니다. 그것이 다음과 같은 의미로 읽히기 때문이지요.

내가 지금 바로 이 순간에 해야 할 일은 이 지루한 횡설수설을 그치고, 바로 당신의 면전에서 시대적·사회적 탄압에 양심을 갖고 저항하는 글쓰기를 하는 것이다. 당신이 먼저 내 면전에서 시대적·사회적 탄압에 양심을 갖고 저항하는 글쓰기를 하기 전에. 그런데 자아 보아라, 당신도, 나도 그 같은 새로운 문학을 할 용기가 없다.

어때요? 그렇지요? 이처럼 '침 뱉기'에 대한 우리의 해석은 〈시여, 침을 뱉어라〉 전체를 이해하는 초석이 됩니다. 그러나 이 글 전체를 살펴보는 일은 우리의 이야기에서 벗어나기 때문에, 아쉽지만 여기에서 멈추고 다시 본래의 이야기로 돌아가겠습니다. 요점은 1950, 60년대에 김수영 시인이 "기침을 하자", "침을 뱉어라" 했더니, 1970년대에 최승자 시인이 "손들엇 탕탕!" 했다는 것입니다!

20세기 철학자들은 인간이 김수영 시인의 "기침하기" 또는 "침 뱉기"와 최승자 시인의 "손들엇 탕탕!", 다시 말해 하이데거가 말하는 '양심을-가지려고-원함'을 통해 자신의 본래적 삶을 찾는 것을 '실존 (독: Exsistenz, 불: Existehce)'이라고 이름 지었습니다. 즉, 하이데거와 사르트르가 주장하는 실존이란 더 이상 남들이 사는 대로 따라 살지 않고, 스스로 선택하고 결단하여 본래적 자기로 사는 것을 말합니다. 그러니 인간은 누구든 실존하려면 우선 자신이 퇴락한 삶을 살고 있다는 죄의식 속에서 양심을 갖기를 원해야 합니다. 달리 말해, 죽음을 잊어버린 영혼과 육체를 위하여 기침을 해야 하지요. 또 밤새도록 고인 가슴의 가래라도 마음껏 뱉어야 합니다. 코를 벌름거리며 죽어서도 즐거운 돼지의 삶을 과감하게 "손들엇 탕탕!" 해야 합니다.

그러나 그것만으로는 충분치 않습니다. 동시에 하이데거가 말하는

'기획투사(Entwurf)'나 사르트르가 권하는 '앙가주망(engagement)'을 수행해야 합니다. 기획투사는 자신에게 열어 밝혀진 '존재 가능성'을 향해 스스로 자기를 던진다는 것을 뜻하며, 앙가주망은 역사적·사회적 현실에 자신을 스스로 잡아매는 것을 의미합니다. 그러기 위해서는 대중에 의한 동질화 및 평균화에 대한 거센 반항, 자기 존재의 의미에 대한 끈질긴 탐구, 자기 자신으로 존재하려는 단호한 용기가 필요하지요. 이 말은 인간의 존재는 오직 자신의 삶을 스스로 선택하고 결단하고 그에 따라 행동함으로써만 긍정될 수 있다는 말이기도 합니다.

자! 이제 분명해졌습니다. 우리가 이렇게만 할 수 있다면 실존론적 외로움은 결코 두려워하거나 피할 상대가 아닙니다. 이 이질적이고 불편한 기분은 오히려 기뻐하고 반겨야 할 대상이지요. 그것을 통해서만 우리는 '중국집 짬뽕 속의 삶은 바퀴벌레'와 같은 삶, '코를 벌름거리며 죽어서도 즐거운 돼지'와 같은 삶에서 탈출할 수 있기 때문입니다. 그것을 통해서만 본래적 자기를 찾아 삶을 의미 있게 할 수 있기 때문이지요. 또 그것을 통해서만 시대적·사회적 탄압에 저항하는 양심을 가질 수 있기 때문입니다.

"고독을 빼앗기면 / 물을 빼앗긴 물고기처럼 된다"라는 최승자 시인의 시구도 이런 연유에서 나온 것인데, 그래서인지 최승자 시인의 〈여의도 광시곡〉도 "손들엇 탕탕!" 이후에는 잠시나마 밝고 힘차게 이어집니다.

창밖엔 찌를 듯 환한 햇빛

> 샛강 빈 벌판에서, 누가 노래 불러?
> 귀아리게
> 쟁쟁하게
> 불끈 솟아오르는 산들,
> 어린 날의 메아리가 되살아나
> 흐야 호 바다로 내달아
> 바다!

― 최승자, 〈여의도 광시곡〉 부분

우리는 '외로우니까' 사람인 것이 아니고, 오히려 '외로워야' 사람인 것입니다. 그래야 우리는 삶을 의미 있게뿐만 아니라 가치 있게 할 수도 있기 때문이지요. 그래서 다시 당신에게 조용히 묻고 싶습니다. 오늘 밤 당신은 외로우세요?

chapter 5

흔들리지 않고 피는 꽃이 어디 있으랴(1)

자기 사랑법

어쩌자고 젖은 빨래는 마르지 않는지

　혹시 당신은 지금 흔들리고 있나요? 그러니까 내 말은 당신이 어떤 어려움이나 고난에 부딪혀 갈 길을 모르고 있지 않느냐는 겁니다. 예컨대 진학 또는 취업에 실패했거나, 아니면 퇴직해서 집에서 이 눈치 저 눈치를 보며 뭔가 갈 길을 찾고 있지 않느냐는 거지요. 그러다 보니 당신의 존재가 가벼워져 아무것도 아닌 양 바람에 흔들리거나 당신의 존재 의미가 사라져 아무것도 아닌 양 비에 젖고 있지는 않느냐는 말입니다.

　그건 또 왜 묻느냐고요? 요새 청년 실업 문제가 너무 심각해서 그래요. 조기 퇴직도 자꾸 늘어나고요. 그래서 백수, 백조라는 말이 아무렇지 않게 쓰인 지 벌써 오래잖아요. 혹시 당신도 그런지 해서 묻는 거랍니다. 아니라고요. 아니면, 다행입니다! 내가 해봐서 아는데 백수, 백조는 한마디로 고달픕니다. 가정에서나 사회에서나 구박 덩어리이자 천덕꾸러기이지요. 설마라고요? 사회에서라면 몰라도 가정에서 그러기야 하겠느냐고요? 그건 당신이 뭘 잘 몰라서 하는 말이에요. 도둑이 제 발 저린다고 처지가 궁해지면 가까운 사람이 더 눈치가 보이고 무서운 법이랍니다.

그런데 혹시 이거 아세요? 일단 백수, 백조가 되고 나면 어쩌자고 먹고 싶은 것이 그리 많아지는지, 입고 싶은 옷은 자꾸 눈에 띄는지, 잠은 또 그리 시도 때도 없이 쏟아지는지, 어쩌자고 난처하고 이상한 일들은 자꾸 터지는지, 옆구리는 왜 느닷없이 허전해지는지, 감수성은 왜 그리 예민해지는지 자기 스스로도 도저히 감당이 안 된다는 것을? 그래서 처지가 더욱 곤궁해진다는 것을? 그 알다가도 모를 딱한 속사정을 진은영 시인은 다음과 같이 읊었습니다.

밤은 타로 카드 뒷장처럼 겹겹이 펼쳐지는지. 물위에 달리아 꽃잎들 맴도는지. 어쩌자고 벽이 열려 있는데 문에 자꾸 부딪히는지. 사과파이의 뜨거운 시럽이 흐르는지, 내 목덜미를 타고 흐르는지. 유리공장에서 한 번도 켜지지 않은 전구들이 부서지는지. 어쩌자고 젖은 빨래는 마르지 않는지. 파란 새 우는지, 널 사랑하는지, 검은 벚나무 위의 가을로 날아가는지, 도대체 어쩌자고 내가 시를 쓰는지, 어쩌자고 종이를 태운 재들은 부드러운지

— 진은영, 〈어쩌자고〉 전문

그래서 백수, 백조는 이래저래 고달픈 거예요. 그런데도 한숨 쉬지 않을 사람이 어디 있겠어요? 그런데도 흔들리지 않을 사람이 어디 있어요? 그래서인지 밤만 되면 너 나 할 것 없이 "흔들어주세요"라고 선전하는 소주병을 열불 나게 흔들어 마시잖아요. 도종환(1954~) 시인의 시에서 따온 자조적(自嘲的)인 농담이 젊은이들 사이에서 회자되

는 것도 그래서잖아요. "흔들리지 않고 피는 꽃이 어디 있냐!" "젖지 않고 피는 꽃이 어디 있어!" "야, 흔들어, 흔들어!"

> 흔들리지 않고 피는 꽃이 어디 있으랴
> 이 세상 그 어떤 아름다운 꽃들도
> 다 흔들리면서 피었나니
> 흔들리면서 줄기를 곧게 세웠나니
> 흔들리지 않고 가는 사랑이 어디 있으랴
>
> 젖지 않고 피는 꽃이 어디 있으랴
> 이 세상 그 어떤 빛나는 꽃들도
> 다 젖으며 젖으며 피었나니
> 바람과 비에 젖으며 꽃잎 따뜻하게 피웠나니
> 젖지 않고 가는 삶이 어디 있으랴
>
> — 도종환, 〈흔들리며 피는 꽃〉 전문

 그래서 물은 거예요. 혹시 당신도 지금 바람에 흔들리고 있지 않은지, 비에 젖어 있지 않은지, 밤이 끝나기도 전에 다시 밤이 시작하지 않는지, 벽이 열려 있는데 문에 자꾸 부딪히지 않는지, 사과파이의 뜨거운 시럽이 목덜미를 타고 흐르지 않는지, 유리공장에서 한 번도 켜지지 않은 전구들이 부서지는 것처럼 피기도 전에 망가지고 있지 않는지, 당신의 젖은 삶은 여전히 마르지 않는지, 당신의 파란 새는 아직도 우는지, 아니면 이미 검은 버찌나무 위의 가을로 날아가 버렸는지 물은 거예요. 만일 그렇다면 당신에게 조금 도움이 되는 이야기를 해보려고요.

불안을 강요받는 사람들

　이야기를 시작하기 전에 사태를 좀 더 객관적으로 파악하기 위해 주위를 한번 살펴볼까요? 오늘날 우리 사회에서 흔들리는 게 어디 백수, 백조뿐인가요? 청소년들은 또 어때요? 육체적으로나 정신적으로 한참 성장해야 할 나이에 좁은 닭장 속의 암탉처럼 가둬놓고 밤낮으로 공부만 시키잖아요. 그 공부 중에는 졸업하고 나면 평생 한 번도 안 써먹을 것이 수두룩한데도 말입니다. 게다가 그렇게 죽으라고 매달려봐야 그들 중 겨우 상위 1퍼센트만 소위 일류 대학에 진학하지요. 그 사람들 빼고는 일찍부터 예비 백수, 백조 취급을 받잖아요. 그런데 문제는 그 '거룩한' 일류 대학을 졸업해도 정규직에 취직되는 사람은 절반가량밖에 안 된다는 것입니다. 나머지는 정말로 백수, 백조가 되지요.

　죄수를 심문할 때 가장 효과적인 방법은 잠을 재우지 않는 것이라고 하지요. 고통이 그만큼 심하다는 뜻입니다. 그래서 심문관과 죄수 사이에는 돌이킬 수 없을 만큼 극렬한 적대 관계가 형성된다고 합니다. 그런데 오늘날 우리 사회에서 청소년들을 안 재우고 다그치는 사람들은 부모와 교사잖아요. 그러다 보니 청소년들은 자기를 낳아 길러준 부모와 교육하는 교사들에 대한 적대감뿐만 아니라, 그러한 적대감을 가진 자신에 대한 자책감과 좌절감도 함께 짊어질 수밖에 없습니다. 인간에게 이보다 더 큰 스트레스가 어디 있겠어요? 그런데도 흔들리지 않을 청소년이 어디 있겠어요?

귀뚜라미 같은 미물도 좁은 공간에 갇혀 스트레스를 받으면 점프하는 횟수가 늘어나고 옆 동료를 공격한다고 합니다. 쥐도 스트레스를 받으면 서로 물어뜯고 심지어는 집단 자살을 한다지요. 그래서인지 요즈음 우리 청소년들은 악의 없이 욕하고, 의미 없이 비방하고, 밥 먹듯이 거짓말하고, 제 몸을 칼로 긋고, 부모에게 폭력을 휘두른다잖아요. "깨진 그릇은 / 칼날이 된다. / 무엇이나 깨진 것은 칼이 된다."(오세영, 〈그릇〉 부분)라는 오세영 시인의 시구를 떠올려 보세요. 통계에 의하면 청소년 범죄가 매년 11퍼센트씩 증가하고 있다고 합니다. 성인 범죄 증가율인 6퍼센트의 두 배라지요. 유치환 시인의 시구대로 "목숨이란! 목숨이란! / 억만년을 원 두어도 / 다시는 못 갖는 것"인데, 우리나라 청소년 자살률이 OECD 국가들 가운데 최고라고 하잖아요. 우리가 이렇게 살아도 과연 괜찮을까요?

그런데 이렇게 공격적으로 변해가는 사람들이 어디 청소년뿐인가요? 대학생은 또 어때요? 우리나라 고등학생의 대학 진학률은 83퍼센트인데, 일본은 48퍼센트, 유럽 각국은 20~30퍼센트라고 합니다. 우리나라 대학 진학률이 세계 평균의 여섯 배에 달한다지요. 유독 우리나라 젊은이들만 그렇게 기를 쓰고 대학에 가려는 이유가 뭐겠어요? 학구열이 그만큼 높아서일까요? 아니지요. 대학을 안 나오면 평생 동안 대졸 출신 임금의 50퍼센트밖에 받지 못하기 때문이지요. 결혼 상대 찾기도 어려울 만큼 사회에서 무시당하기 때문이지요.

　그래서 그렇게 많은 젊은이들이 학문에 뜻이 있든 없든 너도 나도 대학에 가서 학점을 관리하고, 토플 시험을 보고, 소위 스펙을 쌓는 데만 몰두하느라 자신이 왜 사는지도 모르는 채 하루하루를 정신없이 살고 있습니다. 그런데 하필이면 우리나라 대학 등록금이 세계에서 두 번째로 비싸다고 하잖아요. 그 탓에 은수저를 입에 물고 태어나지 않은 대다수 학생들은 등록금 때문에 아르바이트를 하느라 고생뿐만 아니라 위험까지 무릅써야 한다지요. 복제 약품을 시판하기에 앞서 일반인을 대상으로 시험해보는 일명 '마루타 아르바이트'가 대학생들 사이에서 인기를 끌고 있다고 합니다.

　더 기가 막히는 일은 그렇게 비싼 등록금을 내고, 그렇게 고생하며 공부를 해도 해마다 15만 명의 대학 졸업생이 비정규직으로 취업하거나 백수, 백조가 된다는 사실입니다. 우리나라 청년 취업률은 40퍼센트를 겨우 넘겨 OECD 국가들 가운데 꼴찌라지요. 소위 '88만 원 세대'라고 불리는 비정규직 젊은이들이 약 150만 명에 달한다고 합니다. 게다가 요행히 대학을 나와 취직한 젊은이라 하더라도 높은 집값 때문에 결혼을 못하는 경우가 흔하다고 하지요. 결혼을 하더라도 교육비 때문에 아이를 못 낳겠다는 부부도 드물지 않답니다. 이렇게 뿌리째 흔들리면서도 공격적으로 변하지 않을 젊은이가 어디 있겠어요?

　2011년 8월, 영국 런던에서는 10~20대 젊은이들이 거리에서 폭동을 벌였잖아요. 그들은 특별한 목적도 없고, 구호도, 조직도, 이유도, 요구 조건도 없이 방화와 약탈을 서슴지 않았습니다. 그건 시위가 아니라 그냥 터져 나온 분노였지요. 그들이 괜히 그랬을까요? 우리나라에서도 "20대여, 토플 책을 덮고 바리케이드를 치고 짱돌을 들어라"라는 구호가 사회적 반향을 일으킨 지 벌써 여러 해가 됩니다. 그래도 우리 젊은이들은 착해선지, 어리숙해선지 아직까지는 모든 것을 무능한 '자기 책임'으로 돌리고 조용히 있지요. 그렇지만 이들이 언제까지 그럴 것 같아요? 다음 시를 볼까요? 젊은이들의 내면에 무슨 일이 일어나고 있는지!

> 우리는 목숨을 걸고 쓴다지만
> 우리에게
> 아무도 총을 겨누지 않는다
> 그것이 비극이다
> 세상을 허리 위 분홍 훌라후프처럼 돌리면서
> 밥 먹고
> 술 마시고
> 내내 기다리다
> 결국
> 서로 쏘았다
>
> ― 진은영, 〈70년대産〉 전문

'70년대산(産)'이면 지금은 40대에 접어든 사람도 있지만, 이 시가 세상에 나올 때(2008년)는 대부분이 30대였지요. 당시 시인의 나이가 그랬다는 것을 감안해본다면, 이 시에서 시적 화자가 말하는 '우리'는

30대 젊은이이고 그들이 '목숨을 걸고' 쓰는 것도 시(詩)라고 해석할 수 있습니다.

하지만 시를 꼭 그렇게만 읽으란 법은 없잖아요. 이 시에서 '우리'가 목숨을 걸고 쓰는 것이 요즈음 20대들이 취업을 위해 보통 100통 이상씩 쓰는 이력서라면 어쩌겠어요? 그렇게 목숨을 걸고 버둥거려도 경쟁 대열에 아예 끼워주지 않는 것이 그들의 비극이라는 의미면 어쩌겠어요? 그래서 하릴없이 "밥 먹고 / 술 마시고 / 내내 기다리다 / 결국 / 서로 쏘았다"라면 어쩌겠어요?

서로를 쏘았다니, 그게 무슨 뜻이냐고요? 이력서만 100통씩 쓰며 밥 먹고 술 마시고 기다리기만 하는 젊은이들은 그것이 자신의 탓이 아닌데도 가난할 뿐만 아니라 수치스럽잖아요. '무능하다', '의식이 없다', '게으르다'와 같은 온갖 비난까지 감수해야 하잖아요. 그러다 보니 아직 그런 처지가 안 된 젊은이들마저 나도 언제 저렇게 버림받고 수치를 당할지 모른다는 두려움에 떨기 마련이지요. 그래서 몇 안 되는 일자리를 놓고 서로가 적이 되어 피 터지게 경쟁하잖아요. "서로 쏘았다"라는 의미가 바로 이것이라면 어쩌겠어요?

이들이 언제까지 그렇게 살 것 같아요? 언제까지 짱돌이 아니라 토플 책만 들고 다닐 것 같아요? 언제까지 스펙을 쌓으면서 이력서만 쓰고 있을 것 같아요? 일찍이 알베르 카뮈(Albert Camus, 1913~1960)가 《시지프 신화》에서 갈파했듯이, 무의미한 노력을 강요당하는 것보다 더 큰 고통은 없다고 하잖아요. 만일 당신이 이들 가운데 하나라면 언제까지 견딜 수 있을 것 같아요? 이건 사실 나보다 당신이 더 잘 알고 있는 이야기인데 중언부언 더 늘어놓을 필요야 없겠지요. 자, 그러니 이제 어떻게 해야 할까요? 이대로 계속 갈 수야 없지 않겠어요?

사회를 바꿔야겠지요. 일자리도 늘리고, 고졸 임금도 높이고, 빈부 격차도 줄이고, 등록금도 낮추고, 비정규직도 줄이고, 청소년 학업 경쟁도 그만 시켜야겠지요. 그래서 세계 1위라는 그 자살률도 제발 좀 낮추어야지요. 우리나라 10대에서 30대까지의 사망률 1위가 암도 아니고, 교통사고도 아니고, 자살이라잖아요. 더 이상 이렇게 살면 안 되지요. 인간이 인간답게 살아가려면 이런 세상은 반드시 바꿔야 합니다!

그런데 문제는 사회가 그리 쉽게 변하지 않는다는 데 있습니다. 게다가 상황마저 점점 더 나빠지고 있어요. 세계경제가 거미줄처럼 하나로 얽혀 있는 때에 최대 경제 국가인 미국이 개인의 신용 위기, 국가 부채, 성장과 고용의 악화, 부동산 가격 및 주가 폭락, 국가 신용도 하락, 수요 저하로 휘청거리고 있잖아요. 유럽은 유럽대로 그리스, 포르투갈, 스페인, 이탈리아, 아일랜드, 아이슬란드, 발틱 3국, 핀란드, 동구권 등이 똑같은 문제로 위기를 맞고 있고요. 그런 탓에 멀쩡한 경제 블록이 거의 없이 차례로 돌아가며 위기의 소용돌이에 휩쓸리고 있잖아요. 그런데 잠깐! 도대체 왜, 어쩌다 세상이 이리 되었을까요?

노동 유연화, 비정규직 확대, 민영화, 규제 완화, 부자 감세, 자유무역, 개방 강요, 글로벌 금융 시스템을 내세운 신자유주의가 지난 20~30년 동안 한편으로는 어린애 손목을 비틀어 과자를 빼앗아 먹듯 노동자, 서민 등 사회적 약자들을 쥐어짜고, 다른 한편으로는 카지노 같은 글로벌 금융 투기판을 벌여 가진 자들이 더 많은 부를 축적하도록 조장해왔잖아요. 심지어는 실물자본 1달러가 800달러가 되는 파생 금융상품을 만들어, 미래의 위험까지 당겨 팔아 현재의 수익을 챙기는 빚잔치를 해왔습니다. 그 결과 이제는 개인뿐만 아니라 국가까지 부도가 날 위험에 처하게 되었지요.

시장중심주의와 세계화가 핵심인 신자유주의는 이제 자기가 낳은 금융 위기, 재정 위기, 교역 위기, 생활양식 위기 등과 같은 암초에 부딪혀 싫더라도 자신의 시대를 마감할 수밖에 없게 되었습니다. 마치 낡은 술 포대가 제 무게를 못 이겨 여기저기 터지는 것처럼 사건이 연이어 터지고 있지요. 그때마다 돌려막기식 임기응변으로 넘어가기 때문에 겉으로는 때에 따라 좋아지는 것도 같고 나빠지는 것도 같겠지만, 결국에는 대공황이 다시 올 거라고 예상하는 전문가들이 점차 늘어나고 있습니다.

고용 없는 성장이 아니라 고용도 없고 성장도 없는 시대가 이미 다가왔습니다. 이전 세대들이 살았던 정부 주도 수정자본주의 시대에는 어쨌든 경제가 성장하면 일자리가 생겨나고 가난에서도 벗어날 수 있었지요. 그런데 지금 젊은이들이 맞닥뜨리고 있는 시장 주도 신자유주의 시대에는 산업구조가 생산 중심의 제조업에서 소비 중심의 서비스업으로 바뀌고 고용 시장이 불안정해지면서, 대부분 젊은이들이 능력이 있어도 저소득 일자리밖에 구하지 못해 일을 해도 기본 생계비조차 감당하지 못하는 '워킹 푸어(working poor)'로 전락하고 있습니다.

문제의 심각성은 우리나라만 그런 게 아니라는 데에 있습니다. 2011년 5월 스페인 마드리드 광장에서 텐트 세 채로 시작한 시위가, 9월이 되자 미국 뉴욕 맨해튼 주코티 공원에서 "월가를 점령하라

(Occupy Wall Street)!"를 외치는 목소리로 터져나와 곧바로 미국 전역으로 퍼지더니, 이제는 세계 곳곳에 울려퍼지고 있습니다. 이런 젊은 이들을 우리는 '88만 원 세대'라고 부르지만, 이탈리아에서는 '1000유로 세대', 그리스에서는 '600유로 세대', 스페인에서는 '분노한 사람들(Los indignados)', 일본에서는 '잃어버린 세대'라고 부르지요. 삶을 뿌리째 뒤흔드는 '불안정을 강요받는 사람들', 이른바 프레카리아트(precariat)들과 그들의 분노가 이미 전 세계로 들불처럼 번지고 있습니다.

프레카리아트들의 구호는 단지 "우리가 일하면 먹고살 수 있게 해달라!", "너 대신 일할 사람은 얼마든지 있다고 뻔뻔스레 말하지 말라!", "우리를 일회용 소모품으로 취급하지 말라!", "너희들의 탐욕 때문에 우리의 삶을 비참하게 하지 말라"와 같이 당연하고도 소박합니다. 한마디로 우리의 삶을 구차스럽게 만들지 말라, 우리의 존재를 흔들지 말라는 것이지요. 그런데 그 같은 최소한의 인간적 요구마저 세계를 이미 장악하고 있는 신자유주의 체제에서는 불가능한 꿈일 뿐입니다.

해법은 국민국가 차원뿐만 아니라 범세계적인 정치·경제·사회 개혁을 과감히 수행하는 것이겠지만, 어떻게 하면 신자유주의라는 미친 열차를 멈출 수 있을까요? 좌파든, 우파든 편협한 이데올로기적 진단과 대책을 떠나 현실적이고 효과적인 해결책을 마련하는 것이겠지만, 누가 고양이 목에 방울을 달 수 있을까요? 그런 방법이 과연 있기는 한 걸까요? 길이 없으면 길을 만들어서라도 가야겠지만, 이에 대한 구체적이고 현실적인 방안을 이야기하는 일은 안타깝게도 내 능력과 소관을 벗어납니다.

경제학이나 정치학, 사회학이 아니고 철학을 하는 사람으로서 내가 지금 주목하고 염려하는 것은 '당신'입니다. 언제 터질지 모르는 불확정성과 불안을 안고 비틀거리는 세계가 요행히 언젠가 제 갈 길을 찾아 변한다 하더라도, 그 변화 시기는 어쨌든 당신의 젊음에 비해 훨씬 뒤에 올 것이기 때문입니다. 짱돌을 들어야 할 때는 함께 들어야겠지만, 그 전에 당신의 존재가 흔들리다 못해 아주 망가지면 짱돌조차 들 수 없게 된다는 거지요. 그래서 이 글에서는 우선 당신이 망가지지 않도록 '자기 사랑법'을 몇 수 귀띔하려고 합니다.

그런데 왜 '자기 사랑법'이라고 하냐고요? 차차 설명하겠지만 무엇보다도 요즈음 오용 내지 남용되고 있는 '자기계발'이니 '자기실현'이니 하는 말들과 구분하기 위해서입니다. 내가 당신에게 하려는 말은 '이렇게 또는 저렇게 해야 한다'는 모범적인 틀을 정해놓고 당신을 그 틀에 맞추라는 식의 충고가 아니고, 그렇다고 해서 "뭘 해도 다 괜찮으니 당신 안에 꿈틀대는 욕망에 충실하라"라는 식의 권고도 아니라는 겁니다. 그럼 하려는 이야기가 뭐냐고요?

나는 당신이 당신의 '자기'를 사랑하고 잘 가꾸길 바랍니다. 설사 세상의 모든 바람이 당신을 세차게 흔들더라도, "흔들리면서 줄기를 곧게" 세우고, 설령 세상의 모든 비가 당신을 모질게 적시더라도 "바람과 비에 젖으며 꽃잎 따뜻하게" 피울 수 있기를 바라지요. 그래서 우선 당신을 파멸로 이끌어가는 절망과 그 징조에 대해 이야기하려고 합니다. 그리고 그것을 극복하는 법에 대해서도 말할 거예요. 덴마크의 철학자 키르케고르가 《죽음에 이르는 병》에서 설파한 인간이 절망에 처하는 세 가지 경우를 바탕으로, 절망할 수밖에 없는 시대를 사는 당신이 지향해야 할 삶의 태도에 대해 이야기하려고 합니다.

성의는 고맙지만, 그런 이야기가 무슨 도움이 되겠느냐고요? 지금까지 말했듯이 문제는 경제이고, 사회이고, 정치인데, 문제는 이처럼 다 밖에 있는데 엉뚱하게 안에서 답을 찾는 게 무슨 해법이 되겠느냐고요? 그래요, 그렇게 생각할 수도 있습니다. 그런데 혹시 이거 아세요? 밖으로 나가는 문의 손잡이는 언제나 안에 있다는 걸? 농담하느냐고요? 아니요, 나만 그런 생각을 하는 게 아니에요! 다음 시를 좀 보세요. 신경림 시인도 나와 같은 생각을 노래하잖아요.

사람들은 자기들이 길을 만든 줄 알지만
길은 순순히 사람들의 뜻을 좇지는 않는다
사람을 끌고 가다가 문득
벼랑 앞에 세워 낭패시키는가 하면
큰물에 우정 제 허리를 동강내어
사람이 부득이 저를 버리게 만들기도 한다
사람들은 이것이 다 사람이 만든 길이
거꾸로 사람들한테 세상 사는
슬기를 가르치는 거라고 말한다
길이 사람을 밖으로 불러내어
온갖 곳 온갖 사람살이를 구경시키는 것도
세상 사는 이치를 가르치기 위해서라고 말한다
그래서 길의 뜻이 거기 있는 줄로만 알지

길이 사람을 밖에서 안으로 끌고 들어가
스스로를 깊이 들여다보게 한다는 것은 모른다
길이 밖으로가 아니라 안으로 나 있다는 것을
아는 사람에게만 길은 고분고분해서
꽃으로 제 몸을 수놓아 향기를 더하기도 하고
그늘을 드리워 사람들이 땀을 식히게도 한다
그것을 알고 나서야 사람들은 비로소
자기들이 길을 만들었다고 말하지 않는다

— 신경림, 〈길〉 전문

    길이야 당연히 밖에 나 있지만 길이 끊어져 벼랑 앞에 섰을 때는 자기 안으로 들어가 "스스로를 깊이 들여다"보아야 한다잖아요. "길이 밖으로가 아니라 안으로 나 있다는 것을 / 아는 사람에게만 길은 고분고분해서 / 꽃으로 제 몸을 수놓아 향기를 더하기도 하고 / 그늘을 드리워 사람들이 땀을 식히게도" 한다잖아요. 자기 안에서 길을 찾아야 밖의 길도 비로소 열린다는 의미이지요. 과연 그런지 볼까요?

죽음에 이르는 병

19세기 중반에 이미 "겉치레로 살지 말아라!", "네가 마땅히 되어야 하는 것으로 살아라!"라고 외침으로써 20세기 실존주의 철학의 기틀을 마련한 키르케고르가 《죽음에 이르는 병》에서 말하는 죽음은 우선 '육체의 죽음'이 아닙니다. 그것은 '자기(self)의 죽음'을 말하지요.

키르케고르에게 '자기'란 육체와 영혼, 곧 유한한 것과 무한한 것, 시간적인 것과 영원한 것, 자유와 필연의 종합을 뜻합니다. 따라서 그가 말하는 '자기의 죽음'은 사실상 '영혼의 죽음'을 의미하지요. 육체가 살아 있어도 영혼이 죽으면 그 종합이 불가능하기 때문인데, 키르케고르는 이것이 인간에게는 '진정한 죽음'이라고 했습니다. '자기'의 죽음이 일어난 후에 인간은 육체가 살아 있어도 이미 산 것이 아니라는 뜻입니다.

우리 이야기와 연관하여 우선 주목하는 것은 키르케고르가 말하는 '자기'의 죽음이 결코 외적인 요인인 질병, 비참, 가난, 재난, 번민, 근심, 비애와 같은 고난에서 오지 않는다는 겁니다. 고난이란 분명 견디기 어려운 것이지만, 《구약성서》에서 사랑하는 외아들을 번제(燔祭: 불태워 드리는 제사)로 바쳐야 하는 고난에 처했던 아브라함에게서 보듯이 오히려 사람을 연단하여 가치 있게도 한다는 것이 그의 생각이지요. 오늘날 앞에서 열거한 이중·삼중고에 처한 젊은이들로서는 선뜻 납득하기 어려운 말이겠지만, 고난의 긍정적 성격에 관해서는 독일의 현상학자 니콜라이 하르트만(Nicolai Hartmann, 1882~1950) 역시 그의 《윤리학》에서 다음과 같이 강조했습니다.

> 고난도 가치다. 고난이 어째서 가치냐고 반문할지도 모르겠다. 사실 불행을 견뎌낼 능력이 없는 자에게 고난은 가치가 아닐 것이다. 그러나 그것을 견뎌낼 만큼 충분히 강한 자는 고난을 통해 스스로 강해진다. 곧 그의 인간성과 도덕성이 증대한다. 이런 사람에게는 고난이 또한 가치다. 고난은 도덕력의 시련이다. 깊은 도덕적 능력을 일깨워주는 촉매제 구실을 한다. 그래서 인간의 활동력을 증대시킬 뿐만 아니라 인간의 도덕적 감성 및 이해를 심화시킨다. 우리는 고난을 통해 자신의 마음의 깊이뿐만 아니라 남의 마음의 깊이도 알게 된다. 아니, 인생 전체의 깊이를 알게 된다. 가치를 판단하는 눈이 확장되고 예민하게 된다. 고난을 통해 인격이 높아짐과 동시에 행복을 누릴 수 있는 능력도 커진다. 위대한 고난을 거친 뒤에 얻는 엄청난 기쁨과 행복감. 그가 스스로 취한 것은 고난이었는데, 구하지 아니한 행복이 그에게 주어진다.

고난은 가능하면 피하고 싶은 것이 인지상정입니다. 하지만 오늘날 젊은이들이 마주하고 있는 시대적 고난처럼 정녕 피할 수 없는 것이라면, 그것을 통해 하르트만이 열거한 것과 같은 긍정적 결과를 얻을 수 있도록 노력해야 하겠지요. 물론 그것이 쉬운 일이라고 말하려는 것은 아닙니다. 네덜란드의 철학자 스피노자(Baruch Spinoza, 1632~1677)가 그의 《윤리학》을 "모든 가치 있는 것은 드물고 어렵다"라는 말로 끝맺었듯이, 그것은 무척 가치 있지만 매우 어려운 일이지요. 다음에 인용한 〈대추 한 알〉을 보면, 장석주(1954~) 시인도 그 어려움을 잘 알고 있는 것 같습니다.

저게 저절로 붉어질 리는 없다.
저 안에 태풍 몇 개
저 안에 천둥 몇 개
저 안에 벼락 몇 개

저게 저 혼자 둥글어질 리는 없다.
저 안에 무서리 내리는 몇 밤
저 안에 땡볕 두어 달
저 안에 초승달 몇 날

— 정석주, 〈대추 한 알〉 전문

시인은 대추 한 알이 익는 데도 태풍, 천둥, 벼락, 무서리, 땡볕과 같은 고난이 있었다고 노래합니다. 이 말은 거꾸로 이런 고난이 없었다면 대추가 붉어지지도 둥글게 영글지도 않았다는 말이지요. 그래서 이 시는 우리에게 우리가 겪는 고난이 우리를 죽음에 이르는 병으로 몰고 가지 않을 것이라고, 오히려 우리를 숙성시킬 것이라고 위무하는 것으로 해석됩니다. 그렇다면 우리를 진정 죽음에 이르게 하는 병은 과연 무엇일까요?

키르케고르는 그것은 오직 절망이라고 했습니다. 그것도 다른 어떤 것에 대한 절망이 아니라 자기 자신에 대한 절망이라고 했지요. "죽음에 이르는 병이 가장 엄밀한 의미로 표현되어야 한다면, 그것은 종말이 죽음이며 죽음이 종말인 병이어야 한다. 그리고 바로 이것이 절망인 것이다. (……) 자기 자신에 대하여 절망하는 것, 자기 자신에게서 빠져나오려는 것, 이것이 온갖 절망에 대한 공식이다"라고 그는 강조했습니다. 그리고 이 절망에는 다음과 같은 세 가지 종류가 있다고 했지요.

절망은 정신, 곧 자기 내부의 병이다. 따라서 거기에는 세 가지 경우가 있다. 첫째는 절망하여 자기를 의식하지 않는 경우이고, 둘째는 절망하여 자기 자신이려고 하지 않는 경우이며, 셋째는 절망하여 자기 자신이려고 하는 경우가 그것이다.

그럼, 우선 첫 번째 경우를 볼까요? 키르케고르의 설명에 따르면, 절망하여 자기를 의식하지 않는 경우는 "가장 흔한 일"로서 자신이 절망 상태에 있다는 사실조차 아예 모르는 무지몽매한 상태입니다. 이런 상태는 나이를 가리지 않고 누구에게나 나타날 수 있지만, 안타깝게도 우리는 요즈음 청소년이나 젊은이 가운데서 이 같은 사람들을 자주 볼 수 있습니다. 자기가 왜 학교에 다니는지, 왜 공부를 해야 하는지, 왜 직장에 다니는지, 왜 '워킹 푸어'인지, 왜 취업을 못하는지 아무런 생각도, 의식도 없이 사는 사람들 말입니다.

이런 사람들이 살아가는 낱낱의 모습을 들여다보면, 어떤 사람들은 완전히 무기력한 상태로 하루하루를 주어지는 대로 살아가지만, 또 어떤 사람들은 적어도 겉으로는 활기에 넘치는 생활을 하며 살아가기도 합니다. 그러나 어느 경우든 이들의 은밀한 비밀은 자기에 대한 철저한 절망입니다. 이런 사람들은 살지만 살아가는 이유를 모르며, 아무런 희망도, 욕구도 갖고 있지 않기 때문입니다. 그래서 사실상 가장 절망적이기도 하지요.

오늘날 교육 현장에서 청소년을 상담하는 교육자들이나 정신과에서 젊은이를 면담하는 의사들에 따르면, 자신이 왜 사는지를 모르겠다는 것이 가장 빈번하고도 심각한 문제점이라고 합니다. 이들에게는 특별히 이루고 싶은 목표도 없고, 특별히 하고 싶은 일도 없습니다. 단지 주어진 삶이 하루하루 고되고 힘들 뿐입니다. 그래서 아무 거리낌 없이 자해를 하거나 약을 먹기도 하고, 아무 생각 없이 탈선하거나 범죄를 저지르기도 합니다. 그러다 보니 이들을 도울 방법도 묘연하다는 거지요.

물론 자기에 대해 아무런 희망이나 욕구가 없이 사는 사람들이 모두 그렇다는 것은 아닙니다. 그중에는 남이 보기에 '활기에 넘치는 생활'을 하는 사람들이 있지요. 그래서 이런 사람들은 적어도 겉보기에는 아무런 문제가 없는 것처럼 보입니다. 하지만 키르케고르는 이런 사람들을 가리켜 마치 병이 가장 위험한 상태에서 가장 기분이 좋아지고 자신도 건강하다고 느끼며 타인에게도 건강해진 것처럼 보이는 말기 폐병 환자와 같다고 진단했습니다. 죽음에 이르는 병이 매우 심각하다는 뜻이지요.

두 번째와 세 번째의 경우는 일단 자신이 절망 상태에 있음을 알고 있는 상태입니다. 이 두 경우의 사람들은 자신의 '자기'를 의식하고 있지요. 그러니 첫 번째 경우의 사람들보다는 나은 상태입니다. 하지만 이들도 스스로의 약함 때문에 자기 자신으로 살지 못하는 것에 절망하여, 아예 자기 자신이려고 하지 않고 도피하거나, 반대로 오직 자기 자신이려고만 고집하게 됩니다. 키르케고르는 그 가운데 두 번째인 절망하여 아예 자기 자신이려고 하지 않는 경우를 '약함의 절망' 또는 '여성의 절망'이라고 불렀습니다. 그리고 세 번째인 절망하여 오직 자기 자신이려고 하는 경우를 '고집' 또는 '남성의 절망'이라고 말했지요. 그런데 진은영 시인은 이런 사람들의 절망적 심리 상태를 마치 한 편의 동화처럼 묘사했군요. 그래서 더욱 슬픕니다.

내 비행기에 어떤 프로펠라를 달아야 할까
엄마의 눈빛 같은 달로
날아가는 비행기
나는 크고 단단한 날개를 원한다
고막이 터지도록 요란한 프로펠라를 원한다

내가 그린 빛나는 달로
내가 그린 요란한 비행기 날아간다

그림 속이 고요해

들여다본다

그림 속 달은 황달에 걸린 남자 동공 같다

그림 속 비행기는 프로펠라 같은 흰 꽃잎 달았다

내 한숨에 그림 속으로 바람이 분다

달로 가는 프로펠라가 한 잎 두 잎 날린다

내가 울다 고개를 든다, 저기 달로 가는 비행기

달이 긴 그림자 손으로

토닥인다

내일 다시 그려

— 진은영, 〈달로 가는 비행기〉 부분

   이 시에서 화자는 "엄마의 눈빛 같은 달로 / 날아가는 비행기"에 "크고 단단한 날개를" 원합니다. 그것은 일단 자기의 희망과 욕구가 있다는 의미이지요. 키르케고르가 말하는 죽음에 이르는 병에 걸린 사람들 가운데 첫 번째 경우는 아니라는 뜻입니다. 그런데 "그림 속이 고요해" 들여다보았더니, 화자의 희망인 "그림 속 달은 황달에 걸린 남자 동공" 같고, 화자의 욕구인 "그림 속 비행기"는 크고 단단한 프로펠라 대신 작고 연약한 "흰 꽃잎"을 달고 있습니다. 그래서 화자는 한숨을 쉬고 울며 자기 자신에게 절망합니다. 이것은 화자의 절망이 죽음에 이르는 병의 두 번째 경우이거나 세 번째 경우에 속한다는 것

을 의미하지요. 절망이 자신의 약함에서 왔기 때문입니다.

  그런데 이때 내 희망인 '달'과 내 욕구인 '달로 가는 비행기'가 나를 토닥입니다. "내일 다시 그려"라고! 자, 그러면 화자의 절망은 두 번째 경우에 해당하는 걸까요, 아니면 세 번째 경우에 속할까요? 그 답은 이제부터 당신이 직접 찾아보세요.

떠나고 싶은 자 떠나게 하고

키르케고르가 '약함의 절망' 또는 '여성의 절망'이라 부른 두 번째 경우는 절망하여 자기 자신에게서 도망쳐 다른 사람에게로 도피하려는 상태를 말합니다. 그가 "절망하여 기절하는 것"이라고도 표현한 이런 상태에 빠진 사람은 자신의 '자기'는 전혀 돌보지 않고 오직 타자와의 관계에만 몰두하는 사람이지요. 키르케고르는 이런 사람을 "직접성의 인간"이라고 불렀습니다. 자기반성을 거치지 않고 외부 영향을 직접적으로 받는 사람이라는 뜻입니다.

여기에서 분명히 해야 할 것은, 키르케고르가 말하는 직접성의 인간이 다른 사람들에게서 뭔가를 주체적으로 '배우는 사람'을 가리키는 것은 아니라는 점입니다. 사람은 다른 사람의 장점을 타산지석 삼아 자기를 북돋우고, 반면에 단점은 반면교사 삼아 자기를 고치며 사는 것이 마땅합니다. 따라서 키르케고르가 비난하는 직접성의 인간이란 다른 사람에게서 자기에게 유익한 뭔가를 배우는 사람이 아니라 다른 사람들의 말이나 행동을 무반성적·무비판적으로 '따라 하는 사람'을 지칭합니다.

생각나세요? 4장 '울지 마라, 외로우니까 사람이다'에서 바로 이런 사람을 하이데거가 '세인(世人)'이라고 불렀던 것을? 세인은 자신이 세계 안에 '내던져져 있음'과 모든 것이 자기에게 맡겨져 있다는 '존재 가능성' 때문에 불안해서, 다른 사람들의 말을 따라 하고 다른 사람들의 행동을 따라 함으로써 얻는 평균적 일상성의 "편안한 자신감과 자명한 느긋함" 속으로 도피한 사람이었지요. 한마디로 하이데거의 세인과 키르케고르의 직접성의 인간은 같은 부류의 사람입니다.

따라서 직접성의 인간은 세인이 가진 특성을 모두 가지고 있습니다. 그들은 스스로 뭔가를 희망하고 욕구하고 향락하면서도 항상 '타자'와 얽혀 있어 전적으로 외부의 영향을 받는다는 점에서 언제나 수동적입니다. 그는 "누가 그러는데⋯⋯"나 "누구도 그렇게 한다는데⋯⋯"처럼 자기 자신의 욕구조차도 마치 어린아이가 자기 일을 말할 때처럼 남을 빌려 표현합니다. 그뿐만 아니라 직접성의 인간은 혼자 있게 될 때를 무척 견디기 힘들어하지요. 그는 사방으로 동료와 친구를 찾아다니거나, 아니면 페이스북, 트위터 같은 소셜 네트워크 서비스를 이용해서라도 다른 사람들이 하는 말을 듣고 그대로 따라 하며, 살고 있는 모습을 보고 그대로 흉내 내며 살아갑니다.

어떤 탤런트가 드라마에서 입고 나온 옷이나 걸치고 나온 장신구들이 불티나게 팔려나가고, 모 유명인사가 지지하는 후보의 지지율이 하루아침에 폭등하며, 매체에서 다루어진 영화와 공연, 그리고 베스트셀러 서적에 쏠리는 현상이 유난히 심한 것은 오늘날 우리 사회에 직접성의 인간 내지 세인이 그만큼 많다는 증거이지요. 투기 열풍, 명품 열풍, 몸짱 열풍, 다이어트 열풍, 성형 열풍 등 온갖 열풍이 거세게 부는 까닭도 마찬가지입니다. 김광규(1941~) 시인은 이처럼 사람들이 자기로부터 도피하여 다른 사람을 쫓는 심리적 과정을 다음과 같이 묘사했습니다.

> 가을 연기 자욱한 저녁 들판으로
> 상행 열차를 타고 平澤을 지나갈 때
> 흔들리는 차창에서 너는
> 문득 낯선 얼굴을 발견할지도 모른다
> 그것이 너의 모습이라고 생각지 말아다오
> 오징어를 씹으며 화투판을 벌이는
> 낯익은 얼굴들이 네 곁에 있지 않으냐
> 황혼 속에 고함치는 원색의 지붕들과
> 잠자리처럼 파들거리는 TV 안테나들
> 흥미 있는 주간지를 보며
> 고개를 끄덕여다오
> (……)
> 옛부터 인생은 여행에 비유되었으니
> 맥주나 콜라를 마시며
> 즐거운 여행을 해다오.
> 되도록 생각을 하지 말아다오
> 놀라울 때는 다만
> 「아!」라고 말해다오
> 보다 긴 말을 하고 싶으면 침묵해다오
> 침묵이 어색할 때는

오랫동안 가문 날씨에 관하여

아르헨티나의 축구 경기에 관하여

성장하는 GNP와 증권 시세에 관하여

이야기해다오

너를 위하여

그리고 나를 위하여

— 김광규, 〈상행(上行)〉 부분

   이 시에서 시적 화자는 서울로 가는 (또는 성공을 향해 달려가는) 상행 열차 안에서 차창 밖의 '나'와 열차 안의 '나'를 대비시키고 있습니다. 당연히 차창에 비친 "낯선 얼굴"은 농촌 출신 서울 사람의 자기의식이 나타난 진실한 '나'의 얼굴이지요. 하지만 화자는 "그것이 너의 모습이라고 생각지" 말고, "오징어를 씹으며 화투판을 벌이는" 열차 안의 다른 사람들을 따라 하거나 통속적 주간지를 보며 고개를 끄덕이는 "낯익은 얼굴"이 되라고 자신을 부추깁니다.

   또한 "맥주나 콜라를 마시며" 되도록 아무 생각도 하지 말라고 합니다. "놀라울 때는 다만 /「아!」라고" 말하고, "보다 긴 말을 하고 싶으면 침묵"하고, "침묵이 어색할 때는 / 오랫동안 가문 날씨에 관하여 / 아르헨티나의 축구 경기에 관하여 / 성장하는 GNP와 증권 시세에 관하여", 요컨대 남들이 다 하는 이야기들을 따라서 말하라고 하지요. 시적 청자(聽者)인 "너를 위하여", 그리고 시적 화자인 "나를 위하여", 너와 나의 '편안한 자신감과 자명한 느긋함'을 위하여!

분석심리학을 창시한 스위스 출신 정신의학자 카를 구스타프 융(Carl Gustav Jung, 1875~1961)은 이처럼 외부 영향에 의해 만들어진 '자기'를 '페르소나(persona)'라고 불렀지요. 페르소나는 고대 그리스에서 배우들이 연극을 할 때 쓰던 가면입니다. 그가 이런 특별한 용어를 사용한 이유는 보통 사람들이 자기, 곧 자기의 생각, 자기의 신념, 자기의 가치관이라고 생각하는 것들이 대부분 부모나 선생님 또는 친구 같은 주변 사람들의 생각과 신념과 가치관이 만들어 씌운 가면에 불과하다고 생각하기 때문입니다. 키르케고르가 말하는 '직접성의 인간'이나 하이데거의 '세인'처럼 가면과 자기를 구분하지 못하는 경우, 그 사람은 결국 자기를 상실하게 된다는 것이 심리학의 아버지로 불리는 융의 주장이지요.

그렇다면 김광규 시인의 〈상행(上行)〉은 상행열차가 상징하는 성공을 위하여 진실한 자기를 애써 감추며 페르소나를 덮어쓰고 사는 인간의 심리를 묘사한 작품으로 해석할 수 있지요. 그런데 이런 과정을 통해 마침내 도달하게 되는 키르케고르의 '직접성의 인간'이나 하이데거의 '세인'처럼 페르소나와 자기를 아예 구분조차 하지 못하게 되는 경우, 그 사람은 결국 자기를 상실하게 된다는 것이 융의 주장이지요.

키르케고르는 이와 같은 과정을 통해 자기를 상실한 사람의 절망을 '기묘한 전도(顚倒)'요 '완전한 자기기만(自己欺瞞)'이라고 진단했습니다. 그 절망이 진정한 자기 자신이려 하지 않으려는 데서 오기 때문에 '기묘한 전도'이고, 오히려 자기 자신과는 다른 인간이려고 하는 데서 오기 때문에 '완전한 자기기만'이라는 거지요. 그럼에도 자신의 당치 않은 가식의 밑바탕이 무엇이며 도대체 어디에 있는지조차 모르는 철저한 우둔에 잠겨 있기 때문에, 그야말로 전율해야 할 일이라고 주장했습니다. 그리고 그 전율의 실체를 다음과 같은 우스꽝스러운 우화를 통해 묘사했지요.

어느 가난한 농부가 맨발로 도시에 가서 큰돈을 벌었습니다. 그래서 그는 한 켤레 양말과 구두를 사서 신었지요. 그리고 기분이 좋아 술도 실컷 마셨습니다. 그런데 술에 취해 집으로 돌아가던 중 그는 큰길 한가운데 쓰러져 잠이 들었지요. 그때 다가온 마차에 탄 마부가 그를 보고 비키지 않으면 그의 다리 위로 지나가겠다고 외쳤습니다. 그러자 만취한 농부가 잠에서 깨어 자신의 다리를 보았지요. 하지만 구두와 양말을 신고 있었기 때문에 자기의 다리를 알아보지 못하고 대답했습니다. "어서 몰고 가게. 그건 내 다리가 아니야."

페르소나와 자기를 구분하지 못하는 직접성의 인간의 자기 상실이 이와 같이 어처구니없는 전도와 기만 속에서 일어난다는 것입니다. 직접성의 인간은 다른 사람들과 어울려 일체감을 느끼며 사는 동안에는 자신의 능력에 따라 몇 가지 페르소나를 겹쳐 쓰고 "몇 해 동안 행복한 결혼 생활을 하고, 활동적이고 진취적인 사내이자 아버지이며 시민이고, 또 세상에서 칭찬받는 사람으로서" 스스로 절망을 극복한 것처럼 살아가기도 합니다. 하지만 그는 평생 동안 단 한번도 자기 자신이 아니고, 단 한 순간도 자기 자신으로 살아보지 못하지요. 그래서 그는 이런 사람들에 대해 "인간에 대한 배신, 미치광이처럼 시간을 낭비하는 오만한 미치광이로서 조소와 경멸로 처벌받아야 하는 일이 아닌가?"라고 되물었습니다.

키르케고르가 이런 이야기를 하는 의도는 단순하고 명백합니다. 죽음에 이르는 병의 첫 번째 경우처럼 아무 희망과 욕구 없이 살아서도 안 되지만, 두 번째 경우처럼 다른 사람들의 희망과 욕구를 자신의 것으로 오인하고 살아서도 안 된다는 것입니다! 왜냐하면 그것은 '자기'로서 사는 것이 아니기 때문입니다. 또 당신이 죽음에 이르는 병에 감염되어 있다는 증거이자, 당신이 당신의 '자기'를 사랑하지 않는다는 표시이기 때문이지요.

강은교(1945~) 시인의 〈사랑법〉을 이런 관점에서 읽으면, 시인이 말하는 '사랑법'이 기존의 해석처럼 '다른 사람을 사랑하는 방법'이 아니라 '자기 자신을 사랑하는 방법'을 읊은 시라는 것을 알 수 있습니다.

떠나고 싶은 자
떠나게 하고
잠들고 싶은 자
잠들게 하고
그리고도 남는 시간은
침묵할 것.

또는 꽃에 대하여
또는 하늘에 대하여
또는 무덤에 대하여

서둘지 말 것

침묵할 것.

그대 살 속의
오래 전에 굳은 날개와
흐르지 않는 강물과
누워 있는 누워 있는 구름,
결코 잠깨지 않는 별을

쉽게 꿈꾸지 말고
쉽게 흐르지 말고
쉽게 꽃피지 말고
그러므로

실눈으로 볼 것
떠나고 싶은 자
홀로 떠나는 모습을
잠들고 싶은 자
홀로 잠드는 모습을

가장 큰 하늘은 언제나
그대 등뒤에 있다.

— 강은교, 〈사랑법〉 전문

"떠나고 싶은 자 / 떠나게 하고 / 잠들고 싶은 자 / 잠들게 하고 / 그리고도 남는 시간은 / 침묵할 것 // 또는 꽃에 대하여 / 또는 하늘에 대하여 / 또는 무덤에 대하여 // 서둘지 말 것 / 침묵할 것"이 무슨 뜻이겠어요? 기존의 해석에 따르면, 이 첫째 연과 둘째 셋째 연은 사랑하는 사람이 떠나려고 할 때 그를 붙잡지 말고, 꽃(사랑)과 하늘(희망)과 무덤(죽음)에 대해 아무 말도 하지 말고, 그냥 보내라는 뜻입니다. 그게 시인이 생각하는 '사랑법'이라는 거지요.

물론 그렇게 읽을 수도 있습니다. 하지만 만일 그렇게 해석한다면, 이어지는 "그대 살 속의 / 오래 전에 굳은 날개와 / 흐르지 않는 강물과 / 누워 있는 누워 있는 구름, / 결코 잠깨지 않는 별을 // 쉽게 꿈꾸지 말고 / 쉽게 흐르지 말고 / 쉽게 꽃피지 말고"라는 구절들은 무엇을 의미할까요? 또 "가장 큰 하늘은 언제나 / 그대 등뒤에 있다."라는 마지막 연은요? 나름대로 해석할 수야 있겠지만, 시를 반드시 그렇게 통상적으로 읽어야 하는 것은 아니지요. 4장 '울지 마라, 외로우니까 사람이다'에서 이미 언급한 것처럼 시는 언제나 다양한 의미로 해석될 수 있고 또 그래야 생명력을 갖습니다.

그래서 '직접성의 인간'을 경계하는 키르케고르의 관점에서 강은교 시인의 〈사랑법〉을 다시 해석해보면, 그 의미가 아주 새롭고 더욱 풍성해집니다. 우선 첫째 연과 둘째, 셋째 연은 남들이 떠나든 잠들든 무엇을 하든 그들을 따라 행동하지 말고, 또 꽃(사랑)과 하늘(희망)과 무덤(죽음)에 대해서 그들을 따라 말하지 말고 침묵하라는 뜻이 되지요. 이어지는 "그대 살 속의 / 오래 전에 굳은 날개와 / 흐르지 않는 강물과 / 누워 있는 누워 있는 구름, / 결코 잠깨지 않는 별을 // 쉽게 꿈꾸지 말고 / 쉽게 흐르지 말고 / 쉽게 꽃피지 말고"라는 구절들도 당신 안에 '오래 전에' 굳어서 '흐르지 않고', '누워 있고', '잠깨지 않는' 당신의 '자기(날개, 강물, 구름, 별)'를 쉽게 또는 가볍게 다루지 말라는 뜻으로 해석됩니다. 왜냐하면 "가장 큰 하늘(희망)은 언제나" 당신이 등 돌리고 있는 당신의 '자기'이기 때문에 그렇다는 거지요.

자기 안에 있는 굳은 날개를 다시 펼치고, 흐르지 않는 강물을 다시 흐르게 하고, 누워 있는 구름을 다시 일어서게 하고, 잠자는 별을 깨어나게 하는 것이 강은교 시인이 말하는 '사랑법'입니다. 곧 자기 사랑법이지요!

죽음을 향해 미리 달려가보라

 우리가 지금까지 나눈 이야기를 정리해보면, 오늘날 통용되는 '자기계발'이나 '자기실현'이라는 말에는 상당한 오해와 오류가 들어 있음을 알 수 있습니다. 왜냐하면 우리에게 어떤 모범적이거나 이상적인 틀을 정해놓고 자아를 그 틀에 짜 맞추라는 식이거나, 아니면 '뭘 해도 다 괜찮으니 당신 안에 꿈틀대는 욕망에 충실하라'는 식으로 행해지고 있기 때문입니다. 이것이 내가 '자기계발'이나 '자기실현'이라는 말 대신 '자기 사랑법'이란 표현을 사용하는 이유입니다.

 '자기 사랑법'이라는 말에는 마치 "그대 살 속의 / 오래 전에 굳은 날개"처럼, "흐르지 않는 강물"처럼, "누워 있는 구름"처럼, "결코 잠 깨지 않는 별"처럼 자기 안에 심어져 있는 씨앗―융은 무의식 속에 있어 아직 '자기'로 의식화되지 않았다는 의미에서 이를 '자기원형(Archetypus des Selbst)'이라고 불렀답니다―을 가꾸어 한 그루 꽃나무를 길러내듯 '자기'를 돌본다는 뜻이 담겨 있습니다. 바람에 흔들리면서도 줄기를 곧게 세우고, 비에 젖으면서도 꽃잎을 따뜻하게 피어나게 한다는 의미가 들어 있지요.

 따라서 '자기 사랑법'이란 말에는 외부의 어떤 틀에 의해 자기를 구성하려는 일체의 작업이나 내부의 욕망이 하는 대로 마냥 놓아두는 일체의 방임에 대한 거부가 동시에 들어 있습니다. 둘 다 자기를 진정으로 사랑하는 태도가 아니라는 뜻입니다. 인간의 '자기'란 '직접성의 인간'이나 '세인'에 대한 강력한 거부감을 통해 비로소 싹트고, 융이 말하는 '자기원형'을 인내와 정성으로 가꾸어야 마침내 피어나는 꽃이며 맺히는 열매이기 때문입니다.

그런데 혹시 이거 아세요? 하이데거가 '세인'에서 빠져나올 수 있는 방법을 《존재와 시간》에 소개해놓았다는 것을? 앞 장에서 소개한 "양심을-가지려고-원함"이 아니냐고요? 그래요, 맞습니다. 그런데 그보다 덜 사변적이지만 더 실용적인 방법이 하나 더 있어요. "죽음을 향해 미리 달려가봄(das Vorlaufen zum Tode)"이지요. 얼핏 들으면 마치 자살을 권하는 것 같아 당황스럽지만 사실은 그런 뜻이 전혀 아니랍니다. 우리에게 시시각각 다가오는 죽음이라는 가능성을 자기의 것으로 받아들이라는 의미이지요. 그럼으로써 '자신의 가장 고유한 가능성'을 찾아 그것에 기획투사하라는 겁니다. 무슨 소리냐고요?

예를 들어 당신이 3개월이나 6개월 후에 죽는다고 가정해보라는 거예요. 그러면 당신은 더 이상 남들을 따라서 살지 않고, 예컨대 투기 열풍, 명품 열풍, 몸짱 열풍, 다이어트 열풍, 성형 열풍 등과 같은 온갖 열풍에 휩쓸리지 않고 남은 기간만이라도 가장 당신답게 살려고 할 것이라는 말입니다. 이 말을 하이데거는 《존재와 시간》에서 다음과 같이 했습니다.

죽음을 향해 미리 달려가봄(das Vorlaufen zum Tode)은 비본래적 존재에서처럼 (죽음의) 넘어설 수 없음을 은폐하는 것이 아니라 오히려 그로부터 자유로워지는 것이다. 자신의 죽음을 향해 미리 달려가면서 그것으로부터 자유스러워질 때만이 우연히 들이닥치는 여러 가능성 속에서 자기를 상실하는 것으로부터 벗어나게 할 수 있다. 그리하여 넘어설 수 없는 최후의 가능성 앞에 있는 여러 현실적 가능성들을 이해하고 선택하게 된다. 이 앞질러 달려감이 실존의 극단적 가능성으로의 자신의 과제를 열어 보이며, 그때그때에 이미 실현된 실존으로 굳어버린 모든 태도를 부숴버린다.

2011년 10월 세상을 떠남으로써 '21세기의 다빈치'라는 칭호를 얻은 스티브 잡스(Steve Jobs, 1955~2011)는 2005년 스탠퍼드 대학 졸업식 연설에서 똑같은 말을 다음과 같이 반복했습니다.

지난 33년간 나는 아침마다 거울을 보며 묻습니다. '만일 오늘이 내 삶의 마지막 날이라면 내가 오늘 하려는 일을 하고 싶을까?' '노(No)'라는 날이 너무 많이 이어지면 무언가 변화할 필요가 있다는 것을 알게 됩니다. 내가 곧 죽을 것을 기억하는 것은 삶에서 큰 선택을 할 때 나를 돕는 가장 중요한 도구입니다. 왜냐하면 죽음 앞에선 외부의 기대, 자존감, 당혹, 그리고 실패에 대한 두려움 같은 거의 모든 것이 사라지고 오직 가장 중요한 것만 남기 때문입니다. (……) 당신의 시간은 한정되어 있습니다. 그러니 다른 사람의 삶을 살며 낭비하지 마십시오.

내 생각에는 바로 이 같은 생각이 창조와 도전으로 가득 찬 스티브 잡스의 삶을 이끌어온 동력이었을 것입니다. 한마디로 남을 따라 살지 않는다는 거지요. 그렇다면 여기서 잠깐 짚고 넘어가야 할 작금의 사태가 있습니다. 그것은 근래 우리 사회에 번지고 있는 풍조 가운데 하나인데, 사회적으로 유명해진 몇몇 사람들이 자신들의 옛 이야기를 해가며 청소년과 젊은이에게 마치 '내가 살았던 것처럼 살라'는 식으로 멘토링(mentoring)을 하는 것이지요.

이런 사람들은 상담 받는 사람이 얻길 원하는 것이 바람직하고 구체적인 실례라는 것을 잘 알고 있는 사람들입니다. 그래서 이미 성공한 자기 자신을 생생한 예로 제공하는 것이지요. 하지만 그것은 우리의 이야기 맥락에서 보면 썩 바람직하지 않다는 것을 곧바로 알 수 있습니다. 이런 식의 멘토는 우선 우리가 그런 사람들을 따라 할 수 없을 것이라는 점에서, 그리고 설령 따라 할 수 있더라도 따라 해서는 안 된다는 점에서 문제가 있습니다.

먼저 그런 이야기를 하는 사람들을 잘 관찰해보세요. 대부분 일류 대학이나 해외 명문 대학을 나왔을 거예요. 설사 그렇지 않더라도 어쨌든 자기 분야에서 남다른 성공을 거둔 사람들입니다. 생각해보세요. 우리나라처럼 경쟁이 심한 사회에서 남다른 성공을 했다는 게 뭘 의미하겠어요. 그 분야에 종사하는 1000명, 아니 1만 명, 어쩌면 10만 명 중 하나라는 뜻이 아니겠어요? 그만큼 머리가 좋거나, 재능이 있거나, 학벌이 좋은 사람이라는 뜻이지요. 그리고 무엇보다도 그 사람들은 보통 사람은 흉내도 못 낼 만큼 체력과 정신력이 강한 사람들이에요. 한마디로 독한 사람들이지요.

이런 사람들이 자기의 옛 이야기를 아무것도 아니라는 듯이 하면서, '나는 이렇게 했다. 그러니 당신도 따라 해보라'든가, '젊음이라는 게 뭐냐, 젊을 때는 조금 방황해도 괜찮다'고 한다고 해서 그걸 곧이곧대로 믿고 따라 했다가는 큰일이 납니다. 내가 그렇듯 당신도 그 사람만큼 머리가 좋지 않을 수 있고, 재능이 없을 수 있으며, 일류 대학이나 해외 명문 대학을 나오지 못했을 수 있잖아요. 게다가 필시 당신은 그 사람들처럼 독하지도 않을 거예요. 그렇다면 따라 하려고 해도 도저히 따라 할 수 없을 겁니다. 그 사람들의 성공이 대단하면 대단할수록 그렇지요.

또한 흥미로운 것은 당신에게 그런 멘토링을 하는 그 성공한 사람은 적어도 그 사람 자신을 따라 하지 않았다는 사실입니다. 그 사람은 자기 자신에게 적합하게 살아 성공한 것이지요. 우리는 다른 사람을 따라 할 수 있는 것이 아니라, 다만 다른 사람에게서 우리 자신에게 적합한 무언가를 배울 수 있을 뿐입니다.

그러니 만일 당신이 누군가에게 뭔가를 배우려고 한다면, 프랑스 철학자 질 들뢰즈(Gilles Deleuze, 1925~1995)가 《차이와 반복》에서 수영 교습을 예로 들어 한 말을 기억해두어야 합니다. 들뢰즈는 "우리는 '나처럼 해봐'라고 말하는 사람 곁에서는 아무것도 배울 수 없다. 오로지 '나와 함께 해보자'라고 말하는 사람들만이 우리의 스승이 될 수 있다"라고 했습니다. 그 이유는 "신체는 자신의 특이점을 물결의 특이점과 조합할 때 어떤 반복의 원리와 관계를 맺는다. 이 반복은 더 이상 같음의 반복이 아니다"이지요. 요컨대 수영 교사와 교습생의 차이, 또 두 사람이 경험하는 물결의 차이 때문에 그 차이를 무시한 채 단순히 따라 하는 반복을 통해서는 수영을 배울 수 없다는 말입니다.

한데 더 큰 문제는 당신이 성공한 멘토를 따라 할 수 있을 때 발생합니다. 물론 어떤 성공한 사람의 삶이 당신이 진정으로 원하는 삶이라면 그건 문제가 되지 않습니다. 왜냐하면 그 경우엔 그 사람처럼 사는 것이 사실상 당신이 '자기'로서 사는 것일 테니까요. 하지만 그렇지 않은데도 당신의 능력이나 재능이 뛰어나 어떤 사람을 따라 할 수 있다면, 그건 결코 당신에게 좋은 일이 아니지요. 설사 당신이 그렇게 해서 그 사람처럼 대단한 성공을 한다고 해도 말입니다. 그건 또 왜냐고요? 그 대답은 세계적인 경영 컨설턴트이자 《성공하는 사람들의 7가지 습관》이라는 베스트셀러의 저자이기도 한 스티븐 코비(Stephen Covey, 1932~)가 내놓았습니다.

코비는 젊어서부터 수십 년 동안 사람들에게 성공하는 비결을 가르쳐왔습니다. 주로 시간을 잘 사용하여 같은 시간 동안 남보다 더 높은 성과를 얻어내는 다양한 시테크 기술이었지요. 예를 들어 그는 만일 성공을 원한다면 혼자서 점심을 먹지 말라고 가르쳤습니다. 점심까지도 성공에 도움이 될 만한 사람과 만나 함께하라는 거지요. 그래서 그의 강연을 듣고 그대로 실천한 사람들 중에는 이름만 대면 누구나 알 수 있는 세계적인 기업의 회장이나 부회장도 있답니다.

그런데 그 가운데 한 사람이 어느 날 다시 코비를 찾아와 자신의 새로운 고민을 털어놓았습니다. 그는 지난 20여 년 동안 코비가 가르쳐준 대로 밤낮을 가리지 않고 열심히 일해서 성공을 거두었답니다. 하지만 문제는 전혀 행복하지가 않다는 거지요. 그가 그동안 열심히 일한 것은 가족과 행복하게 살기 위해서였는데, 아내는 이혼을 요구하고 아이들은 마약에 빠졌다는 겁니다. 오랜 세월 일에만 매달려 식사도 같이하지 않을 만큼 가족을 돌보지 않았던 탓이지요.

그래서 코비는 자신의 과오를 수정할 새로운 책을 쓰기로 결심하고 《소중한 것을 먼저 하라》를 썼습니다. 새 책에서 그는 이런 사람들을 "위만 바라보고 있는 힘을 다해 사다리를 올라갔는데 막상 다 올라가보니 자기가 올라가려던 지붕이 아닌 것을 알고 절망하는 것"으로 묘사했지요. 그리고 사람들에게 필요한 것은 사다리를 빨리 올라가게 하는 '시계'가 아니라 자기가 진정 올라가고 싶은 곳을 알려주는 '나침반'임을 새삼 강조했습니다. 시계만 바라보고 서둘러 지붕에 올라간 사람들의 절망은 다시 내려가 자기가 진정 올라가고 싶은 지붕에 올라갈 시간과 여력이 남아 있지 않다는 것이지요. 난 당신이 이런 사람들의 전철을 밟지 않기를 바랍니다.

자, 이제 우리에게 남은 문제는 과연 어떻게 하는 것이 우리가 각자의 '자기'를 잘 가꾸는 것일까 하는 것입니다. 이에 대한 답은 키르케고르가 말하는 죽음에 이르는 병의 세 번째 경우와 연관되어 있습니다. 다음 장에서는 이 이야기를 해보도록 할까요?

chapter 6

흔들리지 않고 피는 꽃이 어디 있으랴(2)

자기 사랑법

영토 없는 국왕의 공중누각

키르케고르가 《죽음에 이르는 병》에서 설명한 절망의 세 번째 경우에 속한 사람은 자신의 절망이 자기 자신의 약함에서 온다는 것을 깨닫고 자기를 스스로 강하게 창조하려는 능동적인 자입니다. "그는 스스로의 자기를 그가 되려고 하는 대로의 자기로 만들려 하고, 자기 속에 그가 수용하려고 하는 것과 그렇지 않은 것을 스스로 규정하려고" 하지요. 진은영 시인이 〈달로 가는 비행기〉에서 묘사한 시적 화자도 바로 여기에 속합니다. 자신의 약함에 절망하지만 "내일 다시 그려"라고 스스로를 격려하기 때문입니다.

키르케고르는 이런 사람들의 전형으로 스토아주의자들을 들었습니다. 세네카나 마르쿠스 아우렐리우스(Marcus Aurelius, 121~180) 황제 같은 스토아 철학자들은 인간이 이성에 의해 스스로 자기 자신을 창조함으로써 신보다도 위대해질 수 있다는 놀라운 용기를 가졌던 사람들이었으니까요. 하지만 키르케고르가 실제로 겨냥한 사람들은 마치 오늘날 우리가 자기계발에 매달리듯 낭만주의적 '자기실현'을 삶의 목표로 삼았던 19세기 시민들이었습니다.

역사적으로는 이미 이탈리아 르네상스 시대에 나타난 자기실현

(Selbstverwirklichung)이라는 개념은 18~19세기 독일의 낭만주의자들, 특히 헤르더(Johann Herder, 1744~1803), 훔볼트(Alexander Humboldt, 1769~1859), 슐레겔(Friedrich Schlegel, 1772~1829), 노발리스(Novalis, 1772~1801), 슐라이어마허(Friedrich Schleiermacher, 1768~1834) 등에 의해 구체화되었습니다. 프랑스 계몽주의에 거세게 반발했던 독일 낭만주의자들은 계몽주의자들이 인간을 이성적이고 합리적인 '추상적 개인(Man)'으로 보았던 것에 반해, 감정적이고 욕망과 쾌락에 몰두하는 '구체적 인간(man)'을 발견해냈지요. 그럼으로써 인간의 내면에 잠재해 있는 욕망과 열정을 일깨우는 자기실현이란 개인주의적 가치를 찾아냈던 겁니다.

바로 그것이 20세기 전반을 휩쓴 실존주의란 후계자를 낳았습니다. 독일 출신의 현대 신학자 파울 틸리히(Paul Tillich, 1886~1965)가 《존재의 용기》에서 적절히 표현한 것처럼, 낭만주의와 실존주의는 인간이 진리도 신도 없는 공허한 세계에서 절망해 "자기 자신으로서 존재하려는 용기"의 표출이기 때문이지요. 괴테의 《파우스트》에서 "유령이 나오든 말든 자기의 길을 나아가라. / 앞으로 나아가는 동안 괴로움도 행복도 만날 테지"라고 외친 파우스트의 용기와 신념이야말로 낭만주의적 자기실현의 복음이자 실존주의의 구호인 것입니다.

이런 관점에서 보면, 하이데거와 사르트르 같은 실존주의자들이 사용한 '실존(Exsistenz)'이라는 용어는 19세기 낭만주의자들이 외친 '자기실현'의 20세기식 이름이라고 할 수 있습니다. 그리고 자신의 '존재 가능성'을 향해 스스로를 던짐으로써 본래적 삶을 구현하는 하이데거의 '기획투사(Entwurf)'나 역사적·사회적 현실에 스스로를 잡아맴으로써 삶의 의미를 획득하는 사르트르의 '앙가주망(engagement)'은 낭만주의적 자기실현의 현대적 방법인 셈이지요. 어디 그뿐인가요? 21세기 들어 특히 유행하는 자기계발의 기원도 바로 여기에서 시작되었습니다.

물론 자세히 살펴보면, 오늘날 전 세계 서점에서 독자들을 광범위하게 끌어모으고 있는 자기계발서에는 스티븐 코비의 《성공하는 사람들의 7가지 습관》처럼 나름대로 이상적이고 합리적인 틀을 정해놓고 그 틀에 자기를 맞춰 넣으라는 계몽주의적 형태와, 론다 번(Rhonda Byrne, 1951~)의 《시크릿》처럼 내면에 잠재해 있는 꿈과 욕망과 열정을 이끌어내 구현하라는 낭만주의적 형태가 있습니다. 전자가 남성적 또는 부성적 자기계발 모형이라면, 후자는 여성적 내지 모성적 자기계발 모형이라고 할 수 있지요. 하지만 어느 경우든 자기계발이란 인간이 자기 자신을 스스로 구성할 수 있다는 근대적 용기와 믿음에 발을 담고 있습니다. 그리고 그것은 인간이 자연을 지배하고 새롭게 구성할 수 있다는 근대적 구성주의 세계관에 은밀한 뿌리를 내리고 있지요.

16세기에 일어난 과학혁명(Scientific Revolution)을 기반으로 형성된 이 새로운 세계관은 일찍이 근대 학문의 기틀을 마련한 영국의 프랜시스 베이컨(Francis Bacon, 1561~1626)이 주장한 대로, 자연을 "고문대에 올려놓고 자백을 받아내야 하는" 대상으로 파악했습니다. 그리고 그리스 신화에서 자신의 침대에 여행자들을 묶어놓고 키가 침대 길이보다 짧은 경우에는 잡아 늘이고, 긴 경우에는 다리를 잘라내어 침대에 맞춘 '프로크루스테스의 침대'와 같은 역할을 자연과 인간에게 무참히 실행했지요.

하이데거가 현대 기술의 특성이라고 규정한 '몰아세움(das Stellen)'과 '닦달(das Gestell)'이 이 같은 근대적 구성주의 세계관의 본질인데, 오늘날 우리는 그것이 가져온 폐해를 파괴된 자연환경과 다양한 부작용으로 체험하고 있습니다. 부성적 형식이든 모성적 형식이든 자기계발 역시 자기를 스스로 몰아세우고 닦달한다는 점에서는 자연 개발과 다를 바가 없습니다. 그러니 그 폐해와 부작용이 다르지 않다고 해서 놀랄 일도 아니지요. 나는 당신이 당신의 자기를 근대문명이 자연에게 한 것처럼 몰아세우고 닦달하지 않기를 바랍니다.

이제 우리가 주목할 것은 키르케고르가 이처럼 근대 역사와 함께 이어져 내려오는 인간의 '자기 창조'에 대한 신념과 용기를 일컬어 "절망하여 자기 자신이려고 하는 고집 또는 남성의 절망"이라 규정하고 신랄하게 비판했다는 사실입니다. 이것은 그가 18세기의 계몽주의적 자기계발과 19세기의 낭만주의적 자기실현에 거세게 반발했을 뿐만 아니라, 만일 살아 있었더라면 20세기의 실존주의적 실존에도, 그리고 21세기에 유행하는 자기계발에도 마찬가지로 반대했으리라는 것을 의미하지요. 키르케고르가 실존주의의 선구자라는 점을 떠올린다면 매우 놀랄 만한 일입니다. 키르케고르가 이렇게 반발한 이유는 대체 뭘까요?

결론부터 말하지요. 키르케고르는 인간에게는 스스로 자기를 실현할 능력이 없다고 단정했습니다. 그에게 자기실현이란 육체와 영혼의 종합에 의해서만 이루어지는데, 영혼은 인간이 아닌 신의 소관이기 때문입니다. 따라서 그는 인간의 진정한 자기실현은 오직 신에 의해

"그에게 설정된 소명"을 알고 그것에 순응할 때에만 이룰 수 있다고 믿었습니다. '부름', '소환'을 뜻하는 그리스어 크레시스(klēsis)에 어원을 두고 있는 소명이란, 신이 자신의 섭리를 세상에 실현하기 위해 각각의 사람에게 특정한 능력을 부여하고 그에 합당한 일에 불렀다는 기독교 교리이지요.

"자기에게 주어진 옷"인 소명을 입으려 하지 않고 스스로 옷을 만들어 입으려는 사람은 "그가 착수하고 있는 것이 무엇이든 간에, 아무리 위대하고, 아무리 놀랄 만한 것이고, 아무리 끈기 있게 그것을 수행했다 할지라도" 실패할 수밖에 없다는 것이 키르케고르의 생각입니다. 이유인즉, 사람은 자기의 눈높이에서 볼 수밖에 없기 때문에 그가 실현하는 자기란 결국 "자기 이상의 것은 물론이거니와 이하의 것도 되지 않기" 때문이지요. 그래서 키르케고르는 이렇게 자기계발 내지 자기실현에 매달리는 사람은 스스로 '자기'라는 왕국의 지배자가 되려 하지만 "영토 없는 국왕"일 뿐이며, 그의 노력은 비록 휘황찬란한 외관을 갖고 있지만 "공중누각"일 뿐이라고 비판했습니다.

자기실현에 대한 키르케고르의 비판은 실존주의의 문을 연 철학자가 그것의 한계까지 미리 보여주었다는 점에서 매우 흥미롭습니다. 2차 세계대전이 끝난 1945년 이후 서구인들은 키르케고르가 예상한 대로 인간의 절망은 카뮈식의 '반항'이나 하이데거식의 '기획투사', 사르트르식의 '앙가주망'을 통해 극복할 수 없다는 새로운 절망에 부딪혀 "저주받은 자유"라고 토로하기 시작했지요. 아우슈비츠 수용소에서 수많은 유대인들을 가스실로 보낸 게슈타포까지도 자신의 행위가 자기 자신의 자유로운 선택에 의한 기획투사나 앙가주망이었다고 주장할 수 있기 때문입니다.

　인간이 스스로 자기를 선택하여 구성한다는 의미에서의 기획투사나 앙가주망에는 자신이 하는 선택의 자유에 대한 책임이 따르지 않습니다. 영토 없는 국왕이 사는 공중누각에는 신도, 보편타당한 도덕률도, 책임져야 할 양심도 존재하지 않으니까요. 그러니 쉿! 이 말은 아주 중요한데, 20세기 실존주의 철학자들이 그토록 소리 높여 외쳤던 실존은 우리의 삶을 '의미 있게' 할지언정 '가치 있게' 하지는 못합니다! 갑자기 무슨 소리냐고요? 조금 뜬금없고도 실망스럽지요? 하지만 중요한 만큼 예를 들어 자세히 설명하자면 다음과 같습니다.

　1957년에 불과 44세의 젊은 나이로 노벨 문학상을 받은 프랑스의 천재 작가 알베르 카뮈가 쓴 《이방인》의 주인공 뫼르소를 볼까요? 그는 "습관의 가소로운 면, 살아야 할 심각한 이유의 결여, 법석을 떨며 살아가는 일상의 어처구니없는 성격, 그리고 고통의 무용성" 등이 상징하는 '시지프적 상황'에 놓여 있었습니다. 그래서 아무런 의식도 각성도 없는 연체동물이나 절지동물처럼 외부에서 주어지는 감각적 자극에만 최소한의 반응을 하는 상태에 매몰되었습니다. 어머니의 죽음도, 애인과 나눈 사랑도, 자신이 살인을 감행한 다섯 발의 총성도 이 같은 의식의 매몰 상태에서 그를 꺼내주지는 못하지요.

　문제의 심각성은 뫼르소의 상황이 오늘날 우리 사회 상당수 청소년들과 젊은이들이 처해 있는 상황과 크게 다르지 않다는 데에도 있습니다. 뫼르소는 이런 삶의 무의미성에 반항하기 위해 살인을 저지릅니다. 그리고 사형을 당하는 순간까지도 아무런 후회나 미련, 그리고 가책이 없지요. 뫼르소는 삶에 무언가 의미가 있다는 환상을 가진다든지, 내일은 좀 더 나아질 거라는 희망을 품는다든지, 구원을 믿는 신앙으로 도피한다든지 하는 타협을 거부하고 죽음을 맞습니다.

카뮈가 《이방인》, 《시지프 신화》 등에서 설파한 이 같은 '실존적 반항'은 그저 남들이 사는 대로 따라 살며 무익하고 희망 없는 일을 무한히 반복해야만 하는 '시지프적 지옥'에서 자기를 해방시킨다는 중요한 의미를 갖고 있습니다. 우리 이야기의 맥락에서 보면 키르케고르가 말한 죽음에 이르는 병, 즉 절망의 두 번째 단계에서 벗어나게 하는 의미를 가지고 있다고 할 수 있지요. 하지만 문제는, 뫼르소가 실행한 반항이 의미는 있다고 치더라도 가치가 있느냐는 겁니다. 요컨대 그의 행동에는 오늘날 철학자들이 "유의미한 악" 또는 "유의미한 무가치"라고 부르는 문제가 들어 있습니다.

20세기 중반 실존주의가 부딪혔던 벽이 이것이었습니다. 하이네만이 《실존철학: 살았는가 죽었는가》에서 토로한 "그렇다면 실존철학에서 남은 것은 무엇인가? 단지 이름뿐이다. 사실상 여기에서 실존주의는 끊임없이 여러 가지 가능성 사이에서 이리저리 동요하는 행동주의적 휴머니즘으로 변한다"라는 말도 바로 여기서 나온 것이지요.

이런 맥락에서 보면, 하이데거가 인간이 자신의 선택에 의해 스스로 자기를 창조하는 '기획투사' 대신 자기에게 다가오는 존재의 진리에 순응하는 '내맡김(Gelassenheit)'을 강조하고, 본래적 자기로서 사는 '실존(實存, Exsistenz)' 대신 존재의 진리 안에서 자기 자신을 벗어나는 '탈존(脫存, Ex-sistenz)'을 주장하는 후기 철학에 몰두했던 것은 필수불가결한 일이자 당연한 귀결이었습니다. "사유는 존재의 은총에 대한 메아리(Widerhall)다", "말하기는 무엇보다도 먼저 듣기다"와 같은 말이 그래서 나온 것인데, 우리는 이에 대해 9장 '시가 나를 찾아왔어'에서 자세히 살펴볼 것입니다.

사르트르가 《실존주의는 휴머니즘이다》를 통해 앙가주망의 역사적·사회적 가치를 목청 높여 강조하고, 미국에 대항하여 베트남전을 반대하며, 프라하의 봄을 짓밟은 소련에 맞서는 등 국내외 사회문제에 적극 참여했던 것도 같은 맥락에서 이해할 수 있습니다. 두 철학자 모두 실존의 한계성과 가치의 필요성에 주목한 거지요. 물론 두 사람 모두 기존의 가치를 부인하고 하이데거는 '생기(生起)하는 존재의 진리'에, 사르트르는 '앙가주망하는 행동'에 가치를 두었지만 말입니다.

그렇다면 이제 우리가 키르케고르에게 볼멘소리로 던질 질문은 당연히 다음과 같습니다. 그러니 어쩌란 말인가? 그날그날 주어지는 대로 살아도 안 되고, 그렇다고 남들 사는 대로 따라 살아도 안 되고, 자기 나름대로 살아도 안 된다니, 도대체 어떻게 하란 말인가? 어떻게 살아야 죽음에 이르는 병인 절망에서 벗어날 수 있단 말인가? 만일 키르케고르가 우리의 항변을 듣는다면, 싱긋 웃으며 자신은 이미 그 대답을 했다고 할 것입니다. 그게 뭐냐고요? 그것은 키르케고르가 자기(Self)를 육체와 영혼의 종합이라고 규정한 것을 말합니다.

"나는 종교적 저술가이며 또 언제나 그러하였다"라고 선언했던 키르케고르가 말하는 영혼이란 신과 만나는 장소이자 인간이 신의 진리를 알 수 있는 곳입니다. 그에게 자기실현은 "자기 자신과 관계를 맺는 것(Sich-zu-sich-selbst-verhalten)"인 동시에 "신과 관계를 맺는 것(Sich-zu-Gott-verhalten)"이지요. 한마디로, 인간은 한 손으로 자기 자신을 붙잡고 다른 한 손으로는 신을 붙잡아 자신을 신과 관계 맺게 함으로써만 자신의 '자기'를 온전하게 할 수 있으며, 그것을 통해서만 모든 절망적 상황에서 벗어날 수 있다는 것이 키르케고르의 생각입니다.

어때요? 혹시 키르케고르의 종교적 해법이 귀에 거슬리지는 않나요? 만일 그렇다면 해결책이 있습니다. 신에 대한 당신의 생각을 안셀무스(Anselmus, 1033~1109)가 그의 저서 《모놀로기온》에서 규정한 신 개념으로 바꾸면 됩니다. 11세기에 영국 국교회 수장인 켄터베리의 대주교였던 안셀무스는 신을 "최고의 본질, 최고의 생명, 최고의 이성, 최고의 행복, 최고의 성의, 최고의 지혜, 최고의 진리, 최고의 선, 최고의 위대성, 최고의 미, 최고의 불사성, 최고의 불변성, 최고의 복락, 최고의 영원성, 최고의 권능, 최고의 일자성(一者性)"이라고 규정했지요. 신은 인간이 추구하는 모든 '가치들의 정점'이라는 말입니다.

이처럼 신과 가치를 동일시하는 전통은 일찍이 플라톤에서부터 시작되었습니다. 그것을 오리게네스(Origenes, 185?~254?)와 아우구스티누스 같은 초기 기독교 신학자들이 받아들여 기독교 교리의 흔들리지 않는 주춧돌 가운데 하나로 삼은 것이지요. 키르케고르가 말하는 신도 당연히 이런 절대적 가치들을 가리킵니다. 그는 이것들이 우리 영혼 안에 있다고 믿기 때문에, 온전한 '자기'란 육체와 영혼의 종합에 의해서만 이루진다고 주장한 것입니다.

정리할까요? 키르케고르는 우리가 아무 의식도 없이 무지몽매하게 살거나, 남들을 따라서 살거나, 또는 자기가 스스로를 창조해서 살면, 언젠가는 절망에 빠질 수밖에 없다고 강변했습니다. 오직 절대적 가치들을 받아들여 살아야만 스스로 온전해질 수 있고 죽음에 이르는 병인 절망에서도 벗어날 수 있다고 설파한 거지요.

'안은 내'가 '안긴 나'를 만든다

이제 마침내 '자기 사랑법'을 귀띔할 차례입니다. 물론 당신이 귀를 기울인다면 말입니다. 당신은 자신을 가치에 투사해야 합니다. 앞에서 안셀무스가 나열한 진리, 선함, 아름다움, 생명, 정의 등과 같은 절대적 가치들이든, 자유, 평등, 박애, 이성, 계몽, 사회 진보, 민중 해방, 사회적 약자들에 대한 배려 등과 같은 보편적 가치들이든, 아니면 성실, 정직, 친절, 가족에 대한 사랑, 소수자의 권익 옹호, 문화의 다양성 존중, 일상의 중요성 발견 등과 같은 개인적 가치들이든, 어느 것이든 좋습니다. 그 가운데 당신에게 주어진 상황에서 요구되는 가치를 추구하라는 말이지요.

현실적인 예를 들어 이야기해볼까요? 예나 지금이나 청소년과 대학생을 포함한 젊은이들의 고민 가운데 흔한 것이 진로 문제입니다. 요즈음 그 고민이 전보다 더 심각해진 이유는 그들이 서두에서 언급한 절망의 시대를 살아가고 있기 때문일 것입니다. 이런 젊은이들이 자신의 진로를 결정하는 데 필요한 지침이 과연 무엇일까요? 통념대로 어떻게든 노력해서 일류 대학에 진학하고 대기업에 취직하라는 것일까요? 아니면, 무엇을 해도 괜찮으니 하고 싶은 대로 하라는 것일까요? 그것도 아니면, 성공한 사람들을 본보기로 삼아 그들처럼 살라는 것일까요? 아니지요! 그게 아니라는 것은 이제 분명해졌습니다! 그럼 무엇일까요?

청소년들과 젊은이들의 고민을 들어보면, 아예 아무것도 하고 싶지 않으며 잘하는 것도 없는 사람이 있고, 하고 싶은 것이나 잘하는 것이 있지만 사정상 할 수 없는 사람도 있고, 하고 싶은 것과 잘하는 것이 일치하지 않아 고민하는 사람도 있지요. 이 모든 난처하고 안타까운 상황에 대한 나의 권고는 "가치 있는 일부터 하라"입니다. 이 말은 스티븐 코비가 말년에 터득한 지혜로 내린 처방 "소중한 것부터 하라"와도 크게 다르지 않습니다. 코비가 말하는 '소중한 것'이란 그 사람에게 '가치 있는 것'을 뜻하기 때문이지요.

우선 당신이 아무것도 하고 싶지 않고 그러다 보니 특별히 잘하는 것도 없는 경우이거나 또는 하고 싶은 것이나 잘하는 것이 있는데도 어떤 부득이한 사정으로 할 수 없는 경우라고 치지요. 그래서 삶이 무의미하고 사는 것 자체가 힘들고 어렵다면, 망설이지 말고 주변에서 '쉽게 그리고 간단히' 할 수 있는 가치 있는 일을 찾아 눈 딱 감고 실행해보세요. 그것이 무엇인지는 스스로 선택해야 할 일이지만, 확신을 갖고 말하건대 그렇게 하면 적어도 삶이 지겹고 무의미하다고 불평하지 않게 될 것이며, 그 과정에서 나아갈 길이 차츰 드러날 것입니다. 왜냐하면 모든 가치 있는 일은 그 일을 행하는 사람에게 어김없이 상응하는 기쁨과 대가를 주기 때문입니다.

그 말을 어떻게 믿느냐고요? 그렇다면 이렇게 가정해볼까요? 당신이 절망하여 슬퍼하고 있는 상황이라 해도 '눈 딱 감고' 주변의 다른 절망하고 슬퍼하는 사람을 따뜻하게 안아주었다고 칩시다. 그것은 아마 당신이 '그리 어렵지 않게, 그리고 그리 복잡하지 않게' 할 수 있는 일 가운데 하나일 겁니다. 그런데 바로 그 포옹을 통해 당신은 다른 사람에게 따뜻하게 안겨 있는 스스로를 발견하게 되지요. 당연히 두 사람이 끌어안고 있기 때문이지만, 결과적으로 다른 사람을 '안은 당신'이 다른 사람에게 '안긴 당신'을 만든 것입니다. 위로하는 당신이 위로받는 당신을 만든 거지요.

이와 관련해 생각나는 이야기가 있습니다. 어떤 사람이 사업에 실패하고 자살을 하려고 강가로 나갔는데, 그곳에서 입시에 실패하고 자살하려는 소년을 만났지요. 비슷한 또래의 아이가 있는 그는 깜짝 놀라 소년에게 그깟 일로 절망하면 안 된다고 열심히 타일러 결국 집으로 돌려보냈습니다. 그러고 나니 왠지 자신도 그깟 일로 절망하면 안 되겠다는 생각이 들어 집으로 돌아왔답니다. 소년을 위로하면서 자신도 위로를 받은 거지요.

우리는 3장 '그대 있음에 내가 있네'에서 사랑하는 것이 곧 사랑받는 것(amor amatur)이 되는 관계를 가브리엘 마르셀이 '상호 주관적 매듭(le nexus intersubjeclif)'이라 규정한 것을 보았습니다. 바로 이 상호 주관적 매듭이 모든 가치 있는 일이 그것을 행하는 사람에게 상응하는 기쁨과 대가를 어김없이 돌려주는 메커니즘의 실체입니다. 다음 시를 보면 유희경(1980~) 시인은 우리의 삶 속에 은밀하게 숨겨져 있는 이 신비롭고 특별한 비밀을 이미 눈치 챈 것 같습니다.

가슴만 한 신음을 낳고

누군가 밤새 울었다

부드럽게 안아주었다
안겨 있는 나를 보았다
하얗게 빛이 났다
나머지는 어두웠으므로

비명 같은 내가
빈 종이 되었다

— 유희경, 〈꿈속에서〉 부분

    이 시에서 시적 화자는 꿈속에서 밤새 운 누군가를 안아줌으로써 그 자신이 안겨 있는 것을 보게 되었지요. 이때 밤새 운 그 '누군가'는 필경 '나' 자신일 텐데, 그를 부드럽게 포옹함으로써 그도, 나도 더 이상 비명을 지르지 않고 마치 빈 종(鐘)처럼 고요해졌습니다. 다른 모든 것은 절망 속에 어두웠지만, 사랑하는 것이 곧 사랑받는 것이 되는 상호 주관적 매듭, 즉 포옹만은 하얗게 빛났기 때문이지요. 시인은 이런 방식으로, 아니 오직 이런 방식을 통해서만 우리가 절망을 극복할 수 있다는 사실을 노래한 것입니다.
    그런데 하고 싶은 것과 잘하는 것이 같지 않아 어느 것을 해야 할지 고민되는 경우에는 어떻게 하느냐고요? 그 경우에도 둘 가운데 어떤 것이 더 가치 있는 일인지 먼저 생각해보아야 합니다. 왜냐하면 그중 어떤 길을 택해 성공한 사람이 되더라도 자신의 삶이 가치 없다고 느낄 때는 결코 행복할 수 없기 때문입니다. 스티븐 코비가 예로 든 사람, 즉 위만 바라보고 있는 힘을 다해 사다리를 올라갔는데 막상 다 올라가보니 자기가 올라가려던 지붕이 아닌 것을 알고 절망하는 사람처럼 말입니다.

그러니 진로를 고민하는 모든 청소년과 젊은이에게 내가 해주고 싶은 충고는 한결같이 "가치 있는 일부터 하라"라는 것입니다! 아무런 의식도 희망도 없이 무지몽매한 상태로 하루하루를 살아서도 안 되고, 원초적 욕망에 매달려 이리저리 방황해서도 안 되며, 다른 사람들을 따라 살아서도 안 됩니다. 오직 주어진 상황에서 요구되는 가치 있는 일에 자기 자신을 과감히 던지라는 겁니다. 그것이 바로 진정한 젊음이고, 그것이 바로 진정한 청춘이지요!

정호승 시인의 다음 시에 등장하는 '고래'는 보통 '꿈'이나 '희망'으로 해석되지만, 여기에서는 당신이 추구하는 '가치'라고 생각하고 읽어보세요. 의미가 한층 새롭고 풍성해질 겁니다. 어디 정말 그런지 볼까요?

푸른 바다에 고래가 없으면
푸른 바다가 아니지
마음속에 푸른 바다의
고래 한 마리 키우지 않으면
청년이 아니지

푸른 바다가 고래를 위하여

푸르다는 걸 아직 모르는 사람은

아직 사랑을 모르지

고래도 가끔 수평선 위로 치솟아올라

별을 바라본다

나도 가끔 내 마음속의 고래를 위하여

밤하늘 별들을 바라본다

— 정호승, 〈고래를 위하여〉 전문

그렇지요? 예컨대 "푸른 바다에 고래가 없으면 / 푸른 바다가 아니지 / 마음속에 푸른 바다의 / 고래 한 마리 키우지 않으면 / 청년이 아니지"라는 첫 연이 '젊은 청춘에 가치가 없으면 / 젊은 청춘이 아니지 / 마음속에 젊은 청춘의 / 가치 하나 간직하지 않으면 / 청년이 아니지'로 읽힙니다. "푸른 바다가 고래를 위하여 / 푸르다는 걸 아직 모르는 사람은 / 아직 사랑을 모르지"라는 둘째 연도 '젊은 청춘이 가치를 위하여 / 젊다는 것을 아직 모르는 사람은 / 아직 자기 사랑법을 모르지'라고 해석되지요.

자신을 가치에 투사하는 일, 곧 내가 '가치투사(價値投射)'라고 부르는 이 일은 자신의 존재가능성을 스스로 선택하고 결단하여 그것을 향해 자기를 던지는 하이데거의 기획투사(企劃投射)와는 다릅니다. 가치투사는 '지금 여기에' 살고 있는 자기에게 다가오고 요구되는 어떤 가치를 받아들여 그것에 자기를 던진다는 의미를 갖고 있습

고래도 가끔 수평선 위로 치솟아올라
별을 바라본다
나도 가끔 내 마음속의 고래를 위하여
밤하늘 별들을 바라본다

니다. 그러니 오히려 후기 하이데거가 규정한 "생기되는 기획투사 (der ereignete Entwurf)", 곧 자기에게 다가오는 존재의 진리에 대응하는 투사이자 그것에 자기를 '내맡김(Gelassen heit)'에 가깝다고 할 수 있지요. 하이데거에 의하면, 이런 대응투사와 내맡김을 통해 우리는 존재의 진리가 담긴 '사유'와 '언어'와 '예술(시)'을 얻게 됩니다. 앞에서 언급했듯이 이에 대해 우리는 9장 '시가 나를 찾아왔어'에서 더 자세히 살펴볼 것입니다.

만일 따지기를 좋아하는 사람이라면 이렇게 항의할 수도 있습니다. 무슨 케케묵은 소리냐? 결국 당신이 하고 싶은 이야기는 "신을 따르라"라는 키르케고르의 종교적 교훈을 "가치를 따르라"라는 윤리적 교훈으로 바꾸어놓은 것이 아니냐? 만일 누군가 그렇게 다그친다면, 내 대답은 망설임 없이 "그렇다"입니다. 왜냐하면 가치 있는 일이 인간을 행복하게 만든다는 것은 더 이상 '케케묵은' 윤리적 명제가 아니기 때문이지요. 무슨 소리냐고요?

최근 괄목할 만한 발전을 보인 뇌과학이나 신경심리학은 가치가 인간을 행복하게 할 수 있다는 과학적 근거를 하나둘씩 밝혀내고 있습니다. 그중 하나가 바로 거울 신경세포(mirror neurons)가 가진 공감 능력의 발견이지요. 펜실베이니아 대학 경영학 교수이자 세계적 베스트셀러 작가기도 한 제러미 리프킨(Jeremy Rifkin, 1945~)이 《공감의 시대》에서 이미 언급했듯이, 지난 수십 년 동안 과학자들은 영장류에서 발견되는 거울 신경세포가 원숭이가 보는 대로 흉내 내는 것처럼 그저 모방 행동을 촉진하는 것이라 생각해왔습니다.

그런데 1996년에 이탈리아의 신경과학자 자코모 리촐라티(Giacomo

Rizzolatti, 1937~)와 동료들은 원숭이를 대상으로 한 실험을 통해 거울 신경세포가 상대방의 생각이나 행동, 그리고 감정을 마치 자기의 것처럼 이해할 수 있게 한다는 사실을 〈사이언스〉에 발표함으로써 학계에 돌풍을 일으켰지요. 인간을 포함한 영장류들은 상대방의 고통을 보았을 때, 뇌 안에 있는 거울 신경세포가 통증을 유발하는 감정 중추를 자극해 마치 자신이 그 통증을 느끼는 것처럼 된다는 겁니다.

그 후 거울 신경세포에 대한 연구는 기능성자기공명영상(fMRI) 장치를 통해 활발히 진행되었습니다. 그 결과 오늘날 과학자들은 거울 신경세포가 고통뿐만 아니라 행복, 수치심, 당혹감, 죄의식, 자부심과 같은 훨씬 복잡한 사회적 정서에도 공감할 수 있다는 것을 밝혀냈습니다. 그래서 그것을 '공감 신경세포(empathy neurons)'라고 부르기도 합니다. 마치 소리굽쇠가 옆에 있는 다른 소리굽쇠의 진동에 공명(共鳴)하여 동일한 진동수의 소리를 내는 것처럼, 또 어린아이가 다른 아이가 울면 덩달아 우는 것처럼, 상대방의 감정에 공감할 수 있게 만드는 신경세포라는 의미이지요.

워털루 대학 철학 교수이자 인지과학자인 폴 새가드(Paul Thagard, 1950~)는 《뇌와 삶의 의미》에서 거울 신경세포가 가진 윤리학적 함의를 간단히 정리했는데, 남을 해치는 것을 금지하고 남을 돕는 것을 권장하는 윤리적 규범이 모든 인종과 문화에서 나타나는 이유가 바로 이 '정서적 공명(affective resonance)' 때문이라는 겁니다. 누군가 사회를 유지하기 위해 억지로 윤리적 규범을 만들어낸 것이 아니라, 인간이 상대방의 고통과 기쁨에 정서적으로 공감하는 거울 신경세포를 뇌 속에 갖고 있기 때문에 윤리적 규범이 생겨났다는 말이지요. 거울 신경세포는 결국 우리가 왜 세상에서 고통을 줄이고 기쁨을 늘리는 가치 있는 일을 해야 하는가 하는 윤리적 문제에 대한 과학적 해답을 제시한 셈입니다. 그럼으로써 가치 있는 일을 하는 것이 우리를 행복하게 한다는 주장에 냉소적인 많은 사람들의 입을 틀어막았습니다.

어디 그뿐인가요. 영국 런던정경대 교수이며 상원의원이기도 한 리처드 레이어드(Richard Layard, 1934~) 경이 그동안 잘못 인식되어온 행복에 대한 관념을 바꾸려는 의도로 저술한《행복의 함정》에서 제안한 세 가지 길도 모두 가치에 기반을 두고 있습니다.

> 여기에서 세 가지만 지적하려 한다. 첫째, 더 나은 가치 체계를 증진시키기 위한 장으로 학교를 활용해야 한다. 학생들은 가장 고귀한 삶은 불행이 가장 적고 행복이 가장 많은 삶이라는 점을 배워야 한다. 이러한 규칙은 직장과 사회생활에도 적용돼야 한다. 둘째, 성인들은 무엇이 중요한지에 대한 우선순위를 다시 정해야 한다. 그저 표면상의 이익이 되어서는 안 되고 사회에 진정으로 도움이 되는 일이어야 한다. 현대 행복 연구는 그 답을 찾는 데 도움을 줄 수 있다. 셋째, 경제학자들은 무엇이 인류를 행복하게 하는지, 그리고 무엇이 시장을 제대로 작동하게 하는지에 대한 현실적인 모델을 도입해야 한다. 우리에게 필요한 것은 규제뿐만 아니라 가치에 기반을 둔 인도적인 버전의 자본주의다.

어때요? 그렇지요? 경제학자로는 매우 드물게 '행복운동(Action for Happiness)'이라는 기구를 창설해 전 세계에 그 운동을 전개하고 있는 레이어드 경은 가치가 인간의 행복에 얼마나 중요한 역할을 하는가를 정확히 파악하고 강조한 겁니다. 이렇게 얻어지는 행복에 대해 우리는 다음 장에서 더 많은 이야기를 나누게 될 것인데, 그는 자신의 뜻을 분명히 하기 위해 다음과 같은 말을 덧붙였지요.

개인주의는 '자아실현'이라는 이상을 전파했다. 하지만 자아실현이라는 복음은 사람들을 구원하는 데 실패했다. 그들은 성취에 동반하는 부담감 때문에 더욱 행복하지 못했다. 우리가 진정 행복을 맛보기 위해서는 개개인 모두가 공헌할 수 있는 공공선(善)이라는 개념이 필요하다.

생각을 바꾸면 세상이 다르게 보인다

　오늘날 우리는 애석하게도 가치들이 점차 사라져가는 역사를 맞고 있습니다. 신과 영웅의 이름으로 언급되던 '절대적 가치(진리, 선함, 아름다움, 생명, 정의, 위대함 등)'는 물론이거니와 계몽과 민주주의라는 이름으로 추구되던 '보편적 가치(자유, 평등, 박애, 이성, 사회 진보, 민중해방, 혁명, 사회적 약자들에 대한 배려 등)와 역시 근대 이후 부각된 개인적 가치(성실, 정직, 근면, 검소, 친절, 가족에 대한 사랑, 문화의 다양성 존중, 일상의 중요성 발견 등)마저 차츰 잊히거나 무시되고 있지요.
　이제 가치의 혼란과 위기는 범세계적인 통념이 되었고, 이에 대한 무관심, 방기, 폄하, 비아냥거림은 하나의 지적 유행이 되었습니다. 그 와중에 횡행하는 상대주의와 냉소주의가 폭력을 휘두르고 있지요. 내가 보기에는 우리의 삶과 세계를 절망으로 몰아가는 외적 · 표면적 요인은 언제나 그랬듯 정치적 · 경제적 · 사회적 불안정과 불확실성이라는 전염병이지만, 그것들이 자라고 있는 내적이고 근본적인 원인은 가치의 혼란이라는 더러운 웅덩이입니다. 오늘날 우리가 겪는 절망도 당연히 바로 여기에 그 뿌리를 내리고 있지요.
　그렇다면 이제 우리가 스스로 자기를 던져야 할 가치 있는 일이 구체적으로 무엇인가를 알아야 하는데, 그것은 사람마다 능력과 처지가 다르기 때문에 한마디로 간단히 답하기가 쉽지 않습니다. 그럼에도 한 가지 분명한 것은 가치투사, 곧 '지금 여기에' 살고 있는 자기에게 다가오고 요구되는 어떤 가치를 받아들여 그것에 자기를 던지라는 말이 뭔가 윤리적으로 대단한 일을 시작하라는 뜻은 아니라는 겁니다.

예컨대 가치 있게 산다고 해서 당장 모든 것을 그만두고 인도에 가서 테레사 수녀같이 살아야 한다는 뜻이 아니라는 말입니다. 평화를 위한 투쟁, 가난한 사람들을 위한 국제 원조 확충, 양심수 석방을 위한 노력, 원자력 발전소와 핵무기 폐기를 위한 운동같이 뭔가 대단한 일에 뛰어들어야 한다는 것도 아니지요. 물론 언젠가 그런 일도 할 수 있으면 좋겠지만, 우선은 당신에게 주어진 상황이 요구하는 '사소한 일'부터 시작해야 합니다. 그게 뭐냐고요?

자, 이야기를 좀 더 현실적이고 구체적으로 전개하기 위해 당신이 백수나 백조라고 가정해볼까요? 우선, 당신은 건달처럼 굴어서는 안 됩니다. 건달이란 '하는 일 없이 빈둥빈둥 놀거나 게으름을 부리는 사람'을 말하지요. 백수와 건달을 함께 붙여 '백수건달'이라 하면 '돈 한 푼 없이 빈둥거리며 놀고먹는 사람'이라는 뜻이 됩니다. 당신이 아직 취직을 못한 사람이든, 어떤 연유에서 잠시 쉬고 있는 사람이든, 아니면 일찍 퇴직을 한 사람이든, 당신은 백수나 백조이지 건달은 아니지요. 그러니 건달같이 살아서는 안 됩니다. 백수, 백조의 모든 문제는 백수, 백조가 건달처럼 살면서부터 시작됩니다.

그럼 어떻게 해야 하냐고요? 일단 당신이 할 일을 스스로 찾아서 해야 합니다. 예전부터 하고 싶었던 일이거나 남보다 잘 하는 일이거나,

그것이 무엇이든 좋습니다. 사소하고 엉뚱한 일이라도 좋아요. 그 일이 당장 돈이 되고 안 되고는 그리 중요하지 않습니다. 중요한 것은 뭔가 일을 한다는 사실이지요. 열정을 갖고 최선을 다해 일하는 것 자체가 이미 하나의 가치이기 때문입니다. 이것이 백수, 백조와 건달의 가장 큰 차이점이지요. 건달은 빈둥거리는 일이 자기를 사랑하는 것인 줄 알지만, 사실은 자기를 미워하는 사람입니다.

다음으로, 주위 사람들을 배려하고 사랑해야 합니다. 당신이 백수, 백조라면 어쨌든 임의로 쓸 수 있는 시간이 많게 마련이지요. 그러니 그 시간의 일부를 기꺼이 떼어 그동안 공부나 일을 하느라 소홀했던 가족과 이웃을 위해 써야 합니다. 그것이 당신을 가치 있게 만드는 일이자 자기 자신을 사랑하는 일이지요. 그렇다고 해서 이 일 역시 뭔가 대단한 일부터 할 필요는 없습니다. 당신에게 주어진 상황이 요구하는 일부터 시작하면 되지요. 예를 들면 부모 형제나 배우자에게 차를 끓여주거나 그들의 이야기를 조용히 들어주거나 아이들에게 뭔가를 가르쳐주거나 함께 놀아주거나 가사를 도와주거나 아침 일찍 집 앞 골목을 쓸거나 하는 사소한 일부터 하라는 겁니다. 알고 보면, 사람이 상대에게 진심으로 기대하는 것은 그 사람의 돈이나 명예가 아닙니다. 자기를 향한 배려와 사랑이지요. 따라서 비록 당신이 백수나 백조라고 할지라도 가족과 이웃을 배려하고 사랑하면 그들도 당신을 사랑하게 됩니다. 이런 상호 주관적 매듭이야말로 건달들은 죽었다 깨어나도 얻을 수 없는 소중한 가치입니다.

그리고 자기 자신에게 자부심을 가져야 합니다. 당신은 이미 진정으로 하고 싶은 일을 열정적으로 하며 주위 사람들을 배려하고 사랑하는 가치 있는 사람이기 때문입니다. 또 무엇보다도 당신의 자기를 가꾸며 사랑하는 사람이지요. 마지못해 직장에 나가고 가치 없이 살며 자기를 사랑하지도 않는 사람들에게 기죽을 것도 없습니다. 사실 따지고 보면, 유대의 성스러운 선지자들도, 중국의 제자백가들도, 피렌체의 위대한 예술가들도, 조선의 지조 높은 선비들도 대부분 백수였습니다. 다만 건달이 아니었을 뿐이지요. 심지어 예수, 공자, 석가, 마호메트 같은 성인들도 오늘날의 기준으로 보자면 모두 백수였지요. 하지만 그들은 모두 자신이 가치 있다고 생각한 일에 최선을 다한 백수였습니다.

당신이 백수나 백조가 아니라고 해도 마찬가지입니다. 호주 출신의 실천윤리학자 피터 싱어(Peter Singer, 1946~)가 강조했듯이 "세상을 더 나은 곳으로 만들기 위해 고통과 괴로움을 줄이려는" 생각만 가진다면, 가치 있게 살 수 있는 '사소한 일'은 우리 주변에 얼마든지 있습니다. 앞에서 살펴본 백수, 백조들에게 요구되는 가치가 그렇듯이, 우리가 실현해야 할 가치는 '지금 여기에' 살고 있는 우리에게 다가오고 요구되는 것들이기 때문입니다. 예를 들어 100년 전만 해도 환경보호는 우리에게 심각하게 요구되는 가치가 아니었지요. 하지만 지금은 그 어떤 가치도 압도할 만큼 중요한 가치가 되었습니다.

이처럼 오늘날 우리에게 다가오고 요구되는 가치 가운데 곧바로 시작할 수 있는 것을 주변에서 찾아보세요. 얼마든지 찾을 수 있을 것입니다. 예를 들어, 하고 싶은 일을 다 하면서도 한 달에 한 번 외식을 줄이는 것으로 아프리카의 굶주리는 사람을 도울 수 있습니다. 그럼으로써 당신은 가치 있는 일을 하는 것이며, 자기 자신을 사랑하는 행복한 사람이 되는 거지요.

　2008년에 세계은행(World Bank)에서 발표한 보고서에 의하면, 하루 1달러 미만으로 생계를 유지하는 가난한 사람들이 전 세계에 약 10억 명이나 됩니다. 하루 생활비가 2달러가 안 되는 사람의 수도 약 40억 명에 달합니다. 세계 인구의 3분의 2에 가까운 사람들이 헐벗고 굶주리며 죽어가는 비참한 생활을 하고 있다는 말이지요. 그들 가운데 해마다 1800만 명이 실제로 굶어죽습니다. 이 숫자는 제2차 세계대전 동안 죽은 사람들의 숫자보다 훨씬 많지요. 이런 사람들은 우리가 고급 요리를 한 번 즐기는 돈으로 몇 주를 더 살 수 있고, 옷장에 넣어놓고 입지 않는 옷을 한 벌 사는 돈으로 몇 달을 더 살 수도 있습니다.

　생각을 바꾸면 세상이 다르게 보입니다. 우리가 타는 승용차 기름이 서울의 대기 상태뿐만 아니라 아프가니스탄이나 이라크 사람들이 흘리는 피와 연결되어 있다고 생각하면 대중교통을 더 자주 이용할 것입니다. 우리가 즐기는 육식이 건강을 해칠 뿐만 아니라 동남아시아 저지대에 사는 사람들의 홍수를 유발할 수도 있다는 것을 생각하면 채식을 더 자주 하게 되겠지요. 이런 일들은 지금 당장 할 수 있는 '사소한 일'들입니다. 하지만 하나같이 가치 있는 일들이고, 당신을 행복하게 할 수 있는 일이기도 합니다. 그래서 싱어는 《이렇게 살아도 괜찮은가》에서 다음과 같이 말했습니다.

　　새로운 관점에서 보면, 세상이 다르게 보인다. 한 가지만은 분명하다. 스스로 할 수 있는, 가치 있는 일들을 충분히 발견할 것이다. 그 일을 통해 우리는 더 이상 지겨워하지 않을 것이며 삶에 충족감을 얻을 수 없다고 불평하지도 않을 것이다. 그리고 가장 중요한 사실은 이제 무엇인가를 위해 살고 있다고 말할 수 있을 것이다. 이제 우리는 세계를 좀 더 나은 곳으로 만들기 위해 고통과 괴로움을 줄이려고 노력해 온 사람들이 이룩한 위대한 전통의 일부가 되었기 때문이다.

가치 있는 일에 자기를 던지는 것! 바로 이것이 철학자 키르케고르가, 리촐라티 같은 현대 뇌과학자들이, 경제학자 레이어드가, 실천윤리학자 싱어가, 그리고 내가 당신에게 권하는 진정한 '자기 사랑법'입니다. 나는 절망의 시대를 맞은 오늘날 젊은이들이 가능한 한 '많이' 이 같은 방법으로 자기를 사랑하고 가꾸길 바랍니다. 바로 거기에 우리 시대가 당면한 절망을 극복하고 넘어설 길이 있다고 생각하기 때문이지요. 도종환 시인의 다음 시로 당신을 격려하며 이 장을 맺습니다.

저것은 벽
어쩔 수 없는 벽이라고 우리가 느낄 때
그때
담쟁이는 말없이 그 벽을 오른다
물 한 방울 없고 씨앗 한 톨 살아남을 수 없는
저것은 절망의 벽이라고 말할 때
담쟁이는 서두르지 않고 앞으로 나아간다
한 뼘이라도 꼭 여럿이 함께 손을 잡고 올라간다
푸르게 절망을 다 덮을 때까지
바로 그 절망을 잡고 놓지 않는다

저것은 넘을 수 없는 벽이라고 고개를 떨구고 있을 때
담쟁이 잎 하나는 담쟁이 잎 수천 개를 이끌고
결국 그 벽을 넘는다.

— 도종환, 〈담쟁이〉 전문

chapter 7

바람 부는 날이면
압구정동에 가야 한다
…
소비사회에서 행복 가꾸기

백화점 왕국의 비밀

당신은 행복하세요? 그저 그렇다고요? 그런 대답이 어디 있어요. 행복하면 하고 안 하면 안 한 거지. 그러지 말고 대답해보세요. 왜 또 그러냐고요? 사실은 내가 그리 행복하지 않아서 그래요. 어릴 적 춥고 배고플 때보다도 훨씬 행복하지 않은 것 같아서 그래요. 지금은 그때보다 몇 배나 더 잘살고 오히려 배가 불러 힘이 들 지경인데도요. 그래서 나만 그런지 다른 사람들도 그런지 알아보려고요. 사실은 당신도 그렇다고요? 그럴 줄 알았어요. 한데 도대체 왜 그런지 그 까닭을 아세요?

그것도 모르냐고요? 물질적 풍요란 어느 정도 충족되고 나면 더 이상 행복과 연관이 없다는 것이 학자들의 연구를 통해 이미 밝혀졌다고요? 예를 들어, 미국인들은 1958년과 비교해 1980년대 초반에는 다섯 배나 많은 에어컨과 네 배나 많은 의류 건조기, 그리고 일곱 배나 많은 식기세척기를 갖고 있었고, 1960년만 해도 전 국민의 1퍼센트만이 갖고 있었던 컬러텔레비전을 1987년에는 93퍼센트가 갖게 되어 물질적 풍요와 편리가 비교할 수 없을 만큼 증가했는데도, 1980년대 사람들이 전 세대 사람들보다 더 풍요롭다거나 행복하다고 느끼지 못했다는 통계 자료가 있다고요?

또 독일 사람들과 나이지리아 사람들, 일본 사람들과 필리핀 사람들을 각각 비교하면, 두 나라 사이의 개인소득 차이가 엄청난데도 자신들이 얼마나 행복한가에 대한 평가에는 별 차이가 없더라고요? 심지어 국민소득이 세계에서 최하위 그룹에 속하는 부탄왕국의 행복 지수가 세계에서 제일 높다는 통계 결과도 있다고요? 펜실베이니아 대학의 리처드 이스털린(Richard A. Easterlin, 1926~) 교수가 이 같은 연구 결과를 토대로 물질적 풍요와 행복 사이에는 거의 아무런 상관관계도 없다는 결론을 이미 오래전에 발표했다고요? 물질적 관점에서만 보면 전보다 훨씬 풍요로워졌는데도 우리가 행복을 느끼지 못하는 것이 바로 그래서라고요?

그야 물론 그렇지요. 그 정도는 나도 알고 있습니다. 우리의 감각기관은 어떤 자극이 계속되면 그것에 차츰 적응하여 '덤덤한 상태(null state)'가 되지요. 처음 먹었을 때 맛있는 음식이나 처음 입었을 때 멋있는 옷이라고 해도 계속해서 먹고 입으면 더 이상 처음에 느꼈던 그 맛과 멋을 모르게 되는 것처럼 말입니다. 사람이란 아무리 사치스럽고 쾌감을 주는 자극에 묻혀 지낸다 해도, 그 자극이 점점 더 강해지지 않으면 이전에 느꼈던 쾌감을 느낄 수 없는 생리적 구조를 가졌기 때문이랍니다. 학자들은 이것을 '생리적 적응 현상'이라고 부르지요. 그래서 기본적인 필요만 충족되면 물질적 풍요는 더 이상 사람들을 행복하게 해주지 않는다고 합니다.

또 '심리적 대비 현상'이라는 것도 있어요. 나보다 가난한 사람의 옆에 있으면 부자라고 느끼고, 나보다 부자의 곁에 있으면 가난하다고 느낀다는 거지요. 그래서 자신의 재산 정도와는 관계없이, 친구 및 동료나 이웃과 비교해 자신이 얼마나 행복한지를 가늠하게 된다는 겁니다. 자기의 재산이 불어났다고 해도 비교 대상으로 삼는 사람의 재산이 더 많이 불어나면 행복을 느끼지 못하지요. 독일 사람들과 일본 사람들은 개인소득 차이가 엄청난 나이지리아 사람들이나 필리핀 사람들과 자신들을 비교하는 것이 아니라, 각각 자기와 비슷하거나 더 잘사는 독일 사람, 일본 사람과 비교하기 때문에 행복하지 않다는 것이고요.

모두 수긍이 가는 말들이지요. 하지만 내가 이 이야기를 꺼낸 이유는 사실 다른 데 있습니다. 현대인이 행복하지 않다고 느끼는 데에는 이스털린 교수의 연구처럼 행복 지수를 기준으로 한 주관적이고 심리적인 판단 외에도 객관적이고 구조적인 요인이 작동하고 있다는 말을 하려고 그랬답니다. 그리고 오늘날에는 사실상 그것이 결정적인 원인으로 작용하고 있다는 말을 하려는 거예요. 그것이 뭐냐고요? 바로 우리를 숨도 못 쉬게 꽉 틀어쥐고 있는 후기 자본주의 체제가 자신의 생존을 위해 우리가 불행해질 수밖에 없는 상황으로 몰아가고 있다는 사실입니다. 설마라고요? 비밀경찰이 횡행하는 전체주의 국가도 아니고 자유가 보장된 민주주의 국가에서 체제가 어떻게 사람들을 불행으로 몰아갈 수 있느냐고요? 그러게요. 그러니까 더 큰 문제라는 거지요.

나치즘, 파시즘, 공산주의가 장악했던 20세기 전반 전체주의 국가들은 '관변 이데올로기'를 내세워 국민들에게 행복을 약속하고, 여기서 벗어나는 경우 '공포'를 조성하는 폭력 행사를 통해 사람들을 지옥으로 몰아갔지요. 그러나 후기 자본주의가 장악한 20세기 후반 이후 민주주의 국가들은 '소비물질주의'를 내세워 시민들에게 행복을 약속하고, 여기서 벗어나는 경우 '소외'와 '불행'을 조장하는 욕망 충동을 통해 사람들을 나락으로 몰아가고 있습니다. 무슨 엉뚱한 소리냐고요? 아니에요, 이미 공공연한 사실인걸요.

그래서 미국의 경제학자 존 케네스 갤브레이스(John Kenneth Galbraith, 1908~2006)는 《풍요한 사회》에서 현대사회가 "사람들에게 소비하도록 가르치는 방식은 너무나 완벽하고 지적이고 고급스러운 것이어서 그에 버금가는 그 어떤 종교적·정치적·도덕적 활동도 찾아보기 힘들다"라고 개탄했습니다. 또 프랑스 철학자 앙리 르페브르(Henri Lefebvre, 1901~1991)가 《현대세계의 일상성》에서 현대사회를 "소비조작 관료사회(la socit bureaucratique de consommation dirige)"라고 규정한 것도 바로 그 때문이지요. 이게 무슨 소리인지, 오늘날 가장 자주 사용되고 있는 소비조작 메커니즘 가운데 하나인 유행(fashion)을 예로 들어 설명해볼까요?

모든 유행은 그것이 의상이든, 가구든, 주택이든, 자동차든, 언뜻 보면 생산자와 소비자 모두에게 유익한 것처럼 보입니다. 생산자가 지속적으로 이윤을 추구하기 위해서는 아직 사용가치가 남아 있는 물건이라도 새 상품을 위해 폐기 처분하는 통로가 필요한데, 유행이 바로 그 역할을 훌륭히 수행하기 때문이지요. 또 소비자는 유행하는 새 상품을 구매함으로써 소유와 소비를 통한 자아실현이란 쾌감을 맛볼 수 있기 때문입니다.

그러나 알고 보면, 유행은 끊임없이 제품을 생산해내야 하는 기업의 생산 메커니즘과 소비를 함으로써 자신의 존재를 확인하는 소비 이데올로기가 어울려 창출한 후기 자본주의의 자체 생존 방식에 불과합니다. 그런 와중에 사람들은 자신도 모르는 사이에 멈출 줄 모르는 컨베이어 시스템 앞에서 끊임없이 일하고 새는 독에 물을 붓는 것처럼 부단히 소비하는 구조적 장치로 전락했고, 그들의 삶은 조작된 욕망 앞에서 불빛을 향해 돌진하는 하루살이처럼 무의미한 소모품으로 퇴락했지요.

그래서 시인들은 우리나라에 후기 자본주의가 본격적으로 가동되기 시작한 1980년대 후반부터 이 같은 사실을 예민하게 감지하고 신랄하게 고발해왔습니다. 누구나 자유롭고 행복한 것 같지만 사실은 모두가 억압받고 불행한 소비물질주의 왕국의 비밀을 재빨리 알아챈 장정일 시인은 1987년 출간된 《햄버거에 대한 명상》에 실린 〈백화점 왕국〉에서 다음과 같이 그렸습니다.

> 이 왕국엔 보안이 없다. 오고 싶은 자는 오라지
> 당신 어깨 두드리며 아마 그는 그렇게 속삭일걸
> 우리 친구가 되지,
> 어때?
> 난 네 것이라구!
> 그의 어깨 두들겨주기엔 당신 키가 모자라겠지만
> 번뜩이는 네온의 월계관을 쓴
> 왕관 없는 현대의 왕
> 그는 결코 지배하지 않는다

그러나 분명히 알아두는 것이 좋다

누가 우리에게 채소를 심게 하고

가구를 만들게 하며 어린 누이를

밤새도록 컨베이어 시스템 앞에 꼬라박아 두는지

다가올 할인판매를 광고하고 잽싸게 뒤돌아 서서

새로운 판매 전략에 고심하는 이자가 바로

우리들의 등과 배를 간지르며

만들라! 만들라! 만들라!

강요하는 것. 기실은

지상에서 이루어지는 비밀스런 공업이

모두 우리들의 일인 것이다

— 장정일, 〈백화점 왕국〉 부분

이제부터 우리는 "만들라! 만들라! 만들라!"뿐만 아니라 '소비하라! 소비하라! 소비하라!'라고 부추기는 '백화점 왕국'에서 인간은 불행해질 수밖에 없는 이유를 살펴보려고 합니다. 그럼으로써 우리가 진정 행복해질 수 있는 길을 찾아보려고 하는데, 무릇 나아갈 길이란 걸어온 길을 뒤돌아볼 때에야 비로소 드러나는 법이지요. 잠시 돌아볼까요, 우리가 어쩌다 여기까지 오게 되었는지를?

VOGUE야넌 잡지가 아냐

우선, 자본주의란 뭘까요? 합리적이고 조직적인 이윤의 추구가 정당화된 경제체제가 아닌가요? 일찍이 독일의 사회학자 막스 베버(Max Weber, 1864~1920)가 《종교사회학 논총》 서문에서 "자본주의는 지속적이고 합리적인 자본주의적 경영을 통한 이윤 추구, 즉 끊임없이 재생되는 이윤인 수익성의 추구와 동일하다"라고 규정했듯이 말입니다. 그는 자신의 대표작 《프로테스탄티즘의 윤리와 자본주의 정신》에서 자본주의 정신을 설명하기 위해 벤저민 프랭클린(Benjamin Franklin, 1706~1790)의 다음과 같은 말을 인용했지요.

시간이 돈임을 명심하라. 매일 노동을 통해 10실링을 벌 수 있는 사람이 반나절을 산책하거나 자기 방에서 빈둥거리며 지낸다면, 비록 그가 이러한 쾌락을 즐기는 동안 6펜스밖에 지출하지 않는다 하더라도 그것만 계산해서는 안 된다. 그는 그밖에도 5실링을 더 지출한 셈이 된다. 아니, 내다 버린 셈이 된다. 신용이 돈임을 명심하라. 누군가 자신의 돈을 지불기한이 지난 후에도 나에게 맡겨둔다면, 그는 나에게 이자를 선사하거나 내가 이 기간에 돈으로 무엇인가를 시작할 수 있도록 베푸는 것이다. 어떤 사람의 신용이 좋고 많아 그가 그것을 잘 이용하면, 그것은 그에게 상당한 액수의 돈이 될 것이다.

"돈은 그 본성상 번식력과 생산력이 있다는 것을 명심하라"로 이어지는 프랭클린의 장황한 설교에 대해 베버는 "프랭클린이 이 글에서 독특한 방식으로 설파하고 있는 것이 '자본주의 정신'이라는 사실은 그 누구도 의심치 않을 것이다"라고 평가합니다. 그리고 같은 글에 대해 오스트리아의 작가이자 비평가인 페르디난트 퀴른베르거(Ferdinand Krnberger, 1821~1879)가 그의 소설 《미국에 지친 사람》에서 "소에게서는 지방분을 짜내고, 사람에게서는 돈을 짜낸다"라는 말로 비난한 데에 반론을 펼치지요. 프랭클린의 말에는 퀴른베르거가 "양키의 신앙고백"이라고 야유한 '탐욕의 철학'만 들어 있는 것이 아니라 근면, 신용, 시간 엄수, 절제와 같은 가치가 들어 있고, 바로 그것이 프로테스탄티즘의 윤리에 근거한 자본주의 정신이라는 겁니다.

맞습니다. 자본주의 정신에는 분명 그런 윤리적 요소가 들어 있고, 그것이 프로테스탄티즘에 바탕을 둔 것도 부정할 수 없지요. 하지만 그것은 단지 초기 자본주의에 한해서 그랬습니다. '산업자본주의'로도 불리는 초기 자본주의 사회에서는 사회의 생산 조건을 확립하는 것이 요구되었고, 이 시기에 국가는 경제 발전을 추진하는 데 박차를 가했습니다. 에너지와 관련된 중공업을 육성하고 도로, 철도, 항만, 각종 통신 시설, 교육 등 자본주의 경제체제의 하부구조를 확립해야 했으며, 상품 제조를 위한 기계와 공장 등의 생산체계를 구성하는 데 온 힘을 쏟아야만 했지요. 그러기 위해 노동자들에게 산업 노동에 필요한 규범으로서 성실, 근면, 절제, 시간 엄수 같은 노동 윤리를 가르쳤습니다. 그리고 이러한 모든 것이 금욕주의로 무장된 프로테스탄티즘 윤리에 의해 고무되고 성공리에 진척되었지요.

하지만 세월이 흐르면서 프로테스탄티즘에서 금욕주의가 사라졌듯이 자본주의에서도 금욕주의적 윤리가 사라졌습니다. 더욱이 생산 시스템이 완전히 가동되고 과학기술이 발전한 19세기 후반부터는 생산성이 부단히 증가했지요. 그 결과 시장 확보를 위해 제국주의와 손잡은 '식민지적 자본주의'가 전개되었습니다. 그런데 이후에도 과학기술과 생산성이 폭발적으로 향상되었기 때문에 20세기 후반부터는 정보화와 세계화를 통한 전 지구적 소비가 자본주의라는 체제를 유지할 수 있는 유일한 길이 되었습니다. 독일의 경제학자 어네스트 만델(Ernest Mandel, 1923~1995)이 그의 《후기 자본주의》에서 처음으로 고안해 사용한 용어인 '후기 자본주의(Spterkapitalismus)' 시대가 도래한 것입니다.

요컨대 후기 자본주의의 탄생은 기술혁명과 그에 따른 과잉생산에 그 근원을 두고 있습니다. 과잉생산으로 인한 상품의 축적은 소비를 통하지 않고는 해소될 수 없기 때문에, 사회가 삶의 질을 높인다는 명분 아래 노동의 윤리를 대신하여 소비 이데올로기를 창출해낸 거지요. 후기 자본주의 사회는 그 구성원들을 생산자로서보다 소비자로서 사용하는 이데올로기 사회입니다. 하지만 일찍이 카를 마르크스(Karl Marx, 1818~1883)가 《자본론》에서 지적한 것처럼, 이데올로기란 본디 일종의 '허위의식(false consciousness)'입니다.

마르크스는 돈이란 원래 상품 교환이라는 목적을 위한 매개 수단에 불과하지만, 노동자가 돈을 위해 자신의 상품인 노동을 팔 때는 더 이상 수단이 아닌 목적이 되는 허위의식이 생긴다는 것을 갈파했지요. 인간이 자신의 자유를 위해 스스로 만든 돈을 '신처럼' 숭배하는 허위의식 탓에 자유를 빼앗기고 돈의 노예가 되는 어리석음을 저지르게 된다는 겁니다. 그는 이런 우상숭배를 조장하는 자본주의의 속성을 물신주의(物神主義, fetishism)라고 불렀는데, 오늘날 학자들이 후기 자본주의의 특성을 '소비물신주의(消費物神主義)'라고 규정하는 것이 그래서입니다.

이러한 점에서 김수영 시인이 1967년에 발표한 〈VOGUE야〉는 매우 특별한 의미를 지니고 있습니다. 이 시에서 시인은 특유의 예민함으로 당시 우리나라에 아직 도래하지 않은 소비물신주의의 폭력을 미리 감지하고 두려워하고 있기 때문입니다.

> VOGUE야 넌 잡지가 아냐
> 섹스도 아냐 유물론도 아냐 선망조차도
> 아냐— 선망이란 어지간히 따라갈 가망성이 있는
> 상대자에 대한 시기심이 아니냐, 그러니까 너는
> 선망도 아냐
>
> 마룻바닥에 깐 비닐 장판에 구공탄을 떨어뜨려
> 탄 자국, 내 구두에 묻은 흙, 변두리의 진흙,
> 그런 가슴의 죽음의 표식만을 지켜온,
> 밑바닥만을 보아온, 빈곤에 마비된 눈에

VOGUE야 넌 잡지가 아냐

하늘을 가리켜주는 잡지

VOGUE야

신성을 지키는 시인의 자리 위에 또 하나

넓은 자리가 있었던 것을 자식한테

가르쳐주지 않은 죄— 그 죄에 그렇게

오랜 시간을 시달리면서도 그것을 몰랐다

VOGUE야 너의 세계에 스크린을 친 죄,

아이들의 눈을 막은 죄— 그 죄의 앙갚음

VOGUE야

그리고 아들아 나는 아직도 너에게 할 말이

왜 없겠는가 그러나 안한다

안하기로 했다 안해도 된다고

생각했다 안해야 한다고 생각했다

너에게도 엄마에게도 모든

아버지보다 돈 많은 사람들에게도

아버지 자신에게도

— 김수영, 〈VOGUE야〉 전문

《VOGUE》는 세계적인 패션 잡지이지요. 앞에서 언급했듯이 패션은 우리의 욕망을 자극하고 선망을 불러일으켜 소비를 촉진하려는 후기 자본주의의 메커니즘입니다. 따라서 패션으로서의 의류나 액세서리는 우리가 일상생활에서 입는 옷이나 장신구가 아닙니다. 오히려 우리의 일상적인 옷과 장신구들을 초라하고 남루하게 보이도록 하여 폐기 처분하게 만드는 기능을 수행하지요. 이 점에서 《VOGUE》는 후기 자본주의의 상징이자 소비물질주의의 첨병인 셈입니다.

김수영 시인이 〈VOGUE야〉를 쓴 1967년에 우리나라는 이른바 '경제개발 5개년 계획'과 함께 생산 중심의 산업화가 막 시작되려는 초기 자본주의 시기였습니다. '새마을 운동'이라는 계몽 사업을 통해 노동의 윤리가 주입되던 때이기도 했지요. 온 국민이 아직 "마룻바닥에 깐 비닐 장판에 구공탄을 떨어뜨려 / 탄 자국, 내 구두에 묻은 흙, 변두리의 진흙, / 그런 가슴의 죽음의 표식만 지켜온, / 밑바닥만을 보아온, 빈곤에 마비된 눈"을 하고 있을 때였습니다. 그런데 감히 섹시함조차 느낄 수 없을 만큼("섹스도 아냐") 세련되고 아름다운 금발의 여인들이 선망조차 불러일으킬 수 없을 정도로("선망조차도 아냐") 화려하고 사치스러운 옷차림과 치장을 하고, 미국에서는 이미 시작된 후기 자본주의의 메시지를 전하는 잡지 《VOGUE》를 보자, 시인은 적지 않은 충격을 받은 게 분명합니다. 그래서 터진 첫마디가 "VOGUE야 넌 잡지가 아냐"이지요!

시인은 《VOGUE》가 "하늘을 가리켜주는 잡지", 곧 새로운 시대의 성서이자 시집이라는 것을 곧바로 알아챘습니다. 이윽고 도래할 물신(物神, fetish)의 막강함과 시인의 무력함도 즉시 감지했지요. 그래서 "신성을 지키는 시인의 자리 위에 또 하나 / 넓은 자리가 있었던 것을 자식한테 / 가르쳐주지 않은 죄"도 깨달았습니다. 마침내는 전쟁에

패한 장수가 입이 열이라도 말을 말아야 하듯이 자신은 억장이 무너져도 침묵해야 한다고 생각했지요. 그래서 "아들아 나는 아직도 너에게 할 말이 / 왜 없겠는가 그러나 안한다 / 안하기로 했다 안해도 된다고 / 생각했다 안해야 한다고 생각했다"라고 읊은 것입니다.

다른 사람도 아니고 당시 그 누구보다도 시대정신이 투철했던 김수영 시인의 입을 잡지 한 권으로 틀어막아버린 것이 바로 후기 자본주의가 낳은 물신의 마성입니다. 물론 그가 물신에 굴복한 것은 전혀 아니어서 이때 안 하기로 한 "할 말"을 거의 같은 날 썼다고 여겨지는 그의 다른 시 〈사랑의 변주곡〉에 털어놓았는데, 이에 대해서는 뒤에서 알아볼 것입니다. 따라서 잡지 한 권만 보고 지레 겁을 먹은 것처럼 입을 함봉하는 시인을 이상한 사람이나 겁쟁이로 여겨서는 안 됩니다. 그는 다가올 시대를 예감한 일종의 선지자였지요.

김수영 시인이 예감했던 그 물신의 마성을 확인하고 싶다면, 예컨대 압구정동에 있는 카페에 시집(또는 성서)과 《VOGUE》를 나란히 놓아두고 그곳을 출입하는 사람들이 무엇을 집어 뒤적이는지를 보면 됩니다. 보나마나 《VOGUE》겠지요. 왜냐하면 김수영 시인이 "하늘을 가리켜주는 잡지"라고 묘사한 《VOGUE》는 중세의 성서와 근대의 시집이 사람들에게 했던 바로 그 일, 곧 낙원을 보여주는 일을 대신하고 있으니까요.

가끔은 주목받는 생이고 싶다

후기 자본주의가 집요하게 노리는 것은 인간의 욕망입니다. 욕망이 소비의 가장 큰 동력이기 때문입니다. 그래서 후기 자본주의는 고대의 위대한 철학자들과 성스러운 종교인들이 지하 감옥에 꽁꽁 묶어놓았던 욕망을 지상으로 불러냈지요. 그리고 태양 아래 보란 듯이 활개를 치게 된 욕망을 모든 산업이 정치적·경제적·문화적 수단을 총동원하여 부추기는 대상이자, 온갖 유행과 광고가 겨냥하는 핵심 타깃으로 삼았습니다.

그러기 위해 정치인들은 노동시간을 줄이고 여가시간을 늘리며 신용카드를 개발하여 충동적 소비가 가능한 새로운 소비 방식을 열어놓았습니다. 어느 나라에서든 후기 자본주의와 신용카드 제도는 거의 같은 시기에 시작되었습니다. '카르페 디엠(carpe diem)!' '지금 즐겨라, 대가는 나중에!' '내일의 쾌락을 오늘에!' 이것이 신용카드에 새겨진 욕망의 철학이지요. 이에 뒤질세라 기업인들은 품질 향상보다는 디자인과 감각적 취향을 제고하여 제품 순환을 앞당기는 유행을 불러일으키는 데에 힘을 쏟고, 이와 짝을 맞춰 문화인들은 인간의 원초적 감각을 자극하는 문화상품과 광고 개발에 골몰하고 있습니다.

유하(1963~) 시인의 연작시 〈바람 부는 날이면 압구정동에 가야 한다〉와 함성호(1963~) 시인의 연작시 〈건축사회학〉은 후기 자본주의가 이미 정착한 1990년대 우리나라의 이 같은 단면을 여실히 보여주고 있습니다.

걸어가면 만날 수 있다 오, 욕망과 유혹의 삼투압이여
　자, 오관으로 느껴보라, 안락하게 푹 절여진 만화방창 각종 쾌락의 묘지, 체제의 꽁치 통조림 공장, 그 거대한 피스톤이, 톱니바퀴가 검은 기름의 몸체를 번득이며 손짓하는 현장을
　왕성하게 습막하게 숨가쁘게
　그러나 갈수록 쎅시하게

　바람이 분다 이곳에 오라
　바람이 분다 이곳에 오라
　바람이 불지 않는다 그래도 이곳에 오라

— 유하, 〈바람 부는 날이면 압구정동에 가야 한다 2〉 부분

당신의 휴식 공간 롯데는
우리를 모두 젊은 베르테르의 사랑에 빠지게 한다
욕구의 끓는 기름과 조갈의 불화살을 쏴
끊임없이 당신을 상품화하고
끊임없이 당신을 당신이 소비하도록

구애한다

"여러분은 지금 롯데 월드로 가시는 전철을……"

/욕/망/을/드/립/니/다

/쾌/락/을/드/립/니/다

"내리시면 바로 당신을 진열해드립니다"

— 함성호, 〈잠실 롯데 월드—건축사회학〉 부분

    영화감독이기도 한 유하 시인이 말하는 '압구정동'과 건축가이기도 한 함성호 시인이 언급하는 '롯데 월드'는 욕망과 쾌락을 충족시켜주는 가상의 공간으로 '소비물질주의의 낙원'을 상징한다고 해석할 수 있습니다. 20여 년 전에 김수영 시인이 《VOGUE》를 보고 예감했던 공간, 물신이 장악하고 판치는 바로 그 공간이지요. 시인들이 보기에 1990년대의 압구정동과 롯데 월드가 바로 그런 공간이었는데 "/욕/망/을/드/립/니/다", "/쾌/락/을/드/립/니/다"가 이 낙원의 단순하지만 강력한 메시지입니다.

    유하 시인이 보기에 "압구정동은 체제가 만들어낸 욕망의 통조림 공장"입니다. "욕망의 평등사회"이자 "패션의 사회주의 낙원"이지요. "가는 곳마다 모델 탤런트 아닌 사람 없고 가는 곳마다 술과 고기가 넘쳐나니 무릉도원이" 따로 없습니다. 소비물질주의가 원하는 조건, 즉 "실버스타 스탤론이나 / 리차드 기어 같은 샤프한 이미지"와 "세 겹 주름바지와, 니트, 주윤발 코트, 장군의 아들 중절모, 목걸이 등의 의류와 액세서리"와 "소방차나 맥가이버 헤어스타일", 그리고 자가용만 갖춰진 사람이면 누구나 환영받고 아무나 쾌락을 즐길 수 있습니다.

주목하고자 하는 것은 함성호 시인의 〈잠실 롯데 월드-건축사회학〉 중 "끊임없이 당신을 상품화하고"와 "내리시면 당신을 진열해드립니다"라는 구절들입니다. 후기 자본주의의 전략은 욕망과 쾌락을 미끼로 "바람이 분다 이곳에 오라 / 바람이 불지 않는다 그래도 이곳에 오라"라고 초대해 당신을 소비자화할 뿐만 아니라, 그와 동시에 상품화한다는 말이기 때문입니다. 무슨 소리냐고요?

예를 들어, 오늘 저녁 평범한 젊은 직장 여성이 빚을 내어 산 샤넬 원피스를 입고 마놀로 블라닉 하이힐을 신고 루이뷔통 백을 들고 압구정동이나 청담동의 카페처럼 소비물질주의의 '낙원'에 갔다고 칩시다. 그녀는 물론 자신의 욕망과 쾌락을 위해 그런 차림을 하고 그곳에 갔지만, 그것이 다른 사람들의 시선을 끌기 때문에 자연스레 욕망의 증식을 낳습니다. 그뿐만 아니라 그런 차림과 나들이는 그녀의 경제 능력과 여가를 과시하는 하나의 기호이기 때문에, 그 같은 계층의 사람들과 어울리는 신분의 상승을 기대할 수 있습니다. 소비물질주의 낙원으로서의 도시 공간이 제공하는 이 같은 욕망의 증식과 자기상품화 현상을 함성호 시인은 "당신을 진열해 드립니다"라고 표현한 것이지요.

후기 자본주의는 이런 교활한 방식을 통해 자체 증식하는 욕망과 쾌락을 밑거름으로 사회를 점차 시장화해가고 사람들을 소비자화하는 동시에 상품화해갑니다. 지금도 여전히 거세게 불고 있는 명품 열풍이나 다이어트 열풍에 휩싸인 젊은 여성들은 날씬하고 섹시한 몸매를 만듦으로써, 또는 명품을 들거나 걸침으로써 후기 자본주의 사회의 열렬한 소비자가 될 뿐만 아니라, 도시 공간에 보란 듯이 자신을 진열하여 스스로를 상품화하면서 소비물질주의 사회를 확장해가고 있는 것이지요.

프랑스의 사회학자 장 보드리야르(Jean Baudrillard, 1929~2007)가 《소비의 사회》에서 "자본주의 사회에서는 육체 그 자체와 육체를 이용한 사회적 활동 및 정신적 표상이 사유재산 일반과 똑같은 지위를 부여받고 있다. (……) 우리가 보여주고 싶은 것은 현재의 생산/소비 구조가 사람들의 마음속에서 자신의 육체로부터 분리된 (그렇지만 깊은 곳에서는 연결되어 있는) 표상과 결합한 이중의 취급을 이끌어내는 것, 즉 자본으로, 물신(또는 소비 대상)으로 육체를 취급하는 것이다"라고 지적한 바로 그 현상입니다.

문정희 시인은 이처럼 자신의 육체를 자본으로, 소비 대상으로 취급하는 현상 가운데 하나인 다이어트를 다음과 같이 개탄했습니다.

> 몸은 원래 그 자체 음악을 가지고 있지
> 식사 때마다 밥알을 세고 양상추의 무게를 달고
> 그리고 규격 줄자 앞에 한 줄로 줄을 서는
> 도시 여자들의 몸에는 없는
> 비옥한 밭이랑의
> 왕성한 산욕(産慾)과 사랑의 노래가
>
> 몸을 자신을 태우고 다니는 말로 전락시킨
> 상인의 술책 속에

짧은 수명의 유행 상품이 된 시대의 미인들이

둔부의 규격과 매끄러운 다리를 채찍질하며

뜻없이 시들어가는 이 거리에

나는 한 마리 산돼지를 방목하고 싶다

몸이 큰 천연 밀림이 되고 싶다

— 문정희, 〈몸이 큰 여자〉 전문

시인은 차라리 "나는 한 마리 산돼지를 방목하고 싶다 / 몸이 큰 천연 밀림이 되고 싶다"라며 반항하는데, 그것은 사실상 인간에게 자신의 육체마저 자본으로, 그리고 소비대상으로 취급하게끔 강요하는 후기 자본주의에 대한 도발적인 저항인 셈입니다.

폴란드 출신 사회학자 지그문트 바우만(Zigmund Baumann, 1925~)이 《액체 근대》에서 "생산자 사회가 그 구성원이 지켜야 할 기준으로 건강을 내세우는 반면, 소비자 사회는 그 구성원들에게 이상적으로 **균형 잡힌 몸매**fitness를 보여주느라 호들갑을 떤다"라고 적절히 표현했듯이, 우리가 우리의 육체마저도 자본으로, 그리고 소비 대상으로 취급하도록 '호들갑'을 떨며 후기 자본주의를 이끌어가는 "상인의 술책"이 바로 유행과 광고입니다.

프랑스 제화회사 슈발리에의 광고 문안이자 오규원 시인이 1987년 발표한 〈가끔은 주목받는 생이고 싶다〉의 첫째 연은 광고가 사람들의 욕망을 어떻게 부추겨 스스로를 상품화시키는지 잘 보여줍니다.

선언 또는 광고 문안

단조로운 것은 生의 노래를 잠들게 한다.

머무르는 것은 生의 언어를 침묵하게 한다.

人生이란 그저 살아가는 짧은 무엇이 아닌 것.

문득— 스쳐 지나가는 눈길에도 기쁨이 넘쳐나니

가끔은 주목받는 生이고 싶다— CHEVALIER

— 오규원, 〈가끔은 주목받는 生이고 싶다〉 부분

여기서 "가끔은 주목받는 生이고 싶다"는 소비자들이 스스로를 상품으로 진열하게 만드는 심리를 묘사한 매혹적인 광고 문안이지만, 이것은 시작에 불과했습니다. 20여 년이 지난 오늘날 광고는 사람들을 '가끔'이 아니라 '항상 주목받는 생이고 싶다' 그리고 '발'만 아니라 '머리에서 발끝까지 주목받는 생이고 싶다'고 외치게 충동질하며, 자기 자신을 진열하기 위한 다이어트, 성형, 명품 등 온갖 열풍 속으로 사람들을 휘몰아가고 있지요. 문제는 끊임없이 당신을 상품화하고 당신을 당신이 소비하도록 몰고 가는 욕망이 자기 자신의 것이 아니라, 후기 자본주의가 자체 생존 전략으로 조작한 허위의식이라는 데에 있습니다.

전통적 의미에서 광고란 상품이 얼마나 가치 있고 유용한가, 즉 상품에 대한 정보와 평가를 소비자에게 제공하는 것입니다. 하지만 오늘날 광고는 상품에 관한 정보나 질적 가치보다는 상품 자체의 미적·감각적 이미지의 표현에 더 많은 관심을 쏟고 있지요. 보드리야르가

《소비의 사회》에서 "유행이 미추(美醜)를 초월해 있는 것처럼, 또 현대적 사물의 기능이 유용무용(有用無用)을 초월해 있는 것처럼, 광고는 진위를 초월해 있다"라고 갈파했듯이 말입니다. 상품미(商品美)와 이미지를 극대화하는 것이야말로 욕망을 충동질해 소비를 촉진해야 하는 후기 자본주의에 맞는 광고 전략이기 때문입니다.

이러한 광고는 가상적인 쾌락과 행복으로 인간을 뒤덮고, 각자 자기 식대로 왜곡된 욕망의 정당화를 형성하게 합니다. 그 결과 개개인은 점점 합리적 지식과 판단보다 세련된 감성과 감각으로 승부하는 탐미적·향락적 인간이 되어가지요. 사회는 이러한 광고의 요구에 민감하게 대응하며, 더 많은 상품을 소비하는 개인일수록 자신의 가치를 높게, 그리고 빈번히 확인하는 식으로 발전해갑니다. 그렇게 소비와 향락적 삶은 현대인의 꿈이자 미덕이 되었고, 절제와 성찰적 삶은 세련되지 못하고 무능한 인간의 변명이 되었습니다.

함민복 시인의 다음 시들은 광고에 의해 조작된 우리 내면의 황량한 풍경을 적나라하게 그리고 있습니다.

> 광고의 나라에 살고 싶다
> 사랑하는 여자와 더불어
> 아름답고 좋은 것만 가득 찬
> 저기, 자본의 에덴동산, 자본의 무릉도원,
> 자본의 서방정토, 자본의 개벽세상 —
>
> — 함민복, 〈광고의 나라〉 부분

그녀가 광고하는 비싼 침대에 누워

침대 광고하는 그녀를 보고 있는 사람들은

또 그녀가 광고하는 차를 타고 다니는 사람들

에 비하면 나는 그녀의 아주 작은 사랑밖에

받을 수 없다는 생각이 들었지만

나는 당당하게 그녀의 사랑을 받고 싶어

그녀와 잠시 같은 삶을 살고 싶어

— 함민복, 〈자본주의의 사랑〉 부분

    오늘날 광고는 이처럼 우리로 하여금 내적으로는 "욕구의 끓는 기름과 조갈의 불화살을 쏴" 탐욕을 충동질하고, 외적으로는 "끊임없이 당신을 상품화하고 / 끊임없이 당신을 당신이 소비하도록" 선망과 질투를 불러일으킴으로써 조작된 욕망을 즉각 실현하도록 합니다. 만일 그렇지 못할 경우 불행하다거나 비참하다는 생각을 갖게 만들지요. 함민복 시인이 "그녀가 광고하는 비싼 침대에 누워 / 또 그녀가 광고하는 차를 타고 다니는 사람들 / 에 비하면 나는 그녀의 아주 작은 사랑밖에 / 받을 수 없다는 생각이 들었지만"이라고 묘사한 불행 의식이 바로 그것입니다.

    하지만 이 모든 것은 후기 자본주의가 만들어낸 환상에 불과합니다. 거대한 슈퍼마켓이 되어버린 현대 소비사회에서 인간은 소유와 소비를 부추기는 왜곡된 쾌락원칙에 사로잡혀 열광적이고 만족스러운 상품 소비자가 됨으로써 날마다 자아와 존재를 상실해가고 있는 것입니다. 게다가 이 같은 소비는 그에 상응하는 노동 역시 강요하기 때문에 우리는 영문도 모르고 자신의 진정한 삶과 행복을 모조리 내팽개친 채 끊임없이 일하고 쉴 새 없이 소비하는 자동인형이 되어버린 거지요.

늑대의 칼날 핥기

고대에 시작된 행복에 관한 성찰은 대부분 인간의 주관적·심리적 판단에 기초하고 있습니다. 욕망을 없애거나 억제하는 미덕을 길러 마음의 평정을 얻을 때 행복을 맛볼 수 있다는 내용이지요. 예수가 산상수훈에서 첫마디로 꺼낸 "마음이 가난한 자에게 복이 있나니 천국이 저희 것이라"(마태복음 5:1)라는 가르침이 그 대표적 예입니다. 천상병(1930~1993) 시인의 다음 시도 그같이 얻어지는 행복이 어떤 것인지를 잘 보여줍니다.

나는 세계에서
제일 행복한 사나이다

아내가 찻집을 경영해서
생활의 걱정이 없고
대학을 다녔으니
배움의 부족함도 없고
시인이니

명예욕도 충분하고

이쁜 아내니

여자 생각도 없고

아이가 없으니

뒤를 걱정할 필요도 없고

집도 있으니

얼마나 편안한가

막걸리를 좋아하는데

아내가 다 사주니

무슨 불평이 있겠는가

더구나

하나님을 굳게 믿으니

이 우주에서

가장 강력한 분이

나의 빽이시니

무슨 불행이 온단 말인가!

― 천상병, 〈행복〉 전문

    이 시에서 시적 화자가 취하는 관점에서 보면, 국민소득이 세계에서 최하위 그룹에 속하는 부탄왕국 국민의 행복지수가 세계에서 제일 높다는 통계 결과가 쉽게 이해가 갑니다. 하지만 우리가 지금까지 살펴본 바에 따르면, 부탄왕국이 아니라 한국, 다시 말해 후기 자본주의가 온갖 수단을 다 동원하여 욕망을 자극하고 소비를 강요하는 우리 사회에서는, 기인으로 산 천상병 시인처럼 마음을 가난하게 갖기가 쉽지 않을뿐더러 그것만으로는 도저히 행복할 수 없다는 것이 여실히 드러났습니다.

이러한 사실은 이제 행복을 주관적이고 심리적인 요소가 작용하는 개인적인 차원에서뿐만 아니라, 객관적이고 구조적인 요소들이 주가 되는 사회적인 차원에서도 다루어야 한다는 것을 말해줍니다. 그래서 오늘날 일부 학자들은 '사적 행복'과 구분되는 '공적 행복'이라는 용어를 사용하여 사회와 연관된 행복 문제를 다루기도 하지요. 그 가운데 눈에 띄는 것이 개인의 행복을 침해하는 소비물신주의를 일종의 전염병인 '어플루엔자(Affluenza)'로 규정하고 대책을 마련하려는 그룹입니다. '어플루엔자'는 물질적 풍요를 뜻하는 '어플루엔스(Affluence)'와 유행성 독감을 뜻하는 '인플루엔자(Influenza)'를 합하여 만든 용어이지요. 물질적 풍요가 만들어낸 치명적인 바이러스라는 뜻인데, 이것이 마치 유령처럼 후기 자본주의 사회를 떠돌아다니고 있다는 겁니다.

존 드 그라프(John de Graaf), 데이비드 왠(David Wann), 토머스 네일러(Thomas Naylor)가 함께 쓴 책《어플루엔자》에서는 어플루엔자를 "고통스럽고 전염성이 있으며 사회적으로 전파되는 병으로, 끊임없이 더 많은 것을 추구하는 태도에서 비롯되는 과중한 업무, 빚, 근심, 낭비 등의 증상을 수반한다"라고 규정하고 있습니다. 그리고 다음과 같은 장면을 상상해보라고 권하지요.

한 의사가 진료실에서 값비싼 옷으로 치장한 예쁜 여자 환자를 검진하고 있습니다. 의사가 말하지요. "몸에는 이상이 없습니다" 환자는 도무지 알 수 없다는 표정입니다. "그럼 왜 이렇게 기분이 엉망일까요? 커다란 새 집을 장만하고 차도 최신형으로 사고 새 옷장도 구했어요. 직장에서 봉급도 크게 올랐고요. 그런데도 아무런 흥이 나지 않고 오히려 비참한 생각이 들어요. 도움이 될 만한 약이 없을까요?" 의사는 고개를 가로젓습니다. "안됐지만, 없습니다. 당신의 병에는 치료할 약이 없어요" 환자는 깜짝 놀라 묻습니다. "무슨 병인데요, 선생님?" 의사는 어두운 표정으로 대답합니다. "어플루엔자예요. 신종 유행병입니다. 감염력이 극히 높아요. 치료는 가능하지만 쉽지 않습니다."

물론 만들어낸 이야기이지만 우리에게도 시사하는 바가 큽니다. 어플루엔자가 떠도는 소비물질주의 사회에서는 그 누구도 자신의 행복을 지킬 수 없기 때문입니다. 홀로 마음을 가난하게 하기도 쉽지 않은 데다, 설령 그렇게 하려 해도 마음만으로는 감염력이 높은 이 전염병을 막을 수 없기 때문이지요. 조류독감과 같은 유행성 인플루엔자처럼 어플루엔자에도 사회적 차원의 대응이 필요한 이유가 바로 이것입니다.

서울대 소비자학과 김난도 교수의 《럭셔리 코리아》에는 명품을 사기 위해 갚지 못할 빚을 지거나 범죄까지 저지르는 사람들의 이야기가 들어 있습니다. 놀라운 것은 그들 가운데 젊은이의 비율이 50퍼센트가 넘는다는 사실이지요. 백화점과 친구 집에서 유명 브랜드 상품을 훔치다 경찰에 체포된 명문대 남학생이나 명품을 구입하기 위해 건강의 위험을 무릅쓰고 상습적으로 난자를 판 여대생도 있다고 합니다. 어플루엔자에 감염된 거지요. 서울 삼성동이나 동대문운동장 주변의 쇼핑몰이 밤낮을 가리지 않고 청소년들과 젊은이들로 붐비는 것, 10대에서 30대까지 우리나라 젊은이들의 자살률이 세계에서 선두를 달리고 있는 것도 어플루엔자와 결코 무관하지 않습니다.

그런데 혹시 이런 이야기를 들어보았나요? 에스키모인들은 늑대를 잡기 위해서 날카롭게 날이 선 칼에 동물 피를 조금 묻혀 눈밭에다 거꾸로 박아놓는다고 합니다. 그러면 피 냄새를 맡고 늑대가 다가오지요. 처음에는 칼날에 묻은 피를 핥지만 일단 피를 핥다 보면 날카로운 칼날에 혀를 베이게 되어 칼날에 늑대 자신의 피가 줄줄 흘러내리게 됩니다. 그런데도 이미 피 맛을 본 늑대는 멈추지 못하고 계속 칼날을 핥다가 결국엔 피를 많이 흘려 죽게 된다지요. 프랑스의 촉망받는 분자생물학자였다 티베트 승려가 된 마티유 리카르(Mathieu Ricard, 1946~)가 쓴 《행복 요리법》에 들어 있는 이야기인데, 끔찍하지요?

나는 이 섬뜩한 '늑대의 칼날 핥기' 이야기를 한번 감염되면 치명적인 어플루엔자의 위험성을 경고할 때 자주 사용하곤 하는데, 유하 시인은 집어등(集魚燈) 불빛에 취해 목숨을 낚이는 오징어를 통해 같은 경고를 했답니다. "눈앞의 저 빛! / 찬란한 저 빛! / 그러나 저건 죽음이다 // 의심하라 / 모오든 광명을!"(〈오징어〉 전문)이라고 간단하지만 단호하게 말입니다.

정우영(1960~) 시인은 〈압구정동이라는 사막〉에서 유하 시인이 "저건 죽음이다"라고 한마디로 묘사한 그 죽음의 과정과 내막을 다음과 같이 흥미롭고도 소상하게 밝혔습니다. 이 시에서 '압구정동'은 유하 시인의 압구정동이나 함성호 시인의 롯데 월드처럼 욕망과 쾌락을 충족시켜주는 가상의 공간으로 '소비물질주의의 낙원'을 상징합니다. 여기 등장하는 "예쁜 여자 전갈"은 〈오징어〉에 묘사된 "눈앞의 저 빛! / 찬란한 저 빛!"이고, 에스키모 이야기에 나오는 "칼날에 묻은 피"이며, 《어플루엔자》의 소비물질주의 바이러스라고 해석해야겠지요. 그럼, 읽어볼까요?

아저씨, 내가 재미있는 얘기 하나 해줄까요? 어찌 들으면 참 섬찟하기도 하지만 지하도는 너무 심심하니까. 여기서 산다는 게 참 막막하기도 하고. 자, 궁시렁거리지 마시고. 예쁜 여자 전갈 하나가 잘생긴 남자 전갈 몇 명을 데리고 사막을 걸어갑니다. 좋겠다구요? 그럼요, 좋지요. 청춘 남녀잖아요. 아마 사막이 사막 같지 않을걸요? 에이, 그런 엉뚱한 상상 땜에 좋은 건 아니우요. 그런데요, 이렇게 정답게 다니다가 배가 고프면 말이에요. 예쁜 여자가 그중 제일 여리고 귀여운 남자를 은근슬쩍 부른다네요. 남자는 좋아라 다가가겠지요. 여자는 남자 목잡아 끼고 꼬옥 껴안는답니다. 남자는 앙큼한 생각에 이게 뭔 일이다냐, 황홀하고 몽롱해져서는 가만히 있는다지요. 그러면 여자는 남자의 사타구니를 쓱 벌린 다음 자기 성기를 콕 찔러 넣는대요. 나른하게 퍼지는 게 독인지도 모르고 남자는 오르가슴에 떨겠지요. 독 퍼질 즈음에서야 비로소 정신 차리고 반항하지만 어쩌겠어요? 이미 독 퍼진 다음이라 몸 축 늘어질 밖에요. 남자는 제 대가리를 뜯어 먹는 여자의 사각거리는 입질 소리 어질어질 들으면서 세상 하직하겠지요? 잔인하다고요? 사막인데요? 나도 너를 잡아먹고 너도 나를 잡아먹지 않을까요? 사막에서는. 에이, 거짓말 말라구요? 그런 사막이 어디 있느냐구요? 저기요, 압구정동이라는 사막. 막 또 다른 여자 전갈과 남자 전갈이 길을 나서네요. 한번 쫓아가보세요. 내 말이 맞나 틀리나.

―정우영, 〈압구정동이라는 사막〉 전문

자, 상황이 이러하니 어찌해야 할까요? 이제까지 정황으로 보면, 후기 자본주의 시대를 살고 있는 우리는 불행할 수밖에 없는 운명을 타고난 듯합니다. 마치 정우영 시인이 묘사한 "예쁜 여자 전갈"의 독침에 찔린 것처럼 우리는 어플루엔자에 감염되어 "이미 독 퍼진 다음이라 몸 축 늘어"져 있고, 그 완강한 물신의 힘에 도무지 저항할 길이 없어 보이기 때문이지요. 여기서 우리는 다시금 절망이라는 벽 앞에 서게 됩니다.

하지만 정현종(1939~) 시인이 "아침에는 / 운명 같은 건 없다. / 있는 건 오로지 / 새날 / 풋기운! // 운명은 혹시 / 저녁이나 밤에 / 무거운 걸음으로 / 다가올는지 모르겠으나, / 아침에는 / 운명 같은 건 없다"(〈아침〉 전문)라고 읊었듯이 만일 당신이 젊은이라면, "새날 / 풋기운" 같은 젊으이라면 추호라도 이 같은 절망을 운명으로 받아들여서는 안 됩니다! 설사 당신의 나이가 이미 젊지 않더라도 마찬가지이지요. 왜냐하면 일찍이 아리스토텔레스가 《니코마코스 윤리학》에서 "모든 인간은 행복을 추구한다"라고 설파했듯이 행복이란 그 누구도 포기할 수 없는 소중한 가치 가운데 하나이기 때문입니다.

이제 우리는 물질적 풍요와 그것이 주는 쾌락이 우리를 행복하게 할 수 있으리라는 생각과 그것에 기초한 삶의 태도를 바꿔야 합니다. 나아가 행복을 위한 개인의 의식 전환과 사회적 환경 개선을 함께 추구하는 새로운 행복 패러다임을 구축해야 합니다. 용기는 가상하지만 이미 후기 자본주의가 길러낸 물신의 지배를 받고 있는 우리에게 그것이 가능하겠느냐고요? 그렇긴 합니다. 쉬운 일이 아니지요. 하지만 생각을 조금만 바꾸면 그리 어려운 일도 아닙니다. 예를 들어 설명해 볼까요?

가령 당신이 오늘 저녁 멋있게 차려입고 차를 몰아 홍대 앞에 있는 클럽으로 유흥을 즐기러 간다고 가정하지요. 그런데 찻길 옆에 난 조그만 연못에 어린아이 하나가 빠져 허우적거립니다. 차를 멈추고 가까이에서 보니 물은 당신의 무릎에도 오지 않는데, 아이가 너무 어려 빠져나오지 못하고 있습니다. 누군가가 당장 구하지 않으면 죽고 말 처지이지요. 주위를 둘러보아도 아무도 보이지 않는 이때, 당신이라면 어떻게 하겠어요?

우선 못 본 척하고 클럽에 가서 유흥을 즐기며 짜릿한 쾌락을 느낄 수 있습니다. 아니면 연못에 뛰어들어 아이를 구해 부모에게 안전하게 인도하고 잔잔한 기쁨을 맛볼 수도 있겠지요. 하지만 그러려면 새로 산 옷은 젖고 구두는 진흙투성이가 될 것입니다. 물론 클럽에 가는 것도 포기해야겠지요. 이럴 때 당신이라면 어떻게 하겠어요?

이것은 실천윤리학자 피터 싱어가 《물에 빠진 아이 구하기》에서 제시한 예화를 우리의 이야기에 맞게 약간 바꾸어 만든 질문입니다. 이 질문을 통해 내가 묻고 싶은 것은 아이를 구하지 않고 유흥을 즐기러 클럽으로 차를 몰고 가는 것과 아이를 구하러 물에 뛰어드는 것 가운데 어느 것이 윤리적인가 하는 것이 아닙니다. 오히려 그중 어느 것이 당신을 더 행복하게 만들 것인가 하는 것이지요.

만일 당신이(또는 우리가) 전자를 선택한다면, 우리에게는 희망이 없습니다. 그러나 당신이(또는 우리가) 후자를 선택한다면, 우리는 더 이상 절망하지 않아도 됩니다. 왜냐하면 당신은 이미 무엇이 당신을 진정으로 행복하게 할 것인가를 잘 알고 있으며, 그것을 실천할 수 있는 용기를 갖고 있기 때문입니다.

이 이야기를 통해 내가 하려는 말은, 소비물질주의가 주는 쾌락을 포기하는 일이 우리에게 어떤 희생을 강요하는 일이거나 금욕주의의 고통을 감내하도록 하는 일이 아니라는 겁니다. 오히려 쾌락보다 더 나은 행복을 주는 일이라는 거지요. 당신이 클럽으로 차를 모는 대신 물에 빠진 아이를 구하는 일을 선택했다면, 당신은 아마 옷과 구두를 망치고 유흥을 포기해야 했겠지만 그것은 그리 큰 희생이라고 볼 수 없습니다. 게다가 당신은 아이의 생명을 구하는 커다란 기쁨을 맛보았을 거예요. 그럼으로써 진정한 행복이 무엇인지도 알았을 것입니다. 때문에 당신에게 손해가 아니라 이익이 되었다는 말입니다.

그런데 이거 아세요? 우리는 바로 이 같은 방법을 통해서만 유하 시인이 "저건 죽음이다"라고 경고한 소비물질주의의 마성을 이기고 행복해질 수 있다는 것을? 다시 말해, 우리는 쾌락을 절제하는 금욕을 통해서 행복해지는 것이 아니라 행복해지는 일을 통해서 쾌락을 절제할 수 있다는 말입니다.

아이러니컬하게 들릴지 몰라도, 이것은 일찍이 쾌락을 향한 우리의 욕망을 다스리기 위해 쾌락주의자 에피쿠로스(Epicouros, BC 341~270)

가 고안한 방법이기도 합니다. 알다시피 에피쿠로스는 스토아 철학의 창시자 제논(BC 334~262)과 동시대인이자 위대한 경쟁자였는데, 매사에 그랬듯 쾌락을 절제하는 방법에서도 두 사람의 입장은 전혀 달랐습니다. 독일의 철학자이자 문명비평가 루드비히 마르쿠제(Ludwig Marcuse, 1894~1979)는 《행복론》에서 그 오묘한 차이를 매우 적절한 예를 들어 다음과 같이 설명했지요.

어떤 두 사람이 파티에 초대를 받았습니다. 그 파티에 가면 매력적인 대화도 있고 고급 술도 있지요. 두 사람은 두 가지 모두에 흥미가 있었지만, 한 사람은 종교를 통해 음주는 죄악이라고 배웠기 때문에 술은 마시지 않고 대화만 나누었습니다. 하지만 다른 한 사람은 술을 마시는 것보다 대화를 나누는 것이 더 즐겁기 때문에 술을 마시지 않았지요. 마르쿠제는 금욕을 하느라 술을 마시지 않은 사람은 스토아주의자이고, 더 큰 쾌락을 위해 술을 마시지 않은 사람은 에피쿠로스주의자라고 했습니다.

"모든 금지하는 것을 금지한다"라는 프랑스 68혁명의 구호가 상징하듯, 오늘날에는 윤리적·종교적 금욕은 고사하고 초기 자본주의 정신의 근간이기도 했던 절제마저 사라진 지 오래입니다. 그러니 더 큰 쾌락을 위해 작은 쾌락을 단념한다는 '에피쿠로스식 절제'야말로 후기 자본주의가 강요하는 '늑대의 칼날 핥기'를 막을 수 있는 유일무이한 방편인지도 모릅니다.

세상이 우리에게 물려준 단 하나의 교훈

아리스토텔레스가 《니코마코스 윤리학》에서 "모든 인간은 행복을 추구한다"라고 선언했을 때 사용한 그리스어 '에우다이모니아(eudaimonia)'는 심리 상태에 따라 수시로 변하는 행복(happiness)을 의미하지 않습니다. 오히려 이 말은 삶의 균형과 안정성을 이룬 상태를 뜻하지요. 따라서 우리말로 '좋은 삶' 또는 '참다운 삶'으로 번역되는 'well being'이라는 의미에 더 가깝습니다. 그래서 "모든 인간은 행복을 추구한다"라는 아리스토텔레스의 말은 '모든 사람은 삶의 균형과 안정성을 이룬 좋은 삶을 추구한다'라고 이해해야 옳습니다.

이런 의미에서 보더라도 물질적 풍요와 그것이 주는 쾌락을 지향하는 삶은 행복한 삶이라고 할 수 없습니다. 어플루엔자나 늑대의 칼날 핥기가 대변하듯이, 그런 삶은 결코 삶의 균형과 안정성을 이룬 상태가 아니기 때문이지요. 오히려 반드시 치료되어야 할 일종의 병적 상태인 것입니다.

로마의 철학자 세네카는 이것을 정확히 간파했습니다. 그는 인간의 욕구(need)는 자연에서 나오기 때문에 무한하지 않으며 제한되어 있다고 했습니다. 예를 들어 인간의 자연적 식욕은 위장에서 나오기 때문에 아무리 배가 고파도 어느 정도의 음식을 먹고 나면 채워진다는 거지요. 그러나 미식가가 '맛있는' 음식을 먹으려고 하거나 멋쟁이가 '멋있는' 의상을 걸치려는 욕망(wants)은 육체에서 나오는 것이 아니라 정신이 가진 무한한 상상력에서 나오기 때문에 도저히 만족시킬 수가 없다고 합니다. 따라서 이런 사람은 아무리 열심히 행복을 추구해도 마치 자기 그림자를 잡으려고 뛰는 것처럼 결코 행복에 도달하지 못한다는 것이지요.

에리히 프롬도 같은 생각을 했습니다. 프롬은 《자기를 찾는 인간》에서 세네카와 마찬가지로 먼저 인간의 '욕구'와 '욕망'을 구분했습니다. 갈증, 식욕, 성욕 등은 객관적이고 생리적인 욕구이며, 이런 욕구는 어떻게든 채워 '만족'에 이를 수 있다고 했지요. 예를 들어 목이 마르다는 생리적 욕구는 물을 마심으로써 얼마든지 만족에 이를 수 있습니다. 그러나 술을 마시고 싶은 욕망은 목이 말라서라기보다는 외롭다거나 화가 난다는 정신적 불안과 억압에서 오기 때문에 아무리 마셔도 근본적으로 해소되지 않는다는 것이지요.

마찬가지로 호화로운 음식을 먹으려고 한다든지, 사치스러운 옷을 입고 싶다든지, 심지어는 애인을 여럿 두려고 애쓰는 사람들은 대개 정신적 억압이나 불안 때문에 자기의 가치를 자신에게 증명하고 타인에게 자신을 과시하기 위해 그런 노력을 경주하는 것입니다. 하지만 그걸로 일시적 쾌락은 느껴도 결코 지속적 만족에는 이르지 못하지요. 이런 사람들은 불안하기 때문에 쾌락을 좇고 쾌락을 좇기 때문에 더욱 불안해지는 악순환에 빠져듭니다.

이처럼 쾌락에 대한 추구는 마치 중독과 같아서 한번 들어서면 도저히 빠져나올 수 없다는 데 영국 철학자 프랜시스 브래들리(Francis Herbert Bradley, 1846~1924) 역시 동의했습니다. 그는 《윤리적 학습》에서 "쾌락이 머무는 동안에는 더 큰 쾌락을 원하기 때문에 만족을 못하고, 그것이 사라지고 나면 아무것도 남는 것이 없다. 그렇기 때문에 행복의 성취라는 관점에서 보면, 우리는 항상 원점으로 되돌아와 있는 것이다"라고 설파했지요. 그리고 이 같은 "쾌락주의의 역설" 때문에 "쾌락은 망해가는 연속이다"라고 잘라 말하기도 했습니다.

이쯤에서 우리가 주목하려는 것이 바로 피터 싱어의 실천적 성찰입니다. 그도 다른 철학자들과 같은 이유에서 "물질적인 부를 통한 행복 추구는 착각에 토대를 두고 있다"면서 행복한 삶에 대한 우리의 생각을 바꾸어야 할 이유가 충분하다고 주장했지요. 그가 말하는 '충분한' 이유에는 특별한 점이 크게 두 가지 있는데, 그중 하나는 자연이 더 이상 우리의 무절제한 쾌락적 소비 생활을 견디지 못해 파괴되어 간다는 사실입니다.

싱어에 의하면, 부유한 나라 사람들의 식탁에 오르는 커다란 스테이크 때문에 해마다 해수면이 올라가고, 그 결과 나일강이나 벵갈 지방 삼각주에 사는 4600만에 달하는 인간 생명과 삶의 터전까지 위협을 받고 있습니다. 무슨 엉뚱한 소리냐고요? 엉뚱한 소리가 아닙니다.

지금 지구상에는 인간보다 약 세 배나 많은 수의 가축들이 존재하고 있지요. 그중에는 약 12억 8000마리의 소도 있는데, 이 소들의 몸무게는 인류 전체의 몸무게를 합한 것보다 더 많습니다. 그런데 이 소들을 기르는 목장을 만들기 위해 지난 30년간 중앙아메리카에서만 약 25퍼센트의 산림을 베었습니다. 그만큼 지구온난화가 가속되었고, 가축들은 음식물을 소화시키면서 엄청난 양의 메탄가스를 내놓았지요. 이 가스는 당연히 지구온난화를 돕고, 그 때문에 해마다 곳곳에서 홍수와 해일이 일어난답니다.

그래서 신경림 시인은 근래 동남아시아에 일어나는 자연재앙의 아픔을 다음과 같이 안타까워했습니다.

> 우리가 너무 오만 방자해서, 함부로 산을 뚫고 바다를 메우고 땅속의 것 땅위의 것 가리지 않고 마구잡이로 걷어다 쓰는 바람에, 자연이 노해서 보복을 시작했다는 말에는 나도 동감이다.
>
> 하지만 왜 하필 그들인가, 이 지구상에서도 가장 가난하고 가장 순박하고 가장 욕심없이 사는 인도네시아, 스리랑카, 인도 그리고 파키스탄을 골라 해일이 뒤덮거나 지진이 뒤흔들어 수십만 목숨을 빼앗고 병들이고 온 땅을 폐허로 만드는가?

― 신경림, 〈아, 막달라 마리아조차〉 부분

하지만 이것은 단지 한 가지 예일 뿐이며, 분명한 것은 이제 자연은 더 이상 우리가 바라는 물질적 풍요를 견뎌낼 힘을 갖고 있지 않다는 사실입니다. 생태학자들은 세계의 모든 사람들이 현재 선진국 수준의 풍요로운 생활을 하려면, 그것에 요구되는 소비를 감당하기 위해 지구가 다섯 개는 더 있어야 한다는 계산이 나온다고 합니다. 인구의 과잉 성장, 환경파괴를 불러오는 화석연료의 남용으로 이미 매년 3000에서 3만 종(種)으로 추산되는 생물 종이 멸종하고 있으며, 앞으로 100년 이

내에 지구상의 모든 동식물 가운데 절반 정도가 사라질 것으로 예측하지요. 그렇기 때문에 싱어는 우리가 행복에 대한 잘못된 생각을 바꾸어야 하는 것이 이제 더 이상 선택의 문제가 아니라고 주장하지요.

싱어가 말하는 행복한 삶에 대한 우리의 생각을 바꾸어야 할 다른 한 가지 이유는 "진정한 자기 이익이라는 점에서 생각해 볼 때" 쾌락적으로 사는 것보다는 윤리적으로 사는 것이 자신을 위하는 길이라는 것입니다.

그는 예컨대 "1천 8백만 명의 생명이 매년 죽어가는 세계, 충분히 살릴 수 있는 생명이 덧없이 꺼져가는 이 세계에서" 허영과 사치에 돈과 열정을 쏟아부으며 "쾌락주의의 역설"이라 불리는 늪에 빠져 삶의 공허함과 무의미성에 괴로워하느니, 그 돈의 일부를 빈곤 퇴치를 위해 기부하여 행복을 맛보는 것이 자기 이익이라는 측면에서 훨씬 낫다고 합니다. 싱어의 이런 입장은 더 큰 행복을 위해 작은 행복을 단념하라고 권한다는 점에서 스토아적 금욕주의라기보다는 에피쿠로스적 쾌락주의에 가깝다고 할 수 있습니다.

싱어는 우리가 자신의 더 큰 행복을 위해, "세계를 좀 더 나은 곳으로 만들기 위해, 고통과 괴로움을 줄이려고 노력하는 일"에 첫걸음을 과감히 내딛어야 한다고 주장합니다. "무엇보다도 현세를 주도하고 있는 물질적인 자기 이익관에 대한 대안으로 윤리적 삶을 사는 것이 현실적이라는 생각을 복원해야 한다"라고 하지요. 그렇게 하면 "우리는 새로운 대의에 심취하게 되고, 새로운 목적을 찾게 될 것"이며, "돈이나 명예는 점점 더 그 의미를 상실하게" 될 것이라고 합니다. 그는 《이렇게 살아도 괜찮은가》에서 다음과 같이 주장했습니다.

소말리아에서 굶어 죽어가는 사람들의 고통을 생각하면 프랑스 포도원에 가서 포도주를 시음하고 싶은 욕망은 하찮은 것이 아닐 수 없다. 꼼짝없이 묶여 눈에 샴푸 세례를 받아야 하는 토끼의 고통에 비하면, 냄새 좋은 샴푸를 쓰고 싶은 욕망 또한 가치 없는 것이다. 수백 년 된 삼림의 보존 역시 일회용 종이 타월을 쓰려는 우리의 욕구보다 중요하다. 삶에 대해 윤리적 태도를 취한다고 해서 음식을 즐기지 못하고 포도주를 음미하지 못하는 것은 아니다. 그러나 그것은 무엇이 더 중요한지에 대한 생각을 변화시킨다. 유행하는 옷을 사기 위해 쏟아붓는 정성과 비용, 고급 요리를 즐기려는 끝없는 노력, 이동 수단이 아니라 지위를 나타내기 위해 엄청난 비용을 기꺼이 지불할 용의, 이 모든 것들이 자기 자신을, 적어도 한동안은 스포트라이트에서 벗어날 수 있도록 관점을 바꾼 사람에게는 불합리한 것으로 보일 것이다. 고양된 윤리의식이 퍼지게 된다면, 우리가 살고 있는 사회를 완전하게 변화시킬 것이다.

이 글을 보면 싱어의 에피쿠로스식 실천윤리가 우리가 앞에서 본 '상호주관적 매듭'의 존재론으로 연결된다는 것을 알 수 있습니다. 즉, 다른 사람들과 동물, 자연에 이익이 되는 나의 행위가 다시 나와 사회에도 이익을 가져다준다는 거지요. 이런 관점에서 보면 개인적 행복과 사회적 행복은 '구분되지만 분리되지는' 않습니다. 그것들은 상호주관적 매듭 안에서 서로가 서로에게 이바지하지요. 아우구스티누스를 따라 '사랑하는 것이 곧 사랑받는 것이 된다(amor amatur)'고 주장한 가브리엘 마르셀은 《존재의 신비》에서 상호주관적 매듭의 신비에 대해 다음과 같이 설명했습니다.

> 타인에 의한 매개는 자기 사랑을 정립시킬 수가 있고, 또 그 매개만이 자기중심주의의 위험에서 자기 사랑을 보호해줄 수 있으며, 오직 그 매개만이 자기 사랑이 상실하게 될 해맑음의 성격을 보증해줄 수 있다.

오직 타자에 대한 사랑만이 자칫 그릇될 수 있는 자기에 대한 사랑을 위험에서 구하고 본래의 순수한 의미를 지켜줄 수 있다는 말이지요. 상호주관적 매듭은 자기중심주의(hauto-centrique)와 타자중심주의(hetro-centrique)가 가진 각각의 부작용들을 서로 해소시켜주는 역할을 합니다. 이 말을 싱어의 주장과 연관해 다시 표현하면, 오직 다른 사람들과 동물, 자연에 이익이 되는 나의 행위만이 소비물질주의에 매몰되는 위험에서 진정한 나의 이익을 보호해주고, 소비물질주의에서 빠져 나오는 나에게 이로운 행위가 다른 사람들과 동물, 자연에게 이익을 준다는 겁니다.

반복해서 확인되는 사실이지만, 사람은 자기 혼자서 행복할 수 없습니다. 다른 사람들과 함께만이 행복할 수 있지요. 그래서 행복의 윤리는 사랑의 윤리로 확장되고, 행복 가꾸기는 사랑 가꾸기가 되는 것입니다. 독일의 소설가이자 시인인 헤르만 헤세(Herman Hesse, 1877~1962)는 그 사실을 다음 시로 우리에게 알렸습니다.

인생에 주어진 의무는

다른 아무것도 없다네.

그저 행복하라는 한 가지 의무뿐.

우리는 행복하기 위해 세상에 왔지.

그런데도

그 온갖 도덕

온갖 계명을 갖고서도

사람들은 그다지 행복하지 못하다네.

그것은 사람들 스스로 행복을 만들지 않은 까닭.

인간은 선을 행하는 한

누구나 행복에 이르지.

스스로 행복하고

마음속에서 조화를 찾는 한.

그러니까 사랑을 하는 한……

사랑은 유일한 가르침

세상이 우리에게 물려준 단 하나의 교훈이지.

— 헤르만 헤세, 〈행복해진다는 것〉 부분

오늘날 전개되고 있는 행복에 관한 담론들도 대부분 이 같은 입장을 견지하고 있습니다. 행복을 위한 공공선의 구현을 외치며 범세계적인 행복운동을 주도하고 있는 리처드 레이어드 경은 《행복의 함정》의 말미를 다음과 같은 메시지로 마감합니다.

이제 때가 되었다. 많은 사회에서 이전에는 종교적인 믿음으로 채워졌던 자리가 이제는 공허만 남게 되었다. 우리가 겪는 문제에 대한 해답으로 부의 축적을 말하는 것에 점점 더 많은 사람들이 환멸을 느끼고 있으며, 젊은이들이 예전보다 점점 더 불행해지고 있다는 증거가 나오고 있다. (……) 이제 사람들은 그 어느 때보다도 절실한 질문을 던지고 있다. 우리는 다른 사람들의 행복을 위한 헌신보다 자신의 사리사욕에 집착하는 사회를 원하고 있는가? 이것은 하나의 터닝 포인트가 될 수 있다. 우리가 살아갈 세상이 양심을 따라 행동하고 스스로 더 만족할 수 있는 세상이 되길 기대한다.

주사위는 이미 던져졌습니다. 이제 우리가 외칠 새로운 구호는 "욕망보다 사랑을!", "쾌락보다 행복을!"입니다.

욕망이여 입을 열어라 그 속에서 사랑을 발견하겠다

그런데 기억하세요? 앞에서 살펴본 김수영 시인의 〈VOGUE야〉에서 시인이 아들에게 "할 말이 / 왜 없겠는가 그러나 안 한다 / 안 하기로 했다 안 해도 된다고 / 생각했다 안 해야 한다고 생각했다"라며 가슴속에 묻어둔 말이 있었던 것을?

글을 마치기 전에 잠시 그 말이 무엇인지 살펴보려 합니다. 잡지 한 권으로 아직 다가오지도 않은 소비물질주의의 무참한 폭력성을 예감한 김수영 시인이라면, 이에 대한 방책 역시 감지했을 거라 짐작되기 때문이지요. 시인이 흉중에 담았던 그 말은 과연 무엇이었을까요?

우리는 그 답을 김수영 시인이 〈VOGUE야〉(1967. 2.)를 쓴 것과 같은 날이거나 아니면 적어도 며칠 이내에 썼으리라 짐작되는 〈사랑의 변주곡〉(1967. 2. 15.)에서 찾아보려 합니다.

> 욕망이여 입을 열어라 그 속에서
> 사랑을 발견하겠다 도시의 끝에
> 사그러져 가는 라디오의 재갈거리는 소리가
> 사랑처럼 들리고 그 소리가 지워지는

강이 흐르고 그 강 건너에 사랑하는

암흑이 있고 3월을 바라보는 마른 나무들이

사랑의 봉오리를 준비하고 그 봉오리의

속삭임이 안개처럼 이는 저쪽에 쪽빛

산이

— 김수영, 〈사랑의 변주곡〉 부분

〈사랑의 변주곡〉의 1연입니다. 〈VOGUE야〉에서 던진 문제에 대한 답을 제시하는 짝시로 이 시를 해석하려는 우리의 관점에서는 첫째 연부터 의미심장합니다. 왜냐고요?

앞에서 이미 보았듯이 김수영 시인은 "하늘을 가리켜주는 잡지", 곧 소비물질주의의 낙원을 보여주는 《VOGUE》를 보자마자 이윽고 도래할 물신의 마성에 깜짝 놀랐지요. 그것이 "신성을 지키는 시인의 자리 위에 또 하나 / 넓은 자리"에 앉아 사람들의 욕망을 지배할 것을 당장에 알아차린 겁니다. 그뿐만 아니라 이미 대세가 기울어져 정면으로 맞설 수 없다는 것도 알았지요. 그래서 일단 입을 닫았습니다. 그러나 그가 할 말이 없었던 것은 아닙니다. 그래서 뱉은 첫 마디가 "욕망이여 입을 열어라 그 속에서 / 사랑을 발견하겠다"이지요.

놀라운 것은 그가 우리가 지금까지 어렵게 추적해 얻은 결론인 "욕망보다 사랑을!"이라는 명제를 이미 선취했다는 것입니다. 그게 어떻게 가능했을까요? 그 비밀은 이어지는 연들을 보면 드러납니다.

사랑의 기차가 지나갈 때마다 우리들의

슬픔처럼 자라나고 도야지우리의 밥찌끼

같은 서울의 등불을 무시한다

이제 가시밭, 덩굴장미의 기나긴 가시가지

까지도 사랑이다

(……)

그리고 이 사랑을 만드는 기술을 안다

눈을 떴다 감는 기술―불란서혁명의 기술

최근 우리들이 4·19에서 배운 기술

그러나 이제 우리들은 소리 내어 외치지 않는다

복사씨와 살구씨와 곶감씨의 아름다운 단단함이여

고요함과 사랑이 이루어놓은 폭풍의 간악한

신념이여

― 김수영, 〈사랑의 변주곡〉 부분

20년도 더 지나 유하 시인이 "눈앞의 저 빛! / 찬란한 저 빛! / 그러나 저건 죽음이다"라고 경고한 "서울의 등불을 무시"하는 기술, 거의 40년이 지나 정우영 시인이 "압구정동이라는 사막"이라고 표현한 "가시밭"과, "여자전갈"이라고 묘사한 "덩굴장미의 기나긴 가시가지"인 욕망까지도 사랑으로 바꾸는 기술, 즉 욕망에서 "사랑을 만드는 기술"을 시인은 "불란서혁명"과 "4·19"에서 배웠다고 합니다.

유대인 정치학자 한나 아렌트(Hannah Arendt, 1906~1975)가 《혁명론》에서 지적했듯이, 프랑스 대혁명은 그 진행 과정에 가난한 사람들, 비참한 사람들이 가담하면서 본래의 목표였던 자유·평등·박애와 같은 공적 행복의 추구가 사라지고 빈곤 문제 해결이라는 사적 행복 추구가 핵심 과제가 되어버림으로써 실패했습니다. 가난, 생존, 생명 유지의 문제가 압박해왔기 때문입니다.

4·19도 마찬가지였지요. 김병욱이라는 지인에게 띄운 서간문 형식의 글에 "사실 4·19 때 나는 하늘과 땅 사이에 '통일'을 느꼈소"라고 쓸 만큼 감격했던 김수영 시인은 그 실패를 목격했을 때 "혁명은 안 되고 나는 방만 바꾸어버렸다"(〈그 방을 생각하며〉 부분)라고 실망했지만, 그것을 통해 "사랑을 만드는 기술"을 배웠다는 겁니다.

그 기술은 대체 뭘까요? 김수영 시인은 그것이 바로 "눈을 떴다 감는 기술", "소리 내어 외치지 않는" 기술이라고 했습니다. 겉으로는 복사씨와 살구씨와 곶감씨처럼 단단하고 고요하지만 안으로는 언젠가는 미친 듯이 꽃피울 사랑의 폭풍을 간직하는 기술이라고도 했지요. 그것은 "실망의 가벼움을 재산으로 삼을 줄 아는"(〈그 방을 생각하며〉 부분) 기술이자 "적을 형제로 만드는" 기술(〈현대식 교량〉 부분)입니다. 시인의 작품 가운데 가장 널리 알려진 〈풀〉에서 "바람보다 더 빨리 눕"고 "바람보다 더 빨리 울고 / 바람보다 먼저 일어"나는 기술, 한 걸음 더 나아가 "바람보다 늦게 누워도 / 바람보다 먼저 일어나고 / 바람보다 늦게 울어도 / 바람보다 먼저 웃는"(〈풀〉 부분)이라고 표현된 기술이기도 하지요. 한마디로 우리의 삶을 억압해오는 온갖 부정적 대상들 속에서도 긍정적 가치를 찾아내는 기술인 것입니다!

김수영 시인은 《VOGUE》를 보고, 그 안에서 물신의 마성을 발견하고 이제부터 사람들은, 그 누구보다도 자신의 아들은 부정적 대상들 속에서 긍정적 가치를 찾아내는 기술, "사랑을 만드는 기술", 욕망의 입을 열고 "그 속에서 사랑을 발견"해내는 기술을 배워야 한다고 생각했지요. 그래서 〈사랑의 변주곡〉을 쓴 겁니다! 그리고 〈VOGUE야〉에서 차마 하지 못한 말을 마침내 아들에게 털어놓았습니다. "아들아 너에게 광신을 가르치기 위한 것이 아니다 / 사랑을 알 때까지 자라라"라고!(《사랑의 변주곡》 부분) 욕망보다 사랑을 추구하라고! 아마 김수영 시인은 같은 말을 나와 당신에게도 전하고 싶을 것입니다. 아닌가요?

chapter 8

제13의아해도무섭다고그리오
...
위험사회에서 살아가기

길은막다른골목이적당하오

　혹시 당신도 이런 생각을 해본 적이 있나요? 당신이 먹는 음식물이 암을 불러올지도 모른다는 생각, 맹독성 인플루엔자가 공격해올지도 모른다는 생각, 그래서 당신과 당신 가족의 생명을 위협할지도 모른다는 생각 말입니다. 종종 한다고요? 신문이나 텔레비전에서 뉴스를 볼 때 가끔 그런 생각이 든다고요? 새삼스레 그건 왜 묻느냐고요? 세상은 예나 지금이나 조금은 위험한 게 아니냐고요? 그건 그렇지요. 그렇기야 하지만 내 생각은 약간 다르기 때문에 그래요. 나는 지금 우리가 전례가 드문 위험한 사회, 공포의 시대에 살고 있다고 생각하기 때문에 그래요. 오늘날 우리가 마주하고 있는 위험과 공포는 종말론적인 성격을 띠고 있고, 상황은 점점 더 나빠지는 것 같으니까요.

　과장하고 있는 게 아니냐고요? 아니면, 세상을 지나치게 비관적으로 보고 있는 게 아니냐고요? 그럴지도 모르지요. 하지만 전혀 그렇지 않을 수도 있습니다. 왜냐하면 지금 우리를 위협하는 위험과 공포는 알고 보면 어제오늘 우연히 도래한 것이 아니고, 지난 300~400년 동안 우리가 '스스로 그리고 서서히' 만들고 키워온 것이기 때문입니다. 다시 말해 이 위험과 공포는 근대 이후, 더 정확히는 산업혁명 이래 인류가 이뤄온 문명의 특성이기 때문에 문명의 성격 자체를 바꾸기 이전에는 피할 수도 없고 막을 수도 없습니다. 게다가 그것은 이미 인류를 파멸로 몰고 갈지도 모를 만한 파괴력을 지녔지요.

사회학자들은 이 같은 위험의 성격을 보통 '문명의 자기파괴적 잠재력'이라는 용어를 사용해 표현합니다. 그리고 그것이 작동하는 사회를 소위 '위험사회'라고 부르지요. 위험사회는 독일 사회학자 울리히 벡(Ulrich Beck, 1944~)이 1986년 출간된 그의 《위험사회》에서 사용함으로써, 장 보드리야르의 '소비사회'와 함께 현대사회를 개념화하는 용어가 되었습니다. 벡은 근대화 과정에서 발생하는 위험을 지금까지 유효했던 제도적 방안들, 곧 과학기술로 통제하거나 사회제도로 보상하는 방법으로 극복할 수 있다는 믿음이 깨진 사회를 위험사회라고 규정했습니다.

현재는 벡이 '위험사회'라는 개념을 처음 구상했을 1986년과는 비교할 수도 없을 만큼 광범위하고 밀도 있는 세계화가 진행되었습니다. 그만큼 위험도 더 증가했지요. 이제 세계는 예측할 수도 없고 통제할 수도 없는 자연적·사회적·경제적 재난이 삽시간에 전 지구적 재앙으로 확산되는 이른바 '글로벌 위험사회'로 변했습니다. 무슨 소리인지 몇 가지 간단한 예를 들어 설명할까요?

가령 100년 전이라면 미국 월스트리트에서 금융위기가 발생했다 해도 한국경제에는 타격을 주지 않았습니다. 지금처럼 세계경제가 거미줄같이 연결되어 있지 않았기 때문이지요. 그러나 지금은 미국 월스트리트에서 발발한 금융위기가 다음 날부터 코스피와 코스닥의 주식을 폭락시키고, 불과 몇 달 안에 실업자들을 거리로 내몰지요. 그런데 문제는 이런 금융위기가 마치 쓰나미처럼 전혀 예상할 수 없는 데다 반복적으로, 그리고 거대하게 덮쳐온다는 것입니다.

또한 100년 전에는 동남아시아 어느 나라에서 치사율이 높은 악성 인플루엔자가 발생했다 해도 우리나라까지 전염될 가능성은 매우 희박했습니다. 그러나 지금은 그것이 악성 인플루엔자가 서울까지 확산되는 데 불과 몇 주밖에 걸리지 않지요. 세계가 하나로 연결되어 있어서 모든 공항과 항만을 폐쇄해 인적·물적 교류를 차단할 수가 없기 때문입니다. 2009년 세계를 휩쓸었던 신종 인플루엔자(SI)는 높은 감염률에 비해 다행히도 낮은 치사율을 보였지만, 만일 조류독감처럼 맹렬한 독성을 가졌더라면 상상하기 어려운 재앙이 되었을 것입니다.

2011년 3월 11일에 일본 도호쿠 지역을 강타한 대지진과 해일은 그 자체로 커다란 재앙이었지요. 하지만 이 역시 100년 전이라면 우리와 무관한 일이었을 겁니다. 그곳에 원자력발전소가 없었을 테니까요. 파손된 후쿠시마 원전에서 시시각각 새어나오는 방사능은 빛도, 냄새도, 형체도 없이 후쿠시마 현을 덮쳤고 지금도 소리 없이 인접 지방과 해양, 그리고 이웃 나라들까지 침범하고 있습니다. 이런 사실을 밝혀보아야 누구에게도 이익이 되지 않는다는 판단에서 모두가 쉬쉬하며 은폐하고 있지만, 그 피해는 체르노빌 원전 폭발 때 그랬듯 은밀한 가운데 광범위하게 확산되어 해가 갈수록 눈덩이처럼 커질 것입니다.

우리는 이제 위험과 공포까지 세계화된 시대, 이른바 '부정적 세계화(negative globalization)' 시대를 살고 있는 겁니다. 지난 2007년 출간된 《글로벌 위험사회》에서 벡은 근대 문명이 산출한 위험을 통제할 수 없는 이유가 그 위험이 근대 문명의 실패에서 온 것이 아니라, 오히려 성공에서 왔기 때문이라고 지적했습니다. 예를 들어 환경 재난의 주범으로 지목되고 있는 온실가스가 2000년 이후 매해 2.4퍼센트씩 꾸준히 증가하는 것은 산업국가의 부가 감소하기 때문이 아니라, 오히려 급증하기 때문이지요. 부가 감소하기 때문이라면 차라리 통제 가능할 텐데, 증가하기 때문이니 더욱 통제 불능이라는 겁니다.

지그문트 바우만은 《유동하는 공포》에서 오늘날 예측할 수도, 통제할 수도 없이 우리를 덮쳐오는 위험과 공포의 성격을 다음과 같이 규정했습니다.

> 밀란 쿤데라가 간결하게 요약한 것처럼, 세계화가 낳은 '인류의 단일화'란 근본적으로 '달아날 곳이 아무 데도 없다는 뜻'이다. 그 누구도 안전한 쉼터를 찾을 수 없다. 유동적 근대 세계에서는 위험과 공포조차 유동적이다. 유체라기보다 기체와 같을까? 위험도 공포도 흐르며, 스미며, 배어든다. 아직 그런 흐름을 막아낼 장벽은 발명되지 않았다.

바우만은 우리가 달아날 곳이 아무 데도 없으며, 그 누구도 안전한 쉼터를 찾을 수 없고, 아직 그런 흐름을 막아낼 장벽이 발명되지 않은 위험과 공포를 각각 "유동하는 위험", "유동하는 공포"라고 명명했습니다. 그리고 이 "흐르며, 스미며, 배어든" 위험과 공포가 마치 이상 시인이 〈오감도(烏瞰圖)-제1호〉에서 표현한 것 같은 '막다른 골목으로' 우리를 몰아가고 있다고 했지요. 90세가 다 되어가는 이 노학자가 간파한 막다른 골목의 실상은 다음과 같습니다.

발전소가 폭발하고, 석유 매장량이 동이 나며, 주식 시장이 붕괴하고, 온갖 대기업들이 자취를 감추는 바람에 당연한 것처럼 누리던 여러 서비스가 끊기는 한편, 든든해 보이던 수만 개의 일자리가 사라져 버리고, 제트기끼리 충돌해 수천 개의 화물과 수백 명의 승객들이 공중에서 쏟아지고, 시장 가격이 미쳐버려 가장 귀하고 소중했던 자산들이 순식간에 물거품처럼 되어버린다. 그리고 그 밖에 온갖 상상할 수 있는, 또는 상상을 초월하는 대재난이 부글부글 끓어 넘치려 하며 또는 이미 넘치고 말았을까? 그리하여 현명한 사람이든 바보든 단숨에 삼켜버리려 한다. 날마다, 우리는 위험의 가짓수가 더 늘어나고 있음을 깨닫는다. 거의 매일 새로운 위험이 나타나고, 경고된다.

우리는 1000년 전의 중세인이나 100년 전의 근대인보다 훨씬 더 많은 위험에 노출되어 있습니다. 그래서 서로 이야기만 하지 않을 뿐, 누구나 각자 나름의 공포에 떨고 있지요. 갑작스런 경제 위기로 직장이 사라져버리지 않을까? 주택과 주식의 가격 폭락으로 빈털터리가 되지 않을까? 내가 먹고 마시는 것에 방사능이 묻어 있어 암을 일으키지는 않을까? 통제할 수 없는 유행성 인플루엔자가 나와 가족을 공격하지는 않을까? 이 같은 정황을 바우만은 다음과 같이 묘사했습니다.

더 무서운 사실은 공포가 어디에나 있다는 것이다. 공포는 어디에나 새어든다. 우리의 가정에, 전 세계에, 구석구석마다, 틈마다, 흠마다 스며든다. 공포는 어두운 거리에도 있고, 반대로 밝게 빛나는 텔레비전 화면 안에도 있다. 침실에도 있고, 부엌에도 있다. 우리의 일터에는 공포가 기다리고, 그곳을 오가기 위한 지하철에도 공포가 도사린다. 우리가 만나는 사람들, 혹은 누군지 알지 못하는 사람들에게도, 우리가 소화하는 것들, 그리고 우리가 접촉하는 것들에도 공포가 숨어 있다.

바로 이것이 지난 300~400년 동안 이성을 신으로 모시며, 계몽을 은총으로 믿고 살아온 21세기 우리의 초상화입니다. 불과 130여 년 전에 프랑스의 문호 빅토르 위고(Victor Hugo, 1802~1885)는 이성의 능력을 찬양하며 "과학의 힘을 빌려 이 세상의 온갖 급변, 재난, 이변은 종말을 고하리라. 또한 온갖 논쟁, 환상, 기형적인 것들도 끝이 나리라"라고 희망에 찬 예언을 했지요. 하지만 20세기 프랑스의 지성 자크 아탈리(Jacques Attali, 1943~)는 1998년 7월 3일 《르몽드》에 기고한 글에서 재난 영화 〈타이타닉〉의 성공을 언급하며 "우리는 모두 우리 앞에 빙산이 다가오고 있음을 짐작하고 있다. 어딘가 알 수 없는 미래에 도사리고 있는 위험을 느끼고 있다. 그것은 결국 우리와 충돌하고 우리를 장엄한 음악 소리와 함께 물 밑으로 가라앉힐 것이다"라고 절망이 가득한 예언을 던졌습니다.

이성의 한낮은 이미 지나갔고 황혼과 함께 공포가 찾아와 현관문을 두드리고 있습니다. 누가 이 어둠을, 이 유동하는 공포를 쫓아버릴 수 있을까요? 어떻게 저무는 해를 다시 중천에 띄울 수 있을까요? 누가 무슨 수로 석양을 잘라내고, 땅거미를 지울 수 있을까요? 지금부터 우리는 그 이야기를 하려고 합니다.

오감도(烏瞰圖), 까마귀가 내려다본 불길한 세상

우리가 오늘날에야 비로소 감지하고 경악하는 근대적 위험과 공포를 일찍이 예감하고 시를 통해 전했다는 점에서 이상(1910~1937)은 매우 특별한 의미를 지닌 시인입니다. 그는 우리나라에 근대화가 막 시작된 20세기 초에 앞으로 다가올 위험과 공포를 미리 감지하고 다음과 같이 노래했습니다.

13인의아해(兒孩)가도로로질주하오.
(길은막다른골목이적당하오.)

제1의아해가무섭다고그리오.
제2의아해도무섭다고그리오.
제3의아해도무섭다고그리오.
제4의아해도무섭다고그리오.
제5의아해도무섭다고그리오.
제6의아해도무섭다고그리오.
제7의아해도무섭다고그리오.

제8의아해도무섭다고그리오.

제9의아해도무섭다고그리오.

제10의아해도무섭다고그리오.

제11의아해가무섭다고그리오.

제12의아해도무섭다고그리오.

제13의아해도무섭다고그리오.

13인의아해는무서운아해와무서워하는아해와

그렇게뿐이모였소.(다른사정은없는것이차라리나았소.)

그중에1인의아해가무서운아해라도좋소.

그중에2인의아해가무서운아해라도좋소.

그중에2인의아해가무서워하는아해라도좋소.

그중에1인의아해가무서워하는아해라도좋소.

(길은뚫린골목이라도적당하오.)

13인의아해가도로로질주하지아니하여도좋소.

— 이상, 〈오감도(烏瞰圖)-제1호〉 전문

　　이상 시인의 시가 유난히 그렇듯 이 시에 대한 평론가들의 해석은 다양하고 분분합니다. 왜 13인의 아해(兒孩)인지, 왜 그들이 질주하는지, 왜 질주하지 아니하여도 좋은지, 왜 막다른 골목인지, 왜 뚫린 골목이라도 좋은지, 왜 그중 일부가 무서운 아해라도 좋은지, 왜 그중 일부가 무서워하는 아해라도 좋은지, 각자의 해석이 조금씩 다르다는 거지요. 그럼에도 하나같이 입을 모으는 것은 이 시가 "13인의아해가도로로질주하오"라는 첫 구절이 의미하듯 근대화가 낳은 가공할 공포를 노래하고 있고, "13인의아해가도로로질주하지아니하여도좋소"라고 자포자기하는 마지막 구절이 지시하듯 그 공포가 가히 절망적이라는 겁니다.

　이상 시인의 작품들에서 '백화점'과 '구획된 도로', 그리고 매춘을 유혹하는 '유곽(遊廓)' 같은 상징으로 나타나는 근대화된 도시는 인간관계가 단절된 공포와 절망의 공간입니다. 백화점은 그곳에 진열된 상품들과 마찬가지로 사람마저 사물로 인식하게 하고, 구획된 도로는 기존의 자연적 공간을 무질서한 공간으로 밀어내 단절시키며, 유곽은 인간을 화폐로 거래하는 비인간화된 공간일 뿐입니다. 그의 작품 〈문벌(門閥)〉에서 도시 공간을 "천하에달이밝아서나는오돌오돌떨면서도처에서들킨다"라고 묘사한 것도 그래서입니다.

　이상 시인의 작품들에서 종종 '사이렌 소리'로 묘사되는 도시의 시간 역시 인간을 획일화하고 억압하는 메커니즘으로 작동합니다. 예컨대 시인의 〈대낮-어느 ESQUISSE〉에서 "삘딍이토해내는신문배달부의무리. 도시계획의암시 / ○ / 둘째번의 정오 싸이렌"이라는 시구가 의미하듯이, 시계에 의해 측정되는 근대적 시간은 인간의 삶도 획일적으로 만들기 때문입니다. 같은 시에서 "꼭끼요 / 순간 자기와같은 태양이다시또한개솟아올랐다"라고 묘사한 것처럼, 닭 울음소리가 상징하는 자연의 시간을 사이렌으로 대체함으로써 솟아오르는 "다시 또한 개"의 태양은 시인에게 공포의 대상입니다.

그 이유는 뭘까요? 그 당시 새로운 문물을 즐기던 '모던 보이' 가운데 하나였던 이상 시인이 근대화에 대해 어째서 그 같은 공포와 절망을 느꼈을까요? 이에 대한 해석 역시 다양합니다. 그중에는 그의 작품 전체에서 묘사되고 있는 공포와 절망은 근대화 때문이 아니고, 시인의 목숨을 위협하던 결핵과 강하게 연결되어 있다는 해석도 있지요. 당시에는 폐결핵이 불치의 병이었고 이상 시인이 결국 이 병으로 요절한 것을 감안하면 충분히 납득할 만합니다. 하지만 영국에서도 18세기 산업혁명과 함께 급격한 산업화와 집단화가 진행되면서 결핵이 만연했다는 사실, 그리고 우리나라에서도 일제 말기 근대식 집단생활(공장, 학교)이 늘어나면서 결핵이 갑자기 확산되었다는 사실을 보면, 이상 시인의 공포와 절망이 설사 불치의 신병에서 왔다 해도 결국 근대화와 무관하지는 않지요.

신병 때문이든, 근대화에 대한 유별난 예지력 때문이든, 이상 시인이 이미 80년쯤 전에 〈오감도(烏瞰圖)-제1호〉에서 근대화가 가져온 공포와 절망을 노래했다는 데에는 의심의 여지가 없습니다. 그리고 그 공포와 절망을 우리는 오늘날에야 구체적으로 감지하게 된 거지요. 비록 그 구체적 내용은 다르더라도 말입니다.

이런 점에서 보면 시인이란 참 특이한 존재입니다. 그들은 예민한 악기처럼 자기가 느끼는 감정이 어디서 오는지 모르면서도 전율하고, 마냥 순진한 어린아이처럼 자신이 하는 노래의 의미가 무엇인지 모르고도 노래를 하지요. 그럼으로써 이미 다가온 시대뿐만 아니라 다가올 시대, 또한 마땅히 다가와야 할 시대를 예비하는 겁니다. 이상의 〈오감도(烏瞰圖)-제1호〉도 분명히 그런 시에 속하지요. 오늘날 우리가 사는 세계의 오감도(烏瞰圖), 곧 까마귀가 내려다본 불길한 세상이 다음과 같기 때문입니다.

근대 이후 지난 300년 동안 인류는 무한한 풍요를 추구해왔지만, 이제 우리는 물질적 욕망만 채우는 것이 행복에 이르는 길이 아니라는 사실을 알게 되었습니다. 쾌락적이지만 불행한 경험이 누적되었기 때문이지요. 전보다 부자가 되었지만 동시에 노예가 되었다는 생각도 널리 퍼졌습니다. 물질적 풍요도 하나의 가치인 것은 분명하지만, 그밖에 잃어버려서는 안 될 많은 가치들이 있다는 생각도 갖게 되었지요.

무한경쟁 사회에서는 인간성이 도무지 존재할 수 없고, 인간 사이의 유대는 기껏해야 집단이기주의로 변질될 수밖에 없다는 것이 이미 검증되었습니다. 우리의 욕망과 취미, 그리고 생각까지도 산업과 정치에 의해 조작되고 있다는 사실도 드러났습니다. 무한 성장을 추구하는 사회에서 자연은 더 이상 견딜 수 없다는 것이 지구 온난화에 따른 각종 재난을 통해 뚜렷이 밝혀졌습니다. '기후변화에 관한 정부간 패널(IPCC)'에 따르면, 향후 폭풍우와 해일 발생이 더욱 잦아지고 해수면이 상승함에 따라 동남아시아를 비롯한 세계 전역의 저지대가 홍수로 물에 잠길 것이라고 합니다. 또한 기후변화는 이미 많은 지역에서 문제가 되고 있는 물 부족 현상을 악화시키고, 식량부족에 의한 크고 작은 전쟁을 불러올 것이라고도 합니다.

파괴된 자연 속에서는 건강한 삶을 누릴 수도 없지요. 통제하기 어려운 질병들이 이미 범세계적으로 번지고 있으며, 안심하고 먹을 수 있는 식품조차 찾기 힘듭니다. 해를 번갈아 구제역과 조류독감 같은 바이러스가 공격하는 바람에, 수십만에서 수백만에 이르는 가축들을 매몰해야 하는 처지가 되었습니다. 또 그 매몰지에서 새는 오수로 발생할 지하수와 농작물 오염 같은 2차 감염 때문에 전전긍긍하고 있습니다.

사랑이 사랑으로 되돌아오듯, 미움이 미움으로 되돌아오는 것이 자연의 이치입니다. 진은영 시인이 "강은 죽었다가 // 곧 태어나 내 몸이 되어 올 것이다 / 신비한 질병과 미지의 악취를 릴레이 주자의 날쌘 팔다리처럼 달고서"(〈망각은 없다〉 부분, 『꿈속에서도 물소리 아프지 마라』, 한국 작가회의 저항의 글쓰기 실천위원회(위원장 도종환) 지음)라고 경계한 악순환의 고리를 최영철(1956~) 시인과 도종환 시인은 각각 다음과 같이 경고했습니다.

낙동강 둔치에 뿌린 농약을 먹고 죽은 볍씨를 먹고 죽은 청둥오리를 먹고 죽은 참수리를 먹고 죽은 참붕어를 먹고 죽은 흑두루미를 먹고 죽은 폐유를 먹고 죽은 강물을 먹고 죽은 아이를 먹고

죽은 것들을 먹고 죽어가는 것들을 먹고 죽었던 것들을 먹고 죽어갈 것들을
회치고 버무리고 초고추장에 찍어

먹이사슬 꼭지점에 전신주가 서고 우후죽순 형형색색 네온사인이 번득이고 구름 뚫고 어제는 없던 전신주가 하나 더 서고 새로 생긴 꼭지점으로 돌진하던 새들이 흉흉한 눈빛으로 차례차례 머리를 쥐어박

으며 떨어지고

행진
행진
끝나지 않는 행진

— 최영철, 〈먹이 사슬〉 전문

강물의 살을 파헤치는 자들과 대지를 죽은 짐승의 몸과 피로 가득 채운 자들은 나 아닌 것들을 죽이는 것이 곧 나를 죽인 것임을 알게 되리라 살아 있는 짐승을 겨우내 생매장한 동토 위에 제비꽃 피기를 기다리지 마라 비명소리 흥건히 흘러넘치는 겨울 들판에 우리는 우리 육신을 파묻고 돌아온 것이다

— 도종환, 〈천변지이(天變地異)〉 부분

어디 그뿐인가요? 정보공학기술, 생명공학기술 같은 과학기술의 진보가 더 나은 삶을 약속하고 있지만, 문화의 하향평준화, 인간 존엄성의 파괴, 통제하기 어려운 전염병의 출몰이 빈번해지고 있으며 정치적 열광주의 내지 전체주의의 위험이 오히려 커지고 있다는 것도 상식이 되었습니다.

경제 발전이 점점 더 풍요한 나라와 부유한 국민에게 한정됨으로

써, 부유한 사람과 가난한 사람의 간격이 한층 넓어졌다는 사실 역시 누구나 알고 있습니다. 크리스 하먼(Chris Harman)의 《21세기의 혁명》에 따르면, 세계 최고의 부자 세 명이 가진 부가 가난한 나라 48개국의 부와 맞먹고, 다국적 기업 200개의 매출이 세계 총 생산량의 4분의 1에 달한다고 합니다. 반면에 5달러짜리 백신은 그만두고 1달러짜리 모기장이 없어 한 해 수백만의 아이들이 말라리아로 죽어가고, 9억 명에 가까운 성인들이 문맹이며, 3억 명이 넘는 학령기 아동들이 교육을 받을 가능성이 전혀 없습니다.

또 '유엔인권위원회(UNCHR)'나 '세계식량농업기구(FAO)'와 같이 믿을 만한 국제기구들의 보고에 의하면, 전 세계 인구의 2배 정도 사람들이 먹고 남을 만한 식량이 매년 생산되고 있지요. 그럼에도 매일 10만 명가량이 굶주림으로 죽어가고 있고, 썩은 물과 진흙쿠키를 먹는 5세 미만의 어린이들이 5초마다 1명씩 목숨을 잃고 있습니다. 그래서 전체적으로 부가 증대하고 있는데도 사회는 더 불안해졌다는 것, 극단적인 개인 범죄뿐만 아니라 생화학무기나 핵무기 같은 대량살상무기에 의한 테러와 전쟁의 위험도 더욱 높아졌다는 것도 잘 알려진 사실입니다.

김승희(1952~) 시인은 9·11테러의 참상을 다음 시에서 극적으로 그렸습니다. 2752명의 무고한 사망자들 하나하나가 이처럼 애처롭게 희생되었다는 것과 언제든지 그런 희생자 가운데 나나 당신, 그리고 우리가 사랑하는 사람들이 포함될 수 있다는 것이 이 시가 전하는 메시지이지요.

110층 화염의 하늘에서 떨어지면서

여자는 핸드폰을 목숨처럼 껴안고

사랑했다, 사랑한다고 말하며

110층에서 떨어지는 여자는

두 신발에 오렌지색 불이 붙은 것을 느끼면서

너를 사랑했다, 너를 사랑한다고 말하며

110층에서 떨어지는 여자는

꼭두서니빛 불타오르는 화염으로 치마를 물들이면서

너를 사랑했으며 너를 사랑한다, 영원히 사랑한다고

말하며

110층에서 떨어지는 여자는

엉덩이를 다 먹고

허리 한복판을 너울너울 화염이 베어먹는 것을 느끼면서

110층에서 떨어지는 여자는

이 불타는 허리 이 불타는 등줄기 이 불타는 모가지

110층에서 떨어지는 여자는

누구나 자기 무덤을 만들 시간은 없지만

너를 사랑했다고 말하는 여자는

— 김승희, 〈110층에서 떨어지는 여자-9·11에 죽은 여자를 추모하며〉 부분

설사 당신과 내가 아직까지 직접 경험하지 못했을지라도, 우리의 가정을 무너뜨리고 직장을 없애고 생명마저 위협하는 경제 위기, 자

연 재앙, 환경오염, 핵 확산, 은행 파산, 악성 인플루엔자 확산, 전쟁과 테러가 지금도 끊임없이 일어나고 있으며, 우리도 모르는 사이 갑자기 덮칠 수 있습니다. 2004년 발생한 인도네시아의 쓰나미, 2005년 태풍 카트리나에 의한 뉴올리언스 침수, 2008년 뉴욕 월스트리트에서 시작된 세계 금융 대란, 그리고 2009년 세계를 휩쓴 신종 인플루엔자의 확산, 또 2010년 멕시코 만 원유 유출 사고, 2011년 후쿠시마의 원전 사고 등은 잘 알려진 몇 가지 예에 불과합니다.

언젠가 조류독감의 맹렬한 독성과 신종 인플루엔자의 통제하기 어려운 감염성을 동시에 가진 새로운 바이러스가 우리를 공격하거나, 핵무기와 생화학무기 같은 대량살상무기에 의한 테러나 전쟁이 일어난다면, 인류는 회복하기 어려운 파국에 당면할지도 모릅니다.

허수경(1964~) 시인의 〈원폭수첩 2〉에는 1945년 히로시마와 나가사키에 원자폭탄이 떨어졌을 때 살아남아 지금은 경상도 합천군 율곡면에 살고 있는 조선인 소녀의 육체적·정신적 고통이 고스란히 담겨 있습니다.

밀려오는 복통으로 잠 못 이뤄 퉁퉁
부은 두 다리 주무르는
경상남도 합천군 율곡면 원폭의 밤

칠흑 같은 어둠 저 넘어
소녀는 실려가고 있었습니다

히로시마 나가사키 사십만 목숨이

일거에 도륙되던 그날

번쩍이는 섬광 눈부신 불길이 오르고

그것으로 그만이었습니다

미치게 살 타는 비릿내

구역질 나는 거리

폐허의 거리를 트럭은 시체를 싣고

미처 숨 놓지 못한 목숨들도

마구 싣고

바다에 버리고 불로 태우고 구덩이에 묻던

— 허수경, 〈원폭수첩 2〉 부분

    60년도 더 지난 케케묵은 이야기를 왜 다시 꺼내느냐고요? 인류는 이미 각성했고 그 같은 비이성적 폭력은 충분히 경계하고 있다고요? 핵무기나 생화학무기에 의한 테러나 전쟁은 결코 일어나지 않을 것이라고요? 글쎄요, 그랬으면 얼마나 좋겠습니까? 나도 그러길 진정으로 바랍니다. 그런데 문제는 인류가 그만큼 진화하지도 않았고, 사회가 그만큼 진보하지도 않았다는 데에 있습니다.

    바우만은 《유동하는 공포》에서 독일의 아우슈비츠나 소련의 굴락 수용소, 히로시마의 도덕적 교훈 중 가장 충격적인 것은 우리가 철조망 안에 갇히거나 가스실에 들어갈 수 있다는 것이 아니라고 했습니다. 적당한 조건만 주어지면 우리가 그 가스실의 경비를 서고, 그 굴뚝에 독극물을 넣는 역할을 할 수 있다는 것이지요. 그리고 '적당한 조건'이라면 우리가 다른 사람들의 머리 위에 원자폭탄을 떨어뜨릴 수도 있다는 것입니다. 9·11테러와 이에 대응한 미국의 이라크 침공이 그 좋은 증거인데, 도종환 시인은 우리나라에서 일어날 수 있는 그 같은 일을 이렇게 그렸습니다.

> 폭발물 덩어리를 바닷가마다 세워놓고 저것을 녹색의 따뜻한 에너지라 믿게 해달라고 기도하는 이들은 스텔스 전폭기가 영변을 폭격하고 주전자 물이 다 끓기도 전에 대포동 미사일이 고리 원자로에 떨어져 사방 오십리 잿더미가 되고 방사능이 황사처럼 반도를 덮는 절멸의 날이 오면 어디에 잠자리를 정하고 어디서 어린 자식들을 키울 것인가 어느 바다에 고깃배를 띄우고 그물을 던질 것인가

— 도종환, 〈천변지이(天變地異)〉 부분

꿈에라도 일어나서는 안 될 끔찍한 일이지만 언제라도 일어날 수 있는 어처구니없는 일이기도 합니다.

이렇게 다양하고도 심각한 이유들로 인류의 종말을 알리는 '운명의 시계'가 점점 더 앞당겨지고 있다는 것은 더 이상 비밀이 아닙니다. 그래서 문명 전반에 걸친 '패러다임의 대전환'만이 인류에게 마지막 남은 살 길이라는 경고도 나올 만큼 나왔습니다. 그럼에도 냉소주의에 물든 우리는 끄떡도 하지 않지요. 보기에 따라서는 이것이야말로 우

리가 가진 가장 심각한 문제입니다. 독일의 현대 철학자 페터 슬로터다이크(Peter Sloterdijk, 1947~)는 《냉소적 이성비판》에서 이러한 현상을 "우리는 계몽되었지만 우리는 무감각해졌다"라고 묘사했습니다.

냉소적인 사람들은 다가오는 위기에 대해 "아, 무슨 말인지는 나도 잘 알고 있어. 그렇다고 어쩌겠어. 당신도 별 수 없잖아. 그런 쓸데없는 걱정이나 하느니 차라리 즐기면서 살아가는 게 낫지 않겠어?", "다리가 아직 나타나지도 않았는데 그 다리를 건널 걱정은 하지 마. 어쩌면 당신은 그 다리에 결코 도달할 수 없을지도 몰라", 대강 이런 식으로 대응하지요. 하지만 이 같은 생각에는 적든 많든 속물근성이 들어 있습니다. 냉소주의와 속물근성은 자주 붙어 다닙니다. 그래서 계몽의 실패에서, 혁명의 실패에서, 유토피아의 실패에서 나온 냉소주의가 미신보다 훨씬 더 위험하다는 것인데, 바로 이 때문에 우리는 갈 길을 잃었습니다.

"13인의아해가도로로질주하오. / (길은막다른골목이적당하오.)"로 시작하는 이상의 〈오감도(烏瞰圖)-제1호〉가 "13인의아해는무서운아해와무서워하는아해와 / 그렇게뿐이모였소.(다른사정은없는것이차라리나았소.)"를 거쳐 마지막에는 "(길은뚫린골목이라도적당하오.) / 13인의아해가도로로질주하지아니하여도좋소"로 끝나는 것도 바로 이래서 라고 해석할 수 있습니다. 공포가 속수무책 내지 무기력증을 거쳐 냉소주의로 변해가는 과정을 차례로 묘사하고 있다는 말입니다.

이렇기 때문에 오늘날 우리는 관능과 쾌락만을 탐닉하는 향락주의, 소유와 소비만을 추구하는 물질주의, 누구에게나 안락한 도피처를 제공하는 각종 상대주의, 아니면 정반대로 정치·연예·스포츠·레저·

종교 등에 광적으로 몰입하는 열광주의 가운데 각자의 처지나 취향에 따라 하나둘 골라잡고, 이것저것 번갈아 하루하루를 자위하면서, 적어도 겉으로는 활기차게 살아가고 있는지도 모릅니다. 특별히 가야 할 곳이 없는 사람은 어떤 길로 가도 좋으니까요!

그러나 우리의 이런 모습, 곧 살기 위해 살아갈 이유를 잃어버린 모습, 살아가지만 살아가는 의미와 가치를 잃어버린 모습은, 키르케고르가 《죽음에 이르는 병》에서 "절망하여 자기를 의식하지 않는 경우"로 규정하고, 가장 위험한 상태에서 가장 기분이 좋아지며 타인에게도 건강해진 것처럼 보이는 "말기 폐병 환자"와 같다고 진단했던 상태가 아니던가요?

그렇다면 이제 우리는 어떻게 해야 할까요? 바우만은 다음과 같이 말했습니다.

> 다가오는 공포, 우리의 힘을 송두리째 앗아가는 공포에 대한 유일한 치료법의 시작은 그것을 바로 보는 것이다. 그 뿌리를 캐고 들어가는 것이다. 그것이야말로 뿌리를 잘라버릴 수 있는 유일한 기회를 제공하기 때문이다.

그렇습니다. 자고로 당면한 위험과 공포에 대처하는 가장 효과적이고 용기 있는 방법은 이것이지요. 그것을 똑바로 보고 그 뿌리를 캐고 들어가 잘라버리는 것입니다. 물론 쉽지 않은 일이겠지만, 어때요? 동의하세요? 그럼 우선 뿌리를 캐고 들어가는 작업을 함께해볼까요?

프로메테우스적 인간의 영광과 비극

중세를 마감하고 근대로 향하는 인류의 행진에 철학적 기반을 다진 철학자 베이컨은 매우 특이하게도 기독교의 신 야훼(YHWH)를 프로메테우스(Prometheus)라고 불렀습니다. 르네상스 시대 사람들이 야훼를 그리스 신들의 왕인 유피테르(Jupiter)라 부른 것을 감안하더라도 매우 특이한 발상이지요. 베이컨은 프로메테우스가 인간을 창조할 때 자신의 신적 능력을 함께 불어넣었다고 했습니다. 그 덕에 인간도 자연 안에서 신처럼 새로운 것을 창조할 수 있는 능력과 권리를 가졌는데, 그것이 귀납법과 과학기술이라고 주장했지요. "귀납법으로 자연을 해석하고 과학기술로 자연을 지배하는 인간"이 베이컨이 그린 근대적 인간상인 '프로메테우스적 인간'입니다.

그리스 신화에 나오는 프로메테우스는 인간을 추위와 굶주림에서 구하기 위해 제우스의 아궁이에서 불을 훔쳐 인간에게 전해주고 집을 짓는 법, 가축을 기르는 법, 날씨를 예측하는 법, 셈하고 글을 쓰는 법 같은 지식을 가르쳐준 신입니다. 그 죄로 제우스에게 코카서스 산 정상에 묶인 채 독수리에게 간을 쪼아 먹히는 벌을 받았지요. 그런데 근대인이 프로메테우스의 쇠사슬을 풀어놓고 그를 본받기 시작한 것입니다. 그 자신이 프로메테우스적 인간이었던 베이컨은 지식의 목적이 "자연에 대한 인간의 지배권의 범위를 확장"하여 인간의 상황을 낫게 만들기 위함이라고 선언했지요. 인간을 위해 자연을 이용하고 지배해야 한다는 베이컨의 프로메테우스적 사고는 16세기와 18세기에 걸쳐 일어난 두 차례의 과학혁명에 의해 열매를 맺기 시작했습니다.

고대부터 사람들은 자연을 일종의 생명체로 보는 유기체적 세계관을 갖고 있었습니다. 모든 생명은 서로 연결되어 있고 산, 바다, 숲, 강, 하늘에는 수많은 신들과 영웅들과 요정들 또는 천사들이 함께 살고 있어서 그것들을 변화시키고 움직이게 한다고 생각했지요. 그렇기 때문에 인간이 자연에서 생활에 필요한 물품들을 얻는다 해도 자연은 여전히 신성하고 함부로 손댈 수 없는 대상이었습니다. 바우만이 《모두스 비벤디》에서 한 비유를 빌리자면, 근대 이전은 자연이 사냥터이고 인간이 사냥터지기로 활동했던 시기입니다. 그리고 사냥터지기의 임무는 신이 만든 사냥터를 잘 보존하는 것이었지요.

그러나 근대에 새롭게 발달한 천문학 덕분에 사람들은 신비로 가득 찼던 우주를 갈릴레오 갈릴레이(Galileo Galilei, 1564~1642)의 표현대로 "수학적 언어로 쓰인 하나의 책"으로 인식하고, 신의 창조물인 세계를 인간의 발명품인 시계처럼 수학적으로 움직이는 하나의 자동기계로 보기 시작했습니다. 그럼으로써 자연은 그 작동하는 법칙만 알면 우리가 필요에 따라 얼마든지 분해할 수 있고 다시 조립할 수 있을 뿐만 아니라 변형시킬 수도 있는 대상이 되었습니다. 이것이 기계론적 세계관이자 프로메테우스적 세계관이지요. 토마스 쿤

(Thomas Kuhn, 1922~1996)이 정의한 '패러다임(Paradigm)'의 전환, 곧 '신념'과 '가치 체계'이자 '문제해결 방법'에 근본적인 변화가 일어난 것입니다.

그런데 언제나 얻는 것이 있으면 잃는 것도 있는 법이지요. 근대인이 이룩한 패러다임의 전환도 예외일 수는 없습니다. 프로메테우스적 이성과 세계관을 통해 인류가 얻은 것은 과학을 발전시키고 기술을 개발하여 산업을 부흥시킨 것이고, 잃은 것은 자연과 인간을 '탐구의 대상' 내지 '정복의 대상'으로 봄으로써 오늘날 문제가 되고 있는 온갖 폐해의 불씨를 심은 것이지요. 그래서 바우만은 우리가 당면한 위험과 공포를 자연과의 유대를 단절하고 스스로의 삶을 통제하기로 한 근대적 이성이 만들어낸 것으로 정의합니다.

프로메테우스적 이성은 자연을 다스리고 인간을 움직이는 일에 지나치게 적극적이었고, 새로운 세계관은 베이컨의 주장대로 자연을 "고문대에 올려놓고 자백을 받아내야 하는" 대상으로 간파했습니다. 그래서 바우만은 근대를 자연이 정원이었고 인간이 정원사로 일했던 시기라고 파악합니다. 정원사는 자기가 원하는 정원을 설계한 다음, 그에 적합한 식물들은 성장하게 하지만, 적합하지 않은 잡초들은 제거하는 일을 하지요. 그런데 그 일에서 근대인들은 소스라칠 정도로 폭력적이었던 겁니다.

프로메테우스적 인간으로서의 근대인이 가진 자연관을 표현하기에 매우 적합한 용어가 6장에서 잠시 소개한 '몰아세움'과 '닦달'입니다. 하이데거가 현대 기술의 특성을 표현하기 위해 만든 용어이지요. 하이데거는 《기술과 전향》에서 다음과 같이 설파했습니다.

농부들이 예전에 경작하던 밭은 그렇지 않았다. 그때의 경작은 키우고 돌보는 것이었다. 농부의 일이란 농토에 무엇을 내놓으라고 강요하는 것이 아니라 씨앗을 뿌려 싹이 돋아나는 것을 그 생장력에 내맡기고 그것이 잘 자라도록 보호하는 것이었다. 그러나 오늘날의 농토 경작은 자연을 닦아세우는 다른 종류의 경작 방법 속으로 흡수되어버렸다. 이제는 그것도 자연을 도발적으로 닦아세운다. 경작은 이제 기계화된 식품공업일 뿐이다. 공기는 이제 질소 공급을 강요당하고, 대지는 광석을, 광석은 우라늄을, 우라늄은—파괴를 위해서든, 평화적 이용을 위해서든—원자력 공급을 강요당하고 있다.

근대 이전에 자연은 기능적 부품이 아닌 유기적 전체로서 존재했습니다. 이를테면 땅은 생명력 있는 어머니 대지로, 공기는 신의 숨결로, 강은 요정들의 놀이터, 가축은 자립적인 생명체로서 말입니다. 그런데 근대 이후 기술이 땅은 식품을 제공하고, 공기는 질소를 공급하며, 강은 수력발전소에 수압을 공급하는 대상으로, 가축은 마음대로 다루어도 되는 생필품 공급원으로 기능화, 그리고 부품화시켰다는 거지요.

하이데거에 의하면, 우리는 과학기술을 통해 자연을 몰아세우고 닦달함으로써 "자연에 숨겨져 있는 에너지를 채굴하고, 캐낸 것을 변형시키고, 변형된 것을 저장하고, 저장한 것을 다시 분배하고, 분배된 것을 다시 한 번 전환해" 사용합니다. 다시 말해 '몰아세움'과 '닦달'이라는 '도발적 요청(Herausfordern)'이 과학기술의 본질입니다. "현대 기술은 대지에서 자연 그대로의 가능성의 범위를 넘어서 더 이상 가능하지 않은 것, 따라서 불가능한 것을 강압하여 요구하고 있다"는 겁니다.

김혜순(1955~) 시인의 〈껍질의 노래〉는 자연에 대한 인간의 도발적 요청이 얼마나 집요하고 강압적인지를 잘 보여줍니다.

가르쳐주지 않아도
열려진 입술은 젖을 찾아낸다
그리곤 내 몸 속에서 단물을 빼내간다
금방 먹고도 또 빨아먹으려고 한다
제일 처음
내 입안에서 침이 마른다
두 눈에서 눈물이 사라지고
혈관이 말라 붙는다
흐르던 피가 사라지고
산천초목이 쓰러지고
낙동강 물이 마르고 강바닥이
외마디 비명을 지르며 터진다
전신이 흠뻑 빨려 나간다
먹은 것을 토하면서도
열려진 너희들의 입술은
젖꼭지를 물고야 만다
마침내 온몸이 텅 비어
마른 뼈와 가죽이 남을 때까지

천궁이 갈라지고

은하수 길이 부숴져 내릴 때까지

아무런 생각도 떠오르지 않고

영혼마저 말라 죽을 때까지

— 김혜순, 〈껍질의 노래〉 전문

이 시는 자연을 수탈당하는 어머니로, 인간을 어머니인 자연을 몰아세우고 닦달해 소진시키는 아이로 묘사하고 있습니다. "그리곤 내 몸 속에서 단물을 빼내간다 / 금방 먹고도 또 빨아먹으려고 한다 / 제일 처음 / 내 입안에서 침이 마른다 / 두 눈에서 눈물이 사라지고 / 혈관이 말라 붙는다"라는 구절들이 이 수탈 관계에 존재하는 '도발적 요청'을 보여주지요. 이어서 "먹은 것을 토하면서도 / 열려진 너희들의 입술은 / 젖꼭지를 물고야 만다 / 마침내 온몸이 텅 비어 / 마른 뼈와 가죽이 남을 때까지"라는 구절들은 그 도발적 요청의 집요함과 폭력성을 그리고 있습니다.

하이데거에 의하면 몰아세움과 닦달이라는 도발적 요청이 성한 곳에서는 식물이든, 가축이든, 심지어는 사람까지도 더 이상 고유한 '자립적 본질', '갖춘 본질', '신에 의해 창조된 본질'을 유지할 수 없습니다. 그 결과 근대 이후 인간은 어느 곳에서든 더 이상 사물들의 본질뿐만 아니라, 자신의 본질마저도 대면하지 못하고 있다는 거지요. 마주하는 모든 것을 하나의 기능화된 부품으로 파악할 뿐만 아니라, 스스로를 자신이 파악한 부품들 안에 적응시키기 위해 기능화하고 부품화하기 때문입니다. 그래서 하이데거는 "닦달의 본질은 위험이다"라고 경고하기도 했지요.

  고갈되어가는 화석연료와 그것들의 소비를 통해 이뤄진 환경오염을 머리에 떠올려 보면, "먹은 것을 토하면서도 / 열려진 너희들의 입술은 / 젖꼭지를 물고야 만다"라는 김혜순 시인의 시구와 하이데거의 경고가 무엇을 말하는지가 더욱 분명해집니다. 석유, 석탄, 천연가스와 같은 화석연료들은 자연이 수억 년을 걸쳐 응축한 태양에너지이지요. 그것을 인류가 겨우 100년이라는 짧은 기간에 폭력적으로 뽑아내 흥청망청 사용하면서 현대문명이라는 풍요의 거품을 일으켰던 겁니다. 에너지 사용과 인구의 폭발적 증가가 이 기간 동안에 이뤄진 것이 그 증거이지요. 때문에 석유 매장량이 고갈되어 값싼 석유의 시대가 끝나면, 인구 과잉과 에너지 부족으로 인한 난관과 파국을 피할 길이 없다는 것이 전문가들의 한결같은 견해입니다.

조금만 경계를 늦춰도 재앙은 피할 수 없는 현실이 된다

　자, 이로써 우리가 알려고 했던 것이 드러났습니다. 자연을 자신들의 이익을 위해 "고문대에 올려놓고 자백을 받아내야 하는" 대상으로 파악한 프로메테우스적 인간의 '몰아세움'과 '닦달'이라는 '도발적 요청'이 바로 우리가 당면하고 있는 위험과 공포의 뿌리라는 겁니다. 만일 이 말이 애매모호하다고 생각된다면, '도발적 요청'이라는 하이데거의 용어를 '경제적 욕구' 또는 '탐욕'이라는 일상용어로 바꾸어보면 그 의미가 분명해집니다.

　겉모습이 경제 위기이든, 자연 재앙이든, 환경오염이든, 핵 확산이든, 은행 파산이든, 악성 인플루엔자의 확산이든, 전쟁과 테러든, 그 무엇이든 간에, 현대 문명이라는 거대한 타이타닉(Titanic)호를 침몰의 위험과 공포로 몰아가고 있는 것들은 하나같이 도발적 요청이라는 성격을 가진 인간의 경제적 욕구 내지 탐욕이 만들어낸 빙산이라는 말입니다.

　인간의 탐욕에 대한 철학적 사유들은 7장 '바람 부는 날이면 압구정동에 가야 한다'에서 이미 살펴보았거니와, 여기에서는 이야기를 사변적으로보다는 현실적으로 전개하고 싶기 때문에 구체적인 예를 들어 설명하려고 합니다. 그래서 주목하려는 것이 '생명공학(biotechnology)'과 보통 '유전공학(genetic engineering)'이라고 줄여서 부르는 '유전자 조작 생명공학'입니다. 알고 보면 이 과학기술이야말로 오늘날 그 어떤 첨단 과학보다도 자연과 인간에 대한 '도발적 요청'을 가장 강하게 실행하고 있는 분야이기 때문이지요.

하이데거는 그가 생존했을 당시의 첨단 과학이 이룬 성과였던 원자력이 평화적으로 사용되느냐, 아니면 전쟁에 동원되느냐는 이차적 문제라고 간주했습니다. 원자력의 본질이 물질에 대한 도발적 몰아세움과 닦달이며, 그것에 위험이 있다는 것을 간파했기 때문이지요. 그리고 "인간의 현존재가 원자력에 의해 각인되고 있다"라고 선언했습니다. 마찬가지로 오늘날 유행하고 있는 생명공학이나 유전공학은 사용 여부와 무관하게 그것의 본질이 생명에 대한 유례없는 도발적 몰아세움과 닦달이라는 것이 문제입니다. 이제 인간의 현존재가 생명공학과 유전공학에 의해 각인되고 있으며, 그만큼 각종 심각한 위험에 노출되어 있는 거지요. 무슨 소리냐고요?

현대 과학은 갈릴레이가 망원경 하나로 목성의 위성을 탐색하던 때나 다윈이 비글호를 타고 자료를 수집하며 5년간 항해하던 때와는 전혀 다른 처지에 놓여 있습니다. 소위 '거대과학(Big Science)' 또는 '고비용 과학'으로 불리는 오늘날 첨단 과학들은 복잡한 기술 때문에 자본집약적 개발이 요구되고, 경제적·사회적 파급 효과 때문에 정치적 개입을 피할 수 없지요. 그런 만큼 정치적·경제적 이익집단들에 의해 비윤리적 또는 비인간적으로 이용될 위험이 큰데, 생명공학과 유전공학이 특히 그렇습니다.

영국 생물학자 매완 호(Mea-Wan Ho, 1941~) 교수가 《나쁜 과학》에 인용한 통계에 따르면, 유능한 생명공학자들이나 유전공학자들은 직접적 또는 간접적으로 이미 정부나 산업체와 연결되어 있습니다. 그런데 이 산업체들은 대부분 막강한 경제력을 전 세계에 행사하는 다국적 기업이지요. 참고로 1998년의 통계를 보면, 전 세계 상위 100대 경제체 가운데 49개가 국가이고, 나머지 51개는 다국적 기업입니다. 이러한 사실은 과학자들의 양심만으로는 과학을 상업화시키려는 거대한 시장의 힘을 감당할 수 없다는 것을 말해줍니다.

현재 각국에서는 공공연하게 또는 암암리에 각종 생명복제 실험을 허용하고 있고, 인간을 포함한 살아 있는 유기체, 세포주, 유전자에 특허를 주고 있으며, 유전체와 유전자 데이터베이스를 기업의 소유로 인정하고 있습니다. 그 결과 과학자들은 정부나 기업이 지원하는 연구비로 각종 복제 실험에 몰두하고 있고, 자국 및 타국의 토착 공동체에서 유전자원을 훔치는 데 분주하지요. 매완 호 교수가 《나쁜 과학》에서 "생명공학은 나쁜 과학과 거대 기업의 일찍이 그 예를 찾아볼 수 없을 만큼 밀착된 결탁이며, 이 결탁은 우리가 알고 있는 인간성의 종말과 세계의 종언을 초래할 것이다"라고 단호하게 경고한 것이 그래서입니다.

혹시 지나치게 예민한 어떤 과학자의 노심초사에 불과하다고 생각할지도 모릅니다. 그럴 수 있지요. 나도 그러길 바랍니다. 하지만 그렇지 않을 수도 있습니다. 오늘날 진행되고 있는 유전공학에 대해서는 그 분야에 종사하는 전문가들마저 심각하고도 현실적인 우려들을 숱하게 쏟아내고 있기 때문입니다. 그 가운데 하나가 '수평적 유전자 전이(horizontal gene transfer)'입니다. 이것은 유전자 벡터 또는 운반체 역할을 하는 바이러스나 전염 물질을 통해 이종 교배가 되지 않는 종들 사이에 유전자 전이를 일으키는 기술이지요.

지금 이 순간에도 활발히 진행되고 있는 유전공학이, 자연 상태에서는 구불구불하고 좁은 골목길을 통해 매우 제한적으로 이루어질 수밖에 없는 수평적 유전자 전이에 광활한 고속도로를 놓아주고 있습니다. 그로 인해 예상되는 다양한 문제 가운데 이미 현실로 드러난 것은, 이를 통해 기존의 항생제에 내성을 가진 박테리아나 통제할 수 없는 새로운 질병을 유발하는 병원균들이 만들어지고 있다는 사실입니다. 전문가들에 의하면, 수평적 유전자 전이는 이미 항생제 저항성 확산의 주요 메커니즘으로 부상했습니다. 더 큰 문제는 기대되는 막대한 경제성 때문에 이를 막을 길이 없다는 거지요.

1992년 인도에서 콜레라와 1993년에 스코틀랜드 테이사이드에서 연쇄상구균 전염병을 일으킨 변종 세균들이 연구실에서 실행된 유전자 재조합에 의해 생성되었다는 사실이 이미 밝혀졌습니다. 근래 각 나라에서 발병된 대장균 O157도 병원성 세균 시겔라(Shigella)에서 수평적 유전자 전이가 이루어진 것이 알려졌지요. 그러나 이것은 빙산의 일각일 뿐입니다. 지금도 널리 확산되고 있는 수평적 유전자 전이는 동물과 인간에게 치명적인 신종 바이러스들을 계속 출현시키고 있습니다.

예를 들어, 큰박쥐에서 돼지를 경유하여 사람에게 전염되는 유사 헨드라 바이러스(Hendra-like Virus)는 1998년 10월부터 말레시아에서 100여 명의 사망자를 냈고, 100만 마리 이상의 돼지를 도살하도록 만들었습니다. 더욱 염려스러운 것은 동물에서 사람에게로 전염되던 바이러스가 근래에는 사람들 사이에도 전염되기 시작했다는 사실입니다. 1990년대 후반부터 설치류를 통해 사람에게 전염되던 바이러스, 예컨대 1995년 콩고의 킨샤사 지방에 창궐한 원숭이두창(monkeypox)이나 1996년 아르헨티나 남부를 덮친 한타바이러스(hantavirus) 등이 처음으로 사람에서 사람으로 전염되기 시작했습니다.

그래서 매완 호 교수는 "지금 우리는 수평적 유전자 전이와 재조합이 야기하는 통제 불가능한 유행성 전염병이라는 악몽의 전조를 경험하고 있는지도 모른다"라고 우려합니다. 그밖에도 상당수 과학자들이 "지구 경제와 유전공학, 그리고 치명적인 유행성 질병 사이에 존재하는 긴밀한 연관성"을 심히 의심하며 걱정하고 있지요. 다년간 핵무기 철폐를 위해 투쟁하다 1995년 노벨상을 받은 영국 물리학자 조지프 로트블랫(Joseph Rotblat, 1908~2005)은 "나의 걱정은 과학에서의 또 다른 진보가 어쩌면 핵무기보다 훨씬 더 쉽게 대량 파괴의 수단으로 사용될 수 있다는 사실이다. 바로 유전공학이 가장 가능성이 높은 분야인데, 왜냐하면 이 분야는 가공할 만한 발달을 거듭하고 있기 때문이다"라고 심각한 우려를 표명한 바 있습니다.

그 결과 2000년 1월 캐나다 몬트리올에서 전 세계 150여 국가의 정부들이 '국제 생명안정성 의정서'에 서명했습니다. 이 의정서는 과학기술에 "심각한 위해성에 대한 정당한 의심"이 있을 경우, "과학적 확실성의 부재나 합의의 부재가 예방적 조치를 취하지 않는 구실이 되어서는 안 된다"는 매완 호 교수의 '사전 예방의 원칙(precautionary principle)'을 근거로 하고 있습니다. 매완 호 교수에 따르면, 과학적 판단은 불완전한 정보에 의존할 수밖에 없기 때문에 사전 예방은 언제나 필수적으로 지켜져야 할 '최소한의 원칙'입니다. 그것마저 경제적 이익에 눈이 먼 정치적·경제적 세력 때문에 지켜지지 않고 있지만, 국제 생명안정성 의정서의 체결은 그 자체에 커다란 의미가 있습니다.

이것입니다! 내가 뜬금없이 유전공학과 수평적 유전자 전이에 대한 이야기를 꺼낸 이유 말입니다! 나는 유전공학뿐만 아니라 재생 불가능하거나, 대체 불가능하거나, 회복 불가능하다고 생각되는 자원들을 다루는 모든 과학기술에 대해 '사전 예방의 원칙'처럼 안전을 우선으로 하는 원칙이 적용되어야 한다고 생각합니다. 왜냐하면 인간에게는 자원들에 대한 '사용의 자유' 말고도 '보전의 의무'가 주어져 있기 때문입니다.

내가 '안전 우선의 원칙'이라고 부르고 싶은 이 규율은, 심각한 위해성에 대한 정당한 의심이 가는 과학기술에 대해서 논의할 때 위해성을 증명해보라고 요구하지 말고 무해성이 증명될 때까지 그 개발과 사용을 미루고 기다리자는 '숙고의 원칙'입니다. 그럼으로써 과학기술의 도발적 요청에 의한 재생 불가능하거나 대체 불가능하거나 회복 불가능한 자원들─여기에는 물론 인간의 생명이 포함됩니다─의 파괴를 사전에 막자는 '책임의 원칙'이기도 하지요.

예컨대 원자력 발전소 건설이나 수평적 유전자 전이를 실행하는 유전공학 실험처럼 그 사업에 심각한 위해성에 대한 정당한 의심이 있을 경우, 그것의 무해성이 증명될 때까지 추진을 미루고 기다리며 숙고해야 한다는 말이지요. 그런 사업들의 유해성을 명백하게 증명하지 못하는 것이 연구나 사업 추진의 빌미가 되어서는 안 된다는 뜻이기도 합니다.

'안전 우선의 원칙'은 '책임의 원칙'을 기술 시대의 생태학적 윤리의 근간으로 삼으려 했던 독일 철학자 한스 요나스(Hans Jonas, 1903~1993)가 《기술 의학 윤리》에서 한 다음 주장과도 맥을 같이합니다.

> 인류의 생존이 우리에게 일종의 정언명령을 의미한다면 인류의 생존을 걸고 이루어지는 모든 자기 파괴적 장난은 허용되어서는 안 되며, 그러한 의도가 담긴 기술적 모험 역시—설사 그 결과의 실현은 멀지라도—아예 처음부터 배제되어야 한다.

문제는 오늘날 세계가 이와는 정반대로 나아가고 있다는 것입니다. 각 정부와 기업은 심각한 위해성에 대한 정당한 의심이 있는 사업들을 경제적 이익만 내세워 무책임하게 진행하지요. 자연과 인간에 대한 도발적 요청이 현대 기술 문명의 본질이기 때문입니다. 그래서 진은영 시인은 마냥 안타깝고 답답한 속내를 다음과 같은 비아냥거림으로 털어놓았습니다.

> 관료들은 결정을 서두른다.
> 노래는 폐허와 부패의 미끌거리는 창자를 입에 문 채
> 갈가마귀처럼 하늘을 날아가는 법이라고
> 우리를 가르치기 위해?
>   또는
> 고통과 비명의 자유로운 확산과 교역을 위해?

그들은 결정을 서두른다.

폐병쟁이 시인을 위해 흰 알약의 값을 올리고
아직도 발자크처럼 건강한 소설가에게는
어미소를 먹인 얼룩소를 먹이도록.

잠든 이웃에게는 아름다운 나라의 산업폐기물이
트로이 목마처럼 입성하는 도시들과
햄릿에서처럼
독극물이 고요한 한낮의 귓속으로 흘러드는 이야기를 선물하라.

당신들은 결정을 서두른다.

— 진은영, 〈문학적인 삶〉 부분

역사적 경험에 따르면, 진리를 아는 것만으로는 거짓을 이길 수 없습니다. 선을 흠모하는 것만으로 악을 굴복시킬 수는 없지요. 아름다움의 눈부심만으로 추함을 퇴각시킬 수는 없습니다. 이것은 기독교에서 말하는 신이 세상을 구하기 위해 인간으로 육화되어 내려왔다는 성육신(incarnation)의 중요한 교훈 가운데 하나이기도 한데, '말로써' 천지를 창조한 신도 '말만으로는' 인간과 세계를 구원하려 하지 않았다는 사실입니다. 모든 구원에는 행동이 함께해야 한다는 말이지요!
이제 우리는 우리 자신을 스스로 부추겨 세워 행동에 나서야 합니다. '스스로를 부추겨 세워 행동에 나서게 하는 것'이 곧 분노입니다! 일찍이 사르트르가 외쳤던 '앙가주망(engagement)'이지요! 자신과 이웃과 자연에 대한 사랑에서 나오는 분노, 스스로를 부추겨 세우는 일로서의 분노는 우선 무엇이 진실이고 사랑인지를 아는 일이고, 그것에 따라 행동하는 일입니다. 그러니 이제 우리 모두 시를 읽고 진실과 사랑을 알고, 시를 읽고 자신과 이웃과 자연을 사랑하고, 시를 읽고 자신과 이웃과 자연을 몰아세우고 닦달하는 모든 것에 분노하자는 거지요.

4장에서 이미 소개한 〈여의도 광시곡〉에서 최승자 시인은 '중국집 짬뽕 속의 삶은 바퀴벌레'와 같은 삶, '코를 벌름거리며 죽어서도 즐거운 돼지'와 같은 퇴락한 삶을 "손들엇 탕탕!"하고 실존(實存)해야 한다고 노래했습니다. 이어서 시인은 "잠든 것도 깬 것도" 아닌 채 "한 세월 아득히 눕고" 싶어서, 스스로를 부추겨 세워 행동에 나서지 않는 사람의 처연(悽然)한 마지막 모습을 다음과 같이 그렸습니다.

> 시간은 저 혼자 능률 능률 흘러가고
> 보라, 우리의 오믈더미 위에서,
> 구린내도 그윽한 문화의 오븐 위에서
> 무럭무럭 김을 풍기며
> 거대하게 부풀어 오르는 여의도를.
>
> ─ 여의도는 거대한
>
> 天上의 빵.

그윽한 향취 속에서
저는 잠든 것도 깬 것도 아니었어요.
다만 이 세상을 손수건처럼 얌전히 접어 두고서
한 세월 아득히 눕고 싶었을 뿐이에요.
─그때 거기에서 많은 사람들이 울고 있었는데
　나는 왜? 알지 못했죠.
─그때 그 거리에서 검은 상복 입은 사람들이
　바다로 내닫고 있었는데
　나는 왜? 알지 못했죠.

하지만 어느 순간 내 꿈을 타고 한 마리 뱀이
내 입 속으로 목구멍 속으로 들어가고
그 순간 큰골이 팽팽한 풍선처럼
내 머리 밖으로 부풀어오르고

그때 나는 보았죠.
피골이 상접한 내 정신이
땡땡 부어오른 내 육신의 관을 이끌고
대방 터널을 힘겹게 빠져 나가는 것을.

— 최승자 〈여의도 광시곡〉 부분

최승자 시인에게 '여의도'는 "우리의 오물더미 위에서, / 구린내도 그윽한 문화의 오븐 위에서 / 무럭무럭 김을 풍기며 / 거대하게 부풀러 오르는" 근대문명의 상징입니다. 이 시는 '능률(能率)'을 구호로 삼는 그곳, 그래서 시간마저 "저 혼자 능률 능률 흘러"가는 그 곳에서, 잠시만 "세상을 손수건처럼 얌전히 접어 두고서 / 한 세월 아득히" 지내면, "그때 거기에서 많은 사람들이 울고 있었는데", "그때 그 거리에서 검은 상복 입은 사람들이 / 바다로 내닫고 있었는데 / 나는 왜? 알지 못했죠"라고 놀라게 되고, 마침내는 "피골이 상접한 내 정신이 / 땡땡 부어오른 내 육신의 관을 이끌고" 가는 것을 보게 된다는 엄중한 경고입니다.

실업이든, 경제 위기든, 자연 재앙이든, 환경오염이든, 핵 확산이든, 은행 파산이든, 악성 인플루엔자의 확산이든, 전쟁과 테러든, 그것이 무엇이든, 설사 당신과 내가 아직은 직접 경험하지 못했을지라도, 우리의 존재를 흔들고 가정을 무너뜨리고 직장을 없애고 생명마저 위협하는 이 모든 재앙에 대해 우리는 방관하거나 받아들이지 말고 분노해야 합니다. "이 세상을 손수건처럼 얌전히 접어 두고서 / 한 세월 아득히" 지내지 말고 스스로를 부추겨 세워 행동에 나서야 합니다.

유동하는 위험과 유동하는 공포를 추적한 그의 책 말미에서 바우만은 "조금만 경계를 늦춰도 재앙은 피할 수 없는 현실이 된다"라며, 다음과 같은 희망과 기원을 덧붙였습니다.

나는 "해야 한다must"라는 말가장 긴급할 경우에만 쓰는 말을 쓴다. 칸트가 예언적으로 권고한 재난은 바로 장 피에르 뒤피가 "피할 수 없는 재난"이라고 부른 것이며, 그 재난이 닥칠 무렵 그 예언을 열심히,

떠들썩하게 가리키는 것은 피할 수 없는 것을 피할 수 있게 만드는 유일한 방법이기 때문이다. 그리고 아마도 불가피한 불가능성inevitable impossible을 가능하게 만드는 길이기 때문이다. "우리는 언제까지나 경계를 늦출 수 없는 운명이다"라고 그는 썼다. 조금만 경계를 늦춰도 재앙은 피할 수 없는 현실이 된다. 그러한 불가피성을 알리는 것과 이 지구상에서 인류의 "지속가능성을 생각하기"를 통해 "자기 파괴를 부정하는 것"은 한편으로는 "일어나지 않은 불가피한 미래"를 가능하게 만드는 필요조건이다그리고 바라건대, 충분조건이기를! .

시를 읽고 분노하자

지그문트 바우만이 《유동하는 공포》에서 예리하게 설파한 대로, 지식인의 문제점은 "말이 육신이 되도록 하는 자신의 능력을 한 번도 신뢰한 적이 없다"는 것입니다. 스스로가 아니라 "다른 누군가를 부추겨 자신의 이상을 실현하도록 했다"는 거지요. 그리고 그 결과는 레닌의 공산당 혁명이 보여주듯 항상 실패로 끝났습니다.

이런 의미에서 볼 때, 근래 세계적으로 거센 파문을 일으킨 스테판 에셀(Stephane Hessel, 1917~)의 "분노하라"라는 음성에는 누구든, 자기가 견지하는 정치 이데올로기가 무엇이든, 귀를 기울일 필요가 있습니다. "93세, 이제 내 삶의 마지막 단계에 온 것 같다. 세상을 하직할 날이 멀지 않았다"라고 입을 여는 이 노인의 저서 《분노하라》에는 우리에게 주는 다음과 같은 육성이 담겨 있습니다.

"이제 총대를 넘겨받아라. 분노하라", "이른바 '불법체류자'들을 차별하는 사회, 이민자들을 의심하고 추방하는 사회, 퇴직연금제도와 사회보장제도의 기존 성과를 문제 삼는 사회, 언론 매체가 부자들에게 장악된 사회, 결코 이런 사회가 되지 않도록", 그리고 "어느 누구라도 인간의 권리를 제대로 누리지 못하고 있는 사람을 만나거든, 부디 그 편을 들어주고, 그가 권리를 찾을 수 있도록 도움을 주라"와 같은 것들이지요.

사르트르의 영향을 받았으며, 2차 세계대전 중에 레지스탕스로 활동했고, 그 후 유엔이 '세계인권선언문'을 작성하는 데 주도적으로 참여하기도 했던 에셀은 "최악의 태도는 무관심이다"라며 젊은이들에게 분노하고 참여하라고 부추깁니다. 그는 주위를 둘러보면 "우리의 분노를 정당화하는 주제들", "구체적 시민운동을 하지 않을 수 없게 만드는 상황들이 보일 것"이라면서, 지금 세계에 만연한 빈부 격차와 인권 침해가 우선 식별할 수 있는 두 가지 커다란 도전이라고 지적했습니다.

우리가 주목해야 할 것은 에셀이 말하는 분노와 참여가 철저히 '비폭력적'이라는 사실입니다. 이것이 "폭력을 멈추게 하는 수단으로서의 폭력"을 인정했던 사르트르와 갈라서는 분기점이지요. 그는 출판사와 가진 인터뷰에서 다음과 같이 주장했습니다.

> 제 이야기는 혁명을 하자는 것이 아닙니다. 혁명은 이미 여러 차례 경험했고, 그 혁명들은 대개 안 좋은 방향으로 귀결되곤 했습니다. 나는 호소합니다. 우리의 정신을 완전히 개혁하자고. 폭력은 거부해야 합니다. 우선, 효과가 없기 때문에 그래야 합니다. 폭력 행위로 말미암아 사람들의 마음에는 증오만 더욱 깊이 뿌리 내리며 복수심이 더욱 불타오를 뿐입니다. 폭력은 폭력의 악순환을 더욱 심화시킵니다. 미래로, 희망으로 향하는 문을 닫아버리게 합니다.

에셀은 자기가 쓴 작은 책의 내용 가운데 가장 마음에 드는 곳이 바로 "비폭력에 대한 호소"라고도 강조했습니다. 이런 그가 2011년 9월 미국 뉴욕 맨해튼 주코티 공원에서 "월스트리트를 점령하라(Occupy Wall Street)!"로 시작하여 강풍을 탄 산불처럼 전 세계로 번지고 있는 이른바 '반(反)월가 시위'에 적극적인 지지를 보낸 것은 당연합니다.

2011년 10월 15일 유럽연합 본부가 자리한 벨기에 브뤼셀의 호게스쿨대(응용과학대)에는 유럽 전역에서 온 1만여 명의 시위대가 집결했습니다. 이들은 2011년 5월 스페인의 긴축재정에 반발하여 시위를 시작한 후, 75일간 약 1700킬로미터를 걸어온 "분노한 사람들(Los indignados)"의 행진을 상징하는 의미로 행렬의 선두에 신발을 내걸었지요. 시위대가 증권거래소 앞을 지날 때 미리 준비한 신발 수백 켤레를 던졌지만 폭력을 사용하지는 않았습니다.

곳곳에 "99퍼센트는 위기, 1퍼센트는 강도", "반자본주의와 혁명이 필요하다", "분노", "직접민주주의", "반핵(反核)", "교육비 경감"과 같은 다양한 구호가 나붙었지만, 시위대는 색소폰과 트럼펫, 탬버린과 리코더가 어우러진 즉흥 연주를 펼쳤고, 그리스에서 건너온 아가씨가 통기타를 반주로 노래를 부르면 프랑스에서 온 청년이 하모니카를 불며 이중주를 벌였다지요. 또 대학 강당에서는 영어와 프랑스어, 독일어와 스페인어를 동시통역하면서 열띤 토론을 했고, 그 어떤 지도자나 지휘 본부도 없이 지하 식당의 배식부터 응급조치와 행사 안내까지 철저하게 자원봉사를 통해 진행했다고 합니다.

2011년의 반(反)월가 시위가 높은 실업률, 빈곤, 빈부 격차 등에 대한 항거라는 점에서 내용상 1930년대의 대공항 시위와 닮았다고 합니다. 그러나 형식상으로는 자발성, 무정형성, 놀이 문화적 요소, 국제적 공조 현상 등을 기반으로 한다는 점에서 1960년대 말 서구를 휩쓴 68혁명과 흡사하다는 평이지요. 2000년대 들어 우리나라에서 몇 차례 실행된 촛불집회에서도 볼 수 있었던 이 같은 형태의 시위가 어디까지 확산될 것이며, 과연 성공할 것인지 여부는 아직 불확실합니다.

그러나 한 가지 확실한 것이 있습니다. 프랑스 철학자 미셸 푸코(Michel Foucault, 1926~1984)가 《성의 역사》에서 언급했듯이, "자연권보다 더 견고하고 더 가깝다"는 생명체의 고유한 규준성(normativit)을 근거로 한 봉기나 반역은 "어떤 권력도 이를 절대적으로 불가능하게 만들 수 없기" 때문에 "제거 불가능한 것"이라는 거지요. '생명 권력'과 '생명정치'라는 새로운 개념을 도입한 이 책에서 그는 인간의 생명에 대한 권리는 모든 권리의 궁극적 기반으로서 자연권이나 인권보다도 더 근본적이고 강하다는 것을 주장했습니다.

이 말은 현재 진행되고 있는 반(反)월가 시위는 향후 세계경제 상황의 변화에 따라 더 격화될 수도 있고 일시적으로 소멸될 수도 있지만, 근대 문명이 낳고 길러온 경제 위기, 자연 재앙, 환경오염, 핵 확산, 악성 인플루엔자의 확산, 전쟁과 테러 같은 위험과 공포에 저항하는 봉기나 반역은 새로운 주제와 구호로 계속 나타날 뿐, 사라지지도 않고 사라질 수도 없다는 것을 뜻합니다.

높은 실업률, 빈곤, 빈부 격차, 개인의 신용 위기, 국가 부채, 성장과 고용의 악화, 부동산 가격 및 주가 폭락, 국가신용도 하락 등과 같은 위험과 공포를 몰고 온 신자유주의에 맞서는 반(反)월가 시위는 근대가 만들어낸 모든 '유동하는 위험'과 '유동하는 공포'에 저항하는 하나의 전초전이자 시발점이 될 수 있습니다. 바우만은《유동하는 공포》에서 다음과 같이 선언했습니다.

> 모순을 드러내는 일은 그 해결을 의미하지 않는다. 문제의 근원을 인식하는 일에서 그것을 제거하기까지는 길고 힘든 길이 남아 있으며, 그 첫걸음을 내딛었다고 해서 다음 걸음을 내딛을 수 있을지 아무런 보장이 없다. 심지어 그 길이 과연 목적지로 통하는지조차 확실하지 않다. 그러나 시작이 절대적으로 중요하다는 것은 누구도 부인하지 못한다.

전 세계로 번지고 있는 반(反)월가 시위의 첫걸음으로, 우리는 인간이 자연과 스스로를 통제하기로 한 근대 문명이 낳은 위험과 공포를 줄여나가는 새로운 길을 마련해야 합니다. 이것이 정치학, 경제학, 사회학과 과학기술은 물론이거니와 인문학을 비롯한 여타 학문들과 예술들이 향후 의무적으로 매진해야할 유일무이한 과제일 것입니다.

울리히 벡은 위험이 곧 재앙은 아님을 분명히 했습니다. 위험은 대처하기에 따라 오히려 현 질서를 뛰어넘는 "개혁과 혁신을 위한 행위 공간을 열어준다"는 겁니다. 그는《세계화 시대의 권력과 대항권력》에서 세계가 우리가 생각할 수 있는 모든 차원, 즉 정치적·사회적·경제적·문화적 그리고 기술적, 특히 정보기술적 차원에서 상호 연결되어 있는 오늘날 "유럽 근대의 거시적 이념들, 즉 민족주의, 공산주의, 사회주의, 그리고 신자유주의마저 모두 소모되었다"라고 주장합니다.

이어서 새로운 거대 정치의 이념으로 일찍이 독일 철학자 임마누엘

칸트(Immanuel Kant, 1724~1804)가 "스스로 국가시민법에 따라 세계시민사회에서 공동으로 합의한 구성원이라고 생각하는 것은 인간이 스스로 규정하는 데서 생각할 수 있는 가장 고결한 생각이자, 감격 없이는 생각할 수 없는 가장 고귀한 생각이다"라는 말로 제시한 바 있는 '자기 비판적 세계시민주의'를 제안하지요. 국민 국가적 차원에서는 도저히 극복할 수 없는 '전 지구적 위험'에 대응하는 '전 지구적 성찰성'이 필요하다는 각성 때문입니다. 벡은 이제 우리는 "칸트(kant)냐, 파국(Katastrophe)이냐", 다시 말해 "칸트의 이상을 한 움큼이나마 실현하느냐, 아니면 파국으로 치닫느냐" 가운데 양자택일을 할 수밖에 없다고도 했습니다.

바우만 역시 "칸트의 '하나의 일반 세계시민사회의 수립 의지론(Ideen zur eine allgemeine Geschichte in weltbgerliche Absicht)'은 '메타 희망'의 자리를 차지할 만하다"라며, 유동하는 위험과 공포에 대항하기 위한 전 세계 지식인과 인류 전체로서의 민중 사이에 이뤄지는 협약에 희망을 둡니다. 그는《유동하는 공포》를 다음과 같은 말로 끝맺습니다.

> 다가오는 세기는 궁극적인 재앙의 시대가 될 것이다. 아니면 지식인과 민중이께는 인류 전체라는 의미의 사이에 새로운 협약이 이루어지는 시대가 될 것이다. 희망을 갖자. 이 두 개의 미래에 대해, 아직도 우리에게 선택의 기회가 남아 있으리라고.

벡이 조금 더 낙관적인 데 비해 바우만은 상대적으로 비관적이긴 합니다. 하지만 두 사람 모두, 만일 우리가 스스로 "세계시민사회에서 공동으로 합의한 구성원"이라는 고결한 생각을 갖고 전 지구적으로 적절한 대응만 한다면 아직 희망이 남아 있다는 것을 강조했지요. 물론 바우만의 말대로 "문제의 근원을 인식하는 일에서 그것을 제거하기까지 길고 힘든 길이 남아 있으며, 그 첫걸음을 내딛었다고 해서 다음 걸음을 내딛을 수 있을지는 아무런 보장"이 없지만, 그래도 우리는 희망을 갖고 첫 발을 내딛어야 합니다.

 7장에서 언급한 대로, 우리는 김수영 시인의 〈풀〉을 "불란서혁명의 기술", "4·19에서 배운 기술", "사랑을 만드는 기술"에 관한 시, 다시 말해 우리를 억압하는 온갖 부정적 대상들 속에서도 긍정적 가치를 찾아내는 기술에 관한 시로 읽을 수 있습니다. 우리를 위험과 공포로 몰아가는 "바람보다 늦게 누워도 / 바람보다 먼저 일어나고 / 바람보다 늦게 울어도 / 바람보다 먼저 웃는" 희망의 기술에 관한 시로 이해할 수 있다는 거지요. 그래서 지금 우리에게 더욱 새롭게 다가오는 김수영 시인의 〈풀〉로 나와 당신을 부추겨 세우며 맺고자 합니다.

  풀이 눕는다
  비를 몰아오는 동풍에 나부껴
  풀은 눕고
  드디어 울었다
  날이 흐려서 더 울다가
  다시 누웠다

풀이 눕는다

바람보다도 더 빨리 눕는다

바람보다도 더 빨리 울고

바람보다 먼저 일어난다

날이 흐리고 풀이 눕는다

발목까지

발밑까지 눕는다

바람보다 늦게 누워도

바람보다 먼저 일어나고

바람보다 늦게 울어도

바람보다 먼저 웃는다

날이 흐리고 풀뿌리가 눕는다

— 김수영, 〈풀〉 전문

chapter 9

시가 나를 찾아왔어
...
시인이란 누구인가

어느 거리에선가 날 부르고 있었지

혹시 시를 쓰고 싶지 않나요? 아니라고요? 내가 그럴 줄 알았어요. 시인은 배가 고프잖아요. 오죽하면 최영미(1961~) 시인이 〈시〉라는 자신의 시를 "나는 내 시에서 / 돈 냄새가 나면 좋겠다"라고 시작했겠어요. 물론 이때 시인이 말하는 돈은 "빳빳한 수표가 아니라 손때 꼬깃한 지폐"이고, "비평가 하나 녹이진 못해도 / 늙은 작부 뜨듯한 눈시울 적셔주는 시"로 번 돈이라는 단서가 붙긴 했지만 말입니다. 그러니 당신도 시인이 되고 싶지 않겠지요. 하지만 내 물음은, 전업 시인이 되고 싶냐는 것이 아니라 가끔 시를 쓰고 싶지 않느냐는 겁니다.

한번 잘 생각해보세요. 당신도 한때는 문학 소년 소녀였고, 한번쯤은 시가 쓰고 싶어 뭔가를 끄적거린 적이 있잖아요. 게다가 요즘도 가끔은 시처럼 멋지게 글을 쓰거나 말을 할 수 있으면 좋겠다고 생각하잖아요. 그런데 왜 우리는 예나 지금이나 시를 쓰지 못할까요? 그것도 모르냐고요? 그건 누구나 의사나 변호사가 되지 못하는 것과 다름없지 않느냐고요? 모든 전문적인 일에는 교육과 수련이 필요한 법인데, 그런 과정을 거치지 않은 우리가 시를 쓰지 못하는 것은 당연한 거라고요?

그야 물론 그렇지요. 하지만 다른 전문직과 달리, 시를 쓰는 일은 교육과 수련만으로 되는 것은 아닌 것 같아서 그래요. 거기에는 우리가 모르는 심상치 않은 '어떤 것'이 숨어 있는데, 바로 그것이 시 짓기의 핵심인 것 같아 그래요. 그게 뭐냐고요? 궁금하지요? 그럼, 우선 다음의 시를 볼까요?

> 그래 그 무렵이었어…… 시가
> 나를 찾아왔어. 난 몰라. 그게 어디서 왔는지.
> 모르겠어. 겨울에서인지 강에서인지.
> 언제 어떻게 왔는지 나는 모르겠어.
> 아냐 그건 목소리가 아니었고, 말도,
> 침묵도 아니었어.
> 하지만 어느 거리에선가 날 부르고 있었지.
> 밤의 가지들에서
> 느닷없이 모르는 사람들 틈에서
> 격렬한 불길 속에서
> 혹은 혼자 돌아오는데 말야
> 얼굴도 없이 저만치 서 있다가 나를
> 건드리곤 했어.
>
> ― 파블로 네루다, 〈시〉 부분

이것은 파블로 네루다의 〈시〉라는 작품입니다. 이 시에서 화자는 서두부터 어느 날 갑자기 시가 자기를 찾아왔다고 고백하며 말을 시작합니다. 그것은 "목소리"가 아니었고 "말"도 아니었으며 그렇다고 "침묵"도 아니어서 무엇인지 모르겠고 그 때문에 그것이 "어디서 왔는지", 또 "언제 어떻게 왔는지"도 모르겠지만, 어쨌든 때와 장소를 가리지 않고 자기를 찾아왔다고 증언하지요.

그뿐만이 아닙니다. 이어지는 내용을 보면, 시가 자신의 영혼을 파고들어 열병과 고독 속에서 글을 쓰게 했다나요. 그래서 처음에는 "뭔지도 모를 순전한 헛소리", "아무것도 모르는 어떤 사람의 알량한 지혜"로 시작했지만, 이내 요동치며 생동하는 세계와 신비에 가득 찬 새로운 우주를 보게 되었고, 그것을 통해 결국에는 자신도 그 신비에 도취되고 하나가 되어 마치 심장이 바람 속에 풀려난 것처럼 자유로워졌다고 합니다.

바로 이 같은 증상이 뭔가 심상치 않다는 것입니다. 당신은 네루다의 말이 수긍이 가나요? 도대체 시가 뭔데, 목소리도, 말도, 침묵도 아니고, 얼굴조차 없는 그것이 어느 날 스스로 사람을 찾아오나요? 그래서 글을 쓰게 하고, 전혀 새로운 세계를 보게 하며, 마침내는 전혀 새로운 사람이 되게 하나요? 이런 일이 실제로 가능하다고 생각하나요? 아마 아닐 겁니다. 그것은 단지 20세기가 낳은 최고의 시인으로 불릴 만큼 남다른 상상력을 가졌던 시인이 남긴 특별한 시적 표현이라고 생각할 거예요.

그런데 문제는, 정작 시인들은 우리와 전혀 생각이 다르다는 데 있습니다. 시인들은 정말로 시가 자신을 찾아온다고 느끼나 봐요! 어째서냐고요? 이 시의 제목을 따서 《시가 내게로 왔다》라는 시 모음집을 출간한 김용택(1948~) 시인의 고백만 보아도 그런 생각이 들기 때문이에요. 그는 이 시를 소개하며 다음과 같은 자기 체험을 덧붙였습니다.

> 그래, 그랬어. 스무 살 무렵이었지. 나는 날마다 저문 들길에 서서 무엇인가를 기다렸어. 강물이 흐르고, 비가 오고, 눈이 오고, 바람이 불었지. 외로웠다니까. 그러던 어느 날 시가 내게로 왔어. 저 깊은 산속에서 누가 날 불렀다니까. 오! 환한 목소리, 내 발등을 밝혀주던 그 환한 목소리, 詩였어.

봐요! 거의 같은 이야기를 하고 있잖아요. 네루다는 목소리가 아니라고 했고 김용택은 "환한 목소리"라고 표현했지만, 어쨌든 두 시인 모두 어느 날 시가 스스로 자기들을 찾아왔다고 고백하잖아요. 그뿐만 아니라 그 시가 그들을 신비한 세계로 이끌었다는 증언도 하지요. 김용택 시인도 "오! 환한 목소리, 내 발등을 밝혀주던 그 환한 목소리, 詩였어"라고 외치잖아요. 발등을 밝혀주었다는 것이 무슨 뜻이겠어요? 자신이 나아갈 새로운 길을 밝혀 열어주었다는 의미가 아니겠어요?

그래서 시인들은 시가 어느 날 제멋대로 그들을 찾아와 다른 세계로 데리고 간다는 느낌을 실제로 경험하나 보다 하고 추측하는 거예요. 조금만 주의 깊게 둘러보면 많은 시인들이 같은 경험을 고백해놓은 것을 발견하게 됩니다. 대개 시 또는 시 짓기를 노래하는 시들에서 인데, 지금부터 그 가운데 한둘을 골라 살펴볼까 해요. 바로 여기에 우리는 잘 모르지만 시인들은 알고 있는 시 짓기의 '범상치 않은' 비밀이 숨어 있을 것 같기 때문입니다.

가방을 든 남자

먼저 장정일(1962~) 시인의 시를 볼까요? 1988년 출간된 시집 《길안에서의 택시잡기》에 시인은 우리 이야기와 연관해서 보면 매우 흥미로운 시 두 편을 실었습니다. 앞뒤로 연이어 실린 표제시 〈길안에서의 택시잡기〉와 〈가방을 든 남자〉지요. 이 시들을 차례로 읽어보면 우리는 이들이 내용상으로도 서로 연결되어 있다는 것을 알 수 있습니다. 둘 다 '시 짓기에 관한 시'인데, 여기에서 '택시'가 '시'를 상징한다는 것도 곧바로 알아챌 수 있지요. 우선 〈가방을 든 남자〉를 볼까요?

여행자는 검은 슈트케이스를 든 채
하염없이 기다리고 있다. 푸른 잡초 뒤덮인
오솔길로 택시가 올 때까지, 여행자는 소금
기둥이 되어 기다린다. 그러나 어떻게 부른다는 말인가?
어떻게 부를 수 있다는 말인가?
내게 무슨 염력이 있어 택시를 부른다는 말인가?

오지 않는 택시는 머리 속에 든 택시.

머리 속의 택시가 밖으로 튀어나오려는 듯
그의 이마에 주름살이 잡혀도 택시는 오지 않고
얼마만한 시간이 흘렀을까?
검은 슈트케이스를 든 채 하염없이 기다리고 있던
여행자는, 등에 짊어진 지게를 잠시 내려놓고
곰방대를 피우는 길안의 농부를 본다, 그 농부가 말했다.
무얼 기다리는지는 모르겠지만 그 무거워 보이는 가방은
내려놓구 기다리시우.

아닙니다. 택시는 언제 어느 순간 내 앞에 이를지 모르고
나는 그 순간을 준비해야 합니다. 희망은
무거운 짐이며, 무거운 가방을 들고 기다릴 때의
어깨 아픈 고통입니다. 우리는 무겁지만 그것이 희망
이기 때문에 결코 내려놓는 법이 없답니다.

— 장정일, 〈가방을 든 남자〉 부분

이 시에서 여행자는 '길안'이라는 어느 외딴 곳에서 택시를 기다리고 있습니다. 〈길안에서의 택시잡기〉에서도 마찬가지이지요. 그런데 길안이 어딜까요? 장정일 시인은 발음상 마치 '길(道) 안'처럼 오해하기 쉬운 지명인 '길안'에다 친절하게 주석을 달아 밝혀두었습니다. 그곳은 경상북도에 있는 "안동 근교의 면소재지"랍니다. 인터넷으로 찾아보니, 비록 시골이지만 신라 문무왕 때 화엄 화상이 창건한 용담사

와 조선 숙종 13년에 세워진 묵계서원이 있는 꽤 유서 깊은 마을입니다. 시인은 이어서 다음과 같이 썼습니다.

> 길안에 갔다.
> 길안에서 택시를 기다린다.
> 길안에 택시가 오지 않는다.
> 모든 도시에서 나는 택시를 잡았었다.
> 그러나 길안에서 택시잡기 어렵다.
>
> ― 장정일, 〈길안에서의 택시잡기〉 부분

〈길안에서의 택시잡기〉와 〈가방을 든 남자〉 모두에서 여행자는 아무리 기다려도 택시가 오지 않아 잡지 못합니다. 독자는 도대체 왜 이곳에 택시가 오지 않는지 알 수 없습니다. 그저 시골인 데다 푸른 잡초 뒤덮인 오솔길이니 그러리라 짐작할 뿐이지요. 그런데 사실은 그게 아니었습니다. 〈가방을 든 남자〉를 조금 자세히 보면, 여행자가 잡으려는 택시에 대한 흥미로운 정보가 들어 있지요. "오지 않는 택시는 머리 속에 든 택시 / 머리 속의 택시가 밖으로 튀어 나오려는 듯"이라는 구절이 바로 그것입니다.

이게 무슨 소린가요? "머리 속에 든 택시"라니요? 그래서 머리 밖으로 튀어 나오려는 택시라니요? 세상에 그런 택시가 있을 리 없습니다. 그러니 뭔가 이상하지요. 그 택시는 분명 우리가 타고 다니는 택시가 아닙니다. 그 택시를 기다리는 '길안' 역시 용담사와 묵계서원이

자리한 안동시 길안면일 수 없지요. 자, 그렇다면 당연히 다음과 같은 의문이 일어납니다.

  길안은 도대체 어디이고, 택시는 무엇이며, 여행자는 누구일까? 게다가 길안이 "안동 근교의 면소재지"라는 시인의 주석은 도대체 무엇인가? 이런 의문에 대한 대답은 〈길안에서의 택시잡기〉가 시인이 시를 만드는 내적 과정을 마치 기자가 현지 취재를 하듯 서술하는 매우 독특한 구조의 시라는 데서 찾을 수 있습니다. 잠시 이 시의 첫 부분을 볼까요?

  길안에 갔다.
  길안은 시골이다.
  길안에 저녁이 가까워 왔다. 라고
  나는 썼다. 그리고 얼마나
  많이, 서두를 새로 시작해야 했던가?
  타자지를 새로 끼우고, 다시 생각을
  정리한다. 나는 쓴다.

    길안에 갔다.
    길안은 아름다운 시골이다.
    그런 길안에 저녁이 가까워 왔다.
    별이 뜬다.

  이렇게 쓰고, 더 쓰기를

멈춘다. 빠르고 정확한 손놀림으로

나는 끼워진 종이를 빼어,

구겨 버린다. 이놈의 시는

왜 이다지도 애를 먹인담. 나는

— 장정일, 〈길안에서의 택시잡기〉 부분

　이 시에서 시적 화자는 현대 도시에 살면서 길안이라는 외딴 곳에서 택시를 잡으려는 어떤 여행자를 소재로 시를 쓰고 있습니다. 그러니 이 시는 시 안에 또 시가 들어 있는 격자 구조를 갖고 있지요. 장정일 시인은 이 독특한 구조를 이용해 '길안에서의 택시잡기'와 '현대 도시에서 시 짓기'의 어려움을 병렬적으로 서술해갑니다. 그리고 그것들이 모두 성공하기 매우 어렵다는 것을 차례로 보여주지요.

　다시 말해 장정일 시인은 푸른 잡초에 뒤덮인 시골 길안에서 오지 않는 택시를 기다리는 어려움을 통해 감성은 메마르고 테크놀로지에만 종속된 현대사회에서 시 짓기가 얼마나 어려운가를 호소하고 있는 겁니다. 따라서 우리는 〈길안에서의 택시잡기〉와 〈가방을 든 남자〉에서 '택시'는 '시'를, '택시를 잡으려는 여행자'는 '시를 기다리는 시인'을, 그리고 '길안'은 '시인이 시를 기다리고 만나는 장소'를 상징한다고 해석할 수 있습니다. 길안이 실재한다는 시인의 지나치게 친절한(?) 주석은 독자를 혼란에 빠트리려는 하나의 시적 장치라고 보아야겠지요.

　사실이 그렇다면, 여기서 우리가 다시 한 번 눈여겨보아야 할 시구들이 있습니다. 우선 〈가방을 든 남자〉에 들어 있는 "푸른 잡초 뒤덮인 / 오솔길로 택시가 올 때까지, 여행자는 소금 / 기둥이 되어 기다린다"라는 구절입니다. 이 말은 시인이란 시가 찾아올 때까지 "소금 기둥이 되어" 기다리는 존재라는 뜻이기 때문이지요. 다음은 "그러나 어떻게 부른다는 말인가? / 어떻게 부를 수 있다는 말인가? / 내게 무슨 염력이 있어 택시를 부른다는 말인가?"라고 읊은 구절입니다. 이 구절은 시를 부를 염력이 없어 무작정 시를 기다릴 수밖에 없는 시인의 무력한 처지에 대한 고백이기 때문입니다.

그래서 여행자(시인)는 "그 무거워 보이는 가방은 내려놓구 기다리시우"라고 권하는 길안의 농부에게 "아닙니다. 택시(시)는 언제 어느 순간 내 앞에 이를지 모르고 / 나는 그 순간을 준비해야 합니다"라고 대답할 수밖에 없는 처지에 놓여 있는 거지요. 여행자가 들고 있는 "그 무거워 보이는 가방"이 택시(시)가 언제 어느 순간에 올지도 모른다는 "희망 / 이기 때문에 결코 내려놓는 법이 없답니다"라는 구절에 이르면, 그(시인)의 처지가 딱하기까지 합니다.

시 짓기에 관한 장정일 시인의 이 같은 고백을 우리의 이야기와 연관해서 보면 매우 의미심장합니다. 결국 시인은 〈길안에서의 택시잡기〉와 〈가방을 든 남자〉를 통해, 시는 원래 시인이 임의로 만드는 것이 아니라 멋대로 왔다가 가는 택시처럼 스스로 찾아오는 것이며, 시인이란 본디 언제 올지 모르는 택시를 기다리는 여행자처럼 하염없이 기다리는 존재라는 것을 알린 거지요. 이 같은 이유에서 시가 안 써지면 그냥 놀면서 시가 자기를 스스로 완성할 때까지 마냥 기다린다는 시인도 있습니다. 정현종 시인입니다.

시가 안 써지면

그냥 논다

논다는 걱정도 없이

논다

놀이를 완성해야지

무엇보다도 하는 짓을

완성해야지 소나기가

자기를 완성하고

퇴비가 자기를 완성하고

虛飢가 자기를 완성하고

피가 자기를 완성하고

연애가 자기를 완성하고

잡지가 자기를 완성하고

밥이 자기를 완성하듯이

죽음의 胎 속에

시작하는 번개처럼

— 정현종, 〈시를 기다리며〉 전문

이 시에서 정현종 시인은 시 짓기를 놀이에 비유합니다. 소나기가, 허기가, 피가, 연애가, 잡지가, 밥이, 즉 모든 것이 스스로 자기를 완성하듯이, 시 짓기에도 아무 목적이나 의미가 없다는 뜻이지요. 그래서 "시가 안 써지면 / 그냥 논다"는 겁니다. 하지만 스스로를 완성하는 그 놀이의 완성은 "죽음의 胎 속에 / 시작하는 번개"처럼 무목적 속에 목적을, 무의미 속에 의미를, 곧 우리 삶 속에 시를 건립한다는 뜻이지요.

그래서 사실은 애초부터 묻고 싶었던 말인데, 시인들은 도대체 어떻게 이런 독특한 경험을 하는 걸까요? 도대체 어떻게 시가 스스로 시인을 찾아와 제 스스로를 완성하며, 무목적 속에 목적을, 무의미 속에 의미를 건립한다는 걸까요? 짐작이 가나요? 시인이 아닌 우리로서는 답하기 매우 어려운 질문입니다. 그런데 하이데거가 이에 대해 명징한 대답을 내놓았습니다. 한번 들어볼까요?

언어가 말한다

18세기 독일의 낭만주의 시인 노발리스(Novalis, 1772~1801)는 그의 《독백》에서 "언어는 단지 그 자신만을 염려한다. 이것이 바로 언어의 고유한 점이다. 그러나 사람들은 아무도 그 사실을 모른다"라는 도무지 모를 화두를 던졌지요. 그런데 100년쯤 지난 후 철학자 하이데거가 바로 이 말에 언어의 본질이 숨어 있다고 판단했습니다. 그리고 자신의 책 《언어의 도상에서》에 실린 여섯 개의 철학 논문 가운데 하나인 〈언어에의 길〉에서 노발리스의 이 글에 "언어는 오로지 자기 자신과만 고독하게 이야기한다"라고 덧붙였지요.

이게 무슨 말들일까요? 언어가 자신만을 염려한다니요! 언어가 자기 자신과 이야기를 한다니요! 이처럼 마냥 수수께끼 같은 말들을 이해하기 위해 우리는 먼저 하이데거가 그의 후기 철학에서 말하는 '언어'가 우리가 사용하는 '일상 언어'를 가리키지 않는다는 것을 알아야 합니다. 《숲길》에 실린 논문인 〈예술작품의 근원〉에 그가 해놓은 설명을 잠시 들어볼까요?

이러한 점을 통찰하기 위해서는, 언어에 대한 올바른 개념이 필요하다. 널리 유포된 통념에 따르면, 언어는 전달의 한 방식으로 간주된다. 언어는 상의를 하고 협의를 이끌어내기 위해, 즉 일반적으로는 의사소통을 위해 사용된다. 그러나 언어는 단지 일차적으로 전달되어야 할 그것의 음성적·문자적 표현으로 그치는 것이 아니다. 언어는 개방될 수 있는 것과 은폐된 것을 그렇게(전달되어야 할 것으로) 생각된 것으로서 비로소 낱말들 속에 담고 문장들 속에 담아가도록 촉구한다.

이제 이해가 되나요? 조금 나아졌지만 아직은 아니지요? 그만큼 독특하고 새로운 사유인데, 간단히 설명하자면 이렇습니다. 하이데거가 보기에 언어의 본질은 우리가 '보고 듣는 사물이나 사건에 대한 표현과 전달의 수단'이 아닙니다. 오히려 우리가 '보고 듣는 사물이나 사건에 의해 은폐되어 있는 것', 또 마땅히 '전달되어야 할 것'이지만 일상 언어가 담지 않는 것을 '낱말들 속에 담고 문장들 속에 담아가도록' 촉구하는 것이지요.

그럼 개방될 수 있는 것, 은폐된 것이지만 마땅히 전달되어야 할 것이란 도대체 뭘까요? 하이데거는 그것을 '존재' 또는 '존재자의 존재'라고 부릅니다. 경우에 따라서는 '존재자의 진리'나 '존재의 진리'라고도 표현하지요. 하이데거 철학에서 '존재'가 뜻하는 것은 시기별로 조금씩 달라 다의적인 의미를 갖고 있습니다. 그러므로 3장 '그대 있음에 내가 있네'에서 잠시 언급한 것처럼 하이데거의 존재, 존재자의 존재, 존재의 진리는 대부분의 경우 '존재의 의미(Sinn vom Sein)', 곧 어떤 존재자가 그것으로 존재하는 본래적 의미라고 이해하는 것이 좋습니다.

그렇다면 하이데거가 말하는 언어의 본질은 존재자가 그것으로 존재하는 의미를 낱말과 문장 속에 담아가도록 촉구하는 것입니다. 다시 말해, 은폐되어 있지만 마땅히 전달되어야 할 '존재의 진리'를 열어 밝히는 것이지요. 그런데 이런 언어의 본질을 수행하는 언어는 우리가 의사소통을 위해 사용되는 '일상 언어'가 아니라 존재의 진리가 담겨 있는 '존재의 언어(Sprache des Seins)'입니다. 이런 의미에서 하이데거는 "언어는 존재의 집이다" 또는 "언어는 존재의 진리의 집이다"라는 멋진 말을 하기도 했는데, 바로 이 존재의 언어가 우리에게 자신을 낱말과 문장 속에 담아가도록 촉구한다는 거지요.

하지만 도대체 이런 일이 어떻게 가능하며, 또 무엇을 의미하는 걸까요? 이에 대한 대답은 하이데거의 후기 철학 전체를 떠받치고 있는 '존재사건(Ereignis)'이라는 근본 개념에서 찾아야 합니다. 이 개념에서 하이데거 후기 사유의 가장 두드러진 특징인 존재의 진리의 '자발성(自發性)'과 그것이 인간에 대해 가지는 '선행성(先行性)'이 나오기 때문입니다. 그렇다면 존재사건이란 무엇일까요? 간략하게 설명하자면 다음과 같습니다.

우리말로 생기(生起) 또는 발현(發顯)이라고 번역되는 하이데거의 존재사건이란, 스스로 자신을 드러내려는 존재의 진리와 그것을 열어 밝히려는 현존재(인간)가 만나는 사건입니다. 존재의 진리의 "말걸어 옴(Zuspurch)"과 이에 대해 응답하는 현존재의 "대답함(Antwort)"의 만남이지요. 존재의 '생기하는 던져옴(der ereignende Zuwurf)'과 이에 대응하여 일어나는 현존재의 '생기되는 기획투사(der ereignete Entwurf)'

의 만남이기도 합니다.

달리 표현하면, 존재사건이란 존재자들이 그것으로 존재하는 본래적 의미가 스스로 드러나는 현상이며, 인간이 이에 맞대응하여 그것들을 자신의 '사유'와 '언어', 그리고 '예술'로 표현하는 현상입니다. 그것은 존재가 인간에게 스스로를 드러내 열어 밝혀주는 '줌(Geben)'이 일어나는 사건이자, 동시에 인간이 존재에게서 존재의 진리를 '선물(Gabe)'로 받는 사건이지요.

존재가 주고 인간이 받는다! 좀 더 자세히 말하자면, 존재가 존재의 진리를 주고 인간이 그것을 '사유'와 '언어', 그리고 '예술'을 통해 받는다는 것이 한마디로 간추린 하이데거 후기 철학의 근본 구조입니다. 이런 구조에서는 당연히 존재의 진리가 담긴 참된 '사유'와 '언어'와 '예술'을 우리가 임의로 생각하고 말하고 창작하는 것이 아닙니다. 그것들은 스스로 우리에게 다가오는 존재의 진리가 주는 '선물'로서, 우리는 그것을 증여받을 뿐이지요.

하이데거는 이와 같은 사변을 바탕으로 "언어가 말한다(Die Sprache spricht)"라고 주장한 것입니다. 존재의 언어가 존재의 의미를 스스로 열어 밝힌다는 뜻입니다. "언어는 단지 그 자신만을 염려한다"느니 "언어는 오로지 자기 자신과만 고독하게 이야기한다"느니 하는 노발리스와 하이데거의 화두들도 이런 생각에서 나온 거지요. 그래서 이 말들은 인간은 존재의 언어를 스스로 말할 수 없다는 뜻이기도 합니다.

하이데거는 "본래 말하는 것은 언어이며 인간이 아니다", "인간이 말하는 것은 그가 그때그때 언어에 응답하는 한에 있어서다"라고 했습니다. 인간은 스스로 말하는 존재의 언어를 '따라' 말하거나(nachsagen) '반복해' 말하거나(wiedersagen) '응답해' 말할(entsprechen) 때에만, "은폐된 것이지만 마땅히 전달되어야 할" 존재의 진리가 담긴 언어를 낱말이나 문장 속에 담아 말할 수 있다는 뜻입니다. 그리고 이 일은 존재의 언어가 우리에게 촉구하는 일이기도 하지요. 〈형이상학이란 무엇인가〉에서 같은 말을 그는 다음과 같이 했습니다.

> 시원적 사유는 존재의 은총에 대한 메아리(Widerhall)다. 이 은총 속에서 단순한 자가 자기를 밝혀주고 자기를 발생시킨다. 즉, 존재자가 존재하도록 한다. 이 메아리는 존재의 소리 없는 음성의 말에 대한 인간의 응답이다. 사유에 의한 대답은 인간적 언어의 근원이다. (……) 사유는 존재의 음성에 순종하여 존재에게서 말을 구한다. 그 말로부터 존재의 진리가 언어가 된다.

요컨대 존재의 진리에 대한 사유와 언어의 주도권이 인간이 아닌 존재에게 있다는 말입니다. 참된 사유하기는 따라-사유하기(nach-denken)이고, 참된 말하기는 따라-말하기(ent-sprechen)일 뿐입니다. 바로 여기에서 "시원적 사유는 존재의 은총에 대한 메아리다"라는 하이데거 후기 존재철학이 나왔고, "인간이 말하는 것은 인간이 언어에 응답하는 한에 있어서다"라는 언어철학이 나왔으며, 예술의 본질이란 "진리가 작품-속으로-스스로를-정립함(Sich-ins-Werk-setzen der Wahrheit)"이라는 예술철학이 나온 거지요.

이처럼 존재의 언어는 자발적이고 선행적입니다. 또한 명령적이고 지시적이지요. 존재의 언어는 존재의 진리를 내보이고(zeigen), 나타나게-하며(erscheinen-lassen), 보게-하고(sehen-lassen), 듣게-합니다(hören-lassen). 뿐만 아니라 따라-사유하게 하고, 따라-말하게 합니다. 그래서 존재의 언어를 말하기 위해서는 당연히 먼저 들어야 하지요. 이런 의미에서 하이데거는 "말하기(Sprechen)는 무엇보다도 먼저 듣기(Hören)다"라고 선언했습니다.

그런데 존재의 언어는 커다란 물리적 소리로 오는 것이 아니라, 오직 '나직한 울림(Anklang)', 또는 '고요의 울림(Geluter der Stille)'으로 우리에게 다가옵니다. 그럼에도 이 '고요의 울림' 속에는 사물과 세계의 참모습과 그것들의 근원적 존재방식, 특히 그것들의 근원적 상호관련인 존재의 진리가 모든 인지와 표상을 담지할 정도로 풍요롭게 담겨 있지요. 때문에 인간은 누구나 이 고요한 울림을 경청해야 합니다.

하이데거가 보기에는 이 일, 다시 말해 존재의 진리가 스스로를 열어 밝히는 고요의 울림을 듣고 그것에 담긴 사물과 세계의 참모습과 그것들의 근원적 존재방식, 근원적 상호관련을 낱말과 문장 속에 담는 일을 탁월하게 하는 사람이 바로 시인이지요. 그래서 그는 존재의 진리는 시 짓기(Dichtung)됨으로써 스스로를 열어 밝힌다고도 말했습니다.

자, 그렇다면 네루다의 시에서 시적 화자에게 말을 걸어온 "목소리가 아니었고, 말도, 침묵도" 아닌 시어가 바로 하이데거가 말하는 '고요의 울림'인 것이지요. 김용택 시인이 "오! 환한 목소리, 내 발등을 밝혀주던 그 환한 목소리"라고 경탄한 것도 바로 이 '고요의 울림'이라고 보아야 합니다. 네루다가 이 시를 쓸 때 하이데거의 이 같은 사유를 알고 있었는지는 분명치 않습니다. 하지만 "시가 / 나를 찾아왔어"라고 읊은 것을 보면, 시란 시인이 어느 날 자신을 찾아온 '고요의 울림'을 듣고 그것을 따라 말한 것이라고 느낀 것은 분명하지요.

정리할까요? 존재의 진리가 스스로를 드러내는 존재의 언어의 '자발성', 그리고 그것이 인간에 대해 가진 '선행성'이 앞에서 우리가 던졌던 의문에 대한 하이데거의 답입니다! 인간이 존재의 진리를 말하는 것은 그가 그때그때 스스로 말하는 존재의 언어를 따라 말하거나, 반복해 말하거나, 응답해 말할 때뿐이라는 하이데거의 선언이 시가 시인에게 찾아오는 것이 어떻게 가능한지, 또 시인이 시를 기다린다는 것이 무슨 의미인지에 대한 철학적 해답이라는 말이지요.

이제 의문이 풀렸지요? 그런데 혹시 이거 아세요? 네루다나 장정일 그리고 정현종 시인의 시뿐만 아니라, 4장 '울지 마라, 외로우니까 사람이다'에서처럼 김수영 시인의 몇몇 작품들도 이 같은 관점에서 다시 읽으면 매우 새롭고 흥미로워진다는 걸? 그뿐만 아니라 그의 산문인 〈시여, 침을 뱉어라〉와 〈반시론〉에 실린 시론(詩論)들도 쉽사리 이해된다는 걸? 과연 그런지 볼까요?

이제 내 말은 내 말이 아니다

    4장에서도 잠시 언급했듯이, 김수영 시인이 늦어도 1950년대 후반에는 이미 하이데거의 철학적 사유에 심취해 있었던 것은 널리 알려진 사실입니다. 1960년대에 그가 쓴 시들뿐만 아니라, 그의 산문들에 담긴 내용이 그것을 증명하지요. 예컨대 김수영의 산문 〈반시론〉에 실린 "요즈음 강적은 하이데거의 〈릴케론〉이다. 이 논문의 일역판을 거의 안 보고 외울 만큼 샅샅이 진단해보았다"와 같은 말이 그렇습니다.

    여기에서 김수영 시인이 말하는 〈릴케론〉은 하이데거의 저서 《숲길》에 실린 여섯 개 논문 가운데 하나인 〈무엇을 위한 시인인가〉를 가리킵니다. 하이데거의 후기 사상이 담긴 이 논문은 분량도 적지 않고 그 난해함이 만만치 않지요. 그런데 시인이 당시 한국의 철학자들에게도 아직 생소한 하이데거의 후기 사유에 눈을 떠 그것을 "거의 안 보고 외울 만큼 샅샅이 진단해" 자신의 작품과 시론에 적극 수용했다는 것은 놀라운 일입니다. 평론가들은 영어와 일어에 밝았던 김수영 시인이 생계를 위한 번역 작업을 통해 하이데거의 사상을 접했을 것으로 추정하지요.

    어쨌든 김수영 시인이 1950년대 말 이후 발표한 시들, 예컨대 〈눈〉,

《〈4·19〉시》, 〈말〉 등을 우리가 지금까지 살펴본 하이데거의 사유에 근거해 해석해보면 매우 새롭고 흥미로워진다는 건데, 정말 그런지 살펴볼까요? 다음은 김수영이 1964년에 발표한 〈말〉의 마지막 연입니다.

> 이 무언의 말
> 하늘의 빛이요 물의 빛이요 우연의 빛이요 우연의 말
> 죽음을 꿰뚫는 가장 무력한 말
> 죽음을 위한 말 죽음에 섬기는 말
> 고직식한 것을 제일 싫어하는 말
> 이 만능의 말
> 겨울의 말이자 봄의 말
> 이제 내 말은 내 말이 아니다

— 김수영, 〈말〉 부분

평론가들에 따르면, 이 시에서 시인이 말하는 "무언의 말"은 우리의 일상 언어가 아니라 시의 말, 곧 시어(詩語)입니다. 시인은 먼저 시어가 세계를 밝히는 "하늘의 빛이요 물의 빛이요 우연의 빛"이라고 규정합니다. 그리고 그 시어는 그의 시에서 자주 폐허나 죽음으로 표현되는 '기존 세계와 그 질서'를 꿰뚫어 파괴하는 말이기도 하지요. 동시에 그것을 위하고 섬기는 말이기도 합니다. 즉, 김수영에게 시어는 기존의 "고직식한 것"을 "제일 싫어하는 말"이자, 그럼으로써 새로

운 세계와 질서를 창조해내는 "만능의 말"이지요. 해묵은 세계를 종결하는 "겨울의 말"이자 새로운 세계를 여는 "봄의 말"입니다.

그런데 시인은 왜 시어를 "무언(無言)의 말"이라고 표현했을까요? 또 "이제 내 말은 내 말이 아니다"라는 마지막 행은 무엇을 의미할까요? 대답하기 쉽지 않은 질문입니다. 하지만 우리가 살펴본 하이데거의 이론에 비추면, 그 대답이 의외로 간단해지지요. "무언의 말"은 두말할 것도 없이 하이데거가 말하는 '고요의 울림'입니다. 사물과 세계의 참모습인 존재의 진리가 엄청나게 풍부하게 담겨 있는 '존재의 언어'이지요. 그리고 바로 그것이 김수영 시인이 "이제 내 말은 내 말이 아니다"라고 노래한 이유이기도 합니다. 시인의 말, 곧 시어로서의 '내 말'은 시인이 임의로 지어내는 일상 언어로서의 '내 말'이 아니라는 뜻이지요. 그것은 존재의 진리가 스스로를 열어 밝히는 '고요의 울림'을 듣고 그저 따라서 말한 것이기 때문입니다.

〈말〉에 대한 이런 해석을 강력히 뒷받침하는 증거가 바로, 김수영 시인이 〈반시론〉에서 하이데거의 시론과 함께 릴케(Rainer Maria Rilke, 1875~1926)의 〈오르페우스에게 바치는 소네트〉 3장의 한 구절을 인용하면서 "다음과 같은 시구의 복습은 한없이 즐거운 일이 아닐 수 없다"라고 말한 것입니다. 일단 릴케의 〈오르페우스에게 바치는 소네트〉를 보지요.

> 노래는 욕망이 아니라는 것을 곧 알게 될 것이다
> 그것은 굽히야 손에 넣을 수 있는 사물에 대한 애걸(哀乞)이 아니라는 것을 알게 될 것이다

노래는 존재다. 신(神)으로서는 쉬운 일이다

하지만 우리는 언제 존재할 수 있겠는가? 그리고 우리들은 언제

신의 명령으로 대지와 성좌(星座)로 다시 돌아갈 수 있게 되겠는가?

젊은이들이여, 노래는 뜨거운 첫사랑을 하면서 그대의 다문 입에

정열적인 목소리가 복받쳐오를 때가 아니다. 배워라

그대의 격한 노래를 잊어버리는 법을. 그것은 아무짝에도 소용없

는 것이다

진리 안에서 노래하는 것은 다른 숨결이다

아무것도 바라지 않는 숨결, 신 안에 불고 있는 것. 바람

— 릴케, 〈오르페우스에게 바치는 소네트〉 1부 3장

여기에서 릴케가 말하는 노래는 시입니다. 릴케는 시인이 자기의 욕망을 정열적인 목소리에 담아 부르는 격한 노래는 시가 아니라고, 그것은 아무짝에도 소용없는 것이라고 읊었지요. 시는 "진리 안에서 노래하는 다른 숨결, 아무것도 바라지 않는 숨결, 신 안에 불고 있는 바람"이라는 겁니다. 하이데거는 그의 논문 〈무엇을 위한 시인인가〉에서 이 시의 마지막 두 연을 인용한 다음 요한 고트프리트 헤르더(Johan Gottfried Herder, 1774~1803)의 글을 소개하면서, 시어의 성격이 릴케가 묘사한 숨결이나 바람처럼 "사람들이 말하는 것과 다른 방식의 말함", 곧 존재의 진리가 스스로를 열어 밝히는 '고요의 울림'임을

설명했습니다.

그런데 김수영 시인이 〈반시론〉에 하이데거를 언급하고, 또 그가 소개한 헤르더의 글을 그대로 인용하면서 릴케의 시구를 복습하는 것이 즐거운 일이라고 한 것은, 그가 하이데거가 말하는 시어의 본질에 대해 충분히 이해하고 있었다는 증거라고 할 수 있지요. 또 그가 말하는 '무언의 말'이 릴케의 신의 안에 불고 있는 '숨결'이자 '바람'이며, 하이데거의 '고요한 울림'이라는 추정에도 의심의 여지가 없습니다.

김수영 시인은 〈말〉의 2연과 3연에서 시어가 가진 이러한 특성, 다시 말해 사물과 세계의 참모습인 존재의 진리를 담고 있지만, 일상 언어로서의 내 말이 아니기 때문에 일상생활에서 발생하는 '난처한' 일들에 대해 다음과 같은 불평을 토로했습니다.

익살스러울 만치 모든 거리가 단축되고
익살스러울 만치 모든 질문이 없어지고
모든 사람에게 고해야 할 너무나 많은 말을 갖고 있지만
세상은 나의 말에 귀를 기울이지 않는다

이 무언의 말
이 때문에 아내를 다루기 어려워지고
자식을 다루기 어려워지고 친구를
다루기 어려워지고
이 너무나 큰 어려움에 나는 입을 봉하고 있는 셈이고

무서운 무성의를 자행하고 있다

— 김수영, 〈말〉 부분

　　2연에서 시인은 존재의 언어인 시어는 세계와의 모든 거리가 단축되고 모든 질문이 없어지게 할 만큼 사물과 세계의 참모습을 담고 있다는 것, 그래서 모든 사람에게 알려줄 말이 너무나 많다는 것, 하지만 세상 사람들이 자기의 시어에 귀를 기울이지 않는다는 것을 털어놓았습니다. 이어 3연에서는 조용한 울림으로 다가오는 이 시어 때문에 세상 사람들과만이 아니라 아내와 자식들과도 소통이 어려워져 아예 입을 봉하고 사는 무성의를 본의 아니게 자행하고 있다고도 토로합니다. 시인이 겪는 이 모든 곤란은 시어로서의 '내 말'이 일상 언어로서의 '내 말'이 아닌 데서 온 거지요.
　　이미 살펴보았듯이, 하이데거에게 "예술은 아무 것이나 목적 없이 꾸며대고 스쳐 지나가는 단순한 관념이나 상상을 통하여 허구의 영역으로 들어가는 것"이 아닙니다. 예술은 예술가의 천재적인 창작 활동이 가져온 성취가 아니라, 그가 존재의 진리에서 증여받은 선물일 뿐이지요. 그러니 시어가 아무리 사물과 세계의 참모습을 담고 있다 한들 '내 말'일 수는 없지요. 또한 사람들에게 알려줄 말이 아무리 많다 한들 이 말로는 다른 사람들과 원활하게 소통할 수 없고요. 이렇게 보면, 김수영의 〈말〉은 하이데거의 언어 이론을 고스란히 수용하여 고요한 울림으로 다가오는 존재의 언어라는 시어의 본질을 뚜렷하게 노래한 시라고 해석할 수 있습니다. 그뿐일까요?

시 짓기는 몸으로 하는 것이다

　　김수영의 작품에 미친 하이데거의 영향은 그뿐만이 아닙니다. 앞의 시에서도 드러난 것처럼, 그는 1960년대 초에 이미 하이데거가 말하는 언어(또는 진리)의 자발성과 그것이 인간에 대해 가진 선행성을 정확히 파악하고 있었지요. 그렇기 때문에 그의 〈〈4·19〉시〉나 〈눈〉같은 작품도 하이데거의 사유에 기대어 읽으면 새롭고 흥미로워집니다. 시인이 1966년에 발표한 〈눈〉을 볼까요?

　　눈이 온 뒤에도 또 내린다

　　생각하고 난 뒤에도 또 내린다

　　응아 하고 운 뒤에도 또 내릴까

　　한꺼번에 생각하고 또 내린다

　　한 줄 건너 두 줄 건너 또 내릴까

폐허에 폐허에 눈이 내릴까

— 김수영, 〈눈〉 전문

　이 시에 대해서도 해석이 분분하지만, 공통점은 이 시가 '시 짓기에 관한 시'라는 것이지요. 그러니 이 작품에서 '내리다'는 '쓰다'와 동의어로 보아야 한다는 것이 대부분 평론가들이 가진 생각입니다. 만일 우리가 이 같은 관점을 받아들인다면 이 시는 자연스럽게 다음과 같이 이해됩니다.

　눈이 온 뒤에도 또 (시를) 쓴다 / 생각하고 난 뒤에도 또 (시를) 쓴다 / 응아 하고 운 뒤에도 또 (시를) 쓸까 / 한꺼번에 생각하고 또 (시를) 쓴다 / 한 줄 건너 두 줄 건너 또 (시를) 쓸까 / 폐허에 폐허에 눈이 내릴까

　흥미롭지요? 그런데 이렇게 해석할 경우, 셋째 연의 "응아 하고 운 뒤에도"와 마지막 연의 "폐허에 폐허에 눈이 내릴까"를 어떻게 이해할 것인가가 의문입니다. 평론가들은 "응아"라는 소리는 아이가 태어나면서 터트리는 울음소리이므로, "응아 하고 운 뒤에도"는 그러므로 이는 시인이 긴긴 생각과 고민 끝에 마침내 뱉어낸 시의 '첫 줄 구절을 쓴 뒤에도'를 의미한다고 합니다. 또 "폐허"는 김수영 시인의 부정적 현실 인식이 반영된 시어로 자유, 사랑, 정의가 마치 '폐허와 같이 무너져버린 현실'을 뜻한다고 하지요. 그러면 이 시는 이렇게 해석됩니다.

　눈이 온 뒤에도 또 (시를) 쓴다 / 생각하고 난 뒤에도 또 (시를) 쓴다 / 첫 줄을 쓴 뒤에도 또 (시를) 쓸까 / 한꺼번에 생각하고 또 (시를) 쓴

다 / 한 줄 건너 두 줄 건너 또 (시를) 쓸까 / 폐허 같은 현실에, 폐허 같은 현실에 눈이 내릴까

역시 그럴듯하지요? 그렇지만 이렇게 해석하더라도 "폐허에 폐허에 눈이 내릴까"에서의 '눈이 내릴까'는 여전히 해석이 곤란합니다. 그래서 보통 '폐허와 같은 현실에서도 시를 쓸까'라고 의미를 확장해서 이해합니다. 그래서 우리는 앞에서 살펴본 하이데거의 이론인 시어(또는 진리)의 '자발성'과 그것이 시인에 대해 가진 '선행성'에 기대어, 이 시에서 '눈'이 '시'를 상징하고 '내린다'가 '찾아온다'와 동의어라고 해석해볼까 합니다. 그러면 김수영 시인의 〈눈〉은 다음과 같이 이해됩니다.

눈이 온 뒤에도 또 (시가) 찾아온다 / 생각하고 난 뒤에도 또 (시가) 찾아온다 / 첫 줄을 쓴 뒤에도 또 (시가) 찾아올까 / 한꺼번에 생각하고 또 (시가) 찾아온다 / 한 줄 건너 두 줄 건너 또 (시가) 찾아올까 / 폐허 같은 현실에 폐허 같은 현실에 시가 찾아올까

어때요? 이렇게 해석하니 훨씬 자연스럽고 더 김수영 시인의 작품답지 않나요? 마치 눈이 내리듯이 시(또는 진리)가 찾아온다면 얼마나 좋을까, 자꾸만 눈이 내리듯이 폐허처럼 무너진 우리 현실에도 시(또는 진리)가 찾아온다면 얼마나 좋을까, 그러면 세상이 얼마나 더 순백해지고 적막해지고 따뜻해질까. 김수영 시인은 쏟아지는 눈을 보며 이처럼 절실한 소망을 노래한 것이 아닐까요? 그가 〈시작 노트 6〉에 "이 시는 '폐허에 눈이 내린다'의 여덟 글자로 충분하다"라고 쓴 것도 바로 그래서가 아닐까요?

하이데거가 언급한 시의 자발성과 선행성은 우리가 지금까지 네루

다, 장정일, 정현종, 김수영의 시에서 확인했듯이 본의 아니게 수동성, 후행성이라는 굴레를 시인에게 씌웁니다. 시인이 시어를 자유로이 찾아내 시를 만드는 것이 아니라, 시가 시인을 찾아와 시어를 전해주고 시인은 단지 그 시어를 낱말과 문장 속에 담는 것뿐이기 때문입니다. 이런 구조에서 시인은 시의 전능한 '주인(主人)'이 아니라 충실한 '종복(從僕)'일 뿐입니다. 그래서 시인은 언제나 복되지만 곤궁하기도 하지요.

김수영 시인의 작품 《〈4·19〉 시》는 시인의 이 같이 복되지만 곤궁한 처지를 '익살맞게' 노래한 시입니다.

> 나는 하필이면
> 왜 이 시(詩)를
> 잠이 와
> 잠이 와
> 잠이 와 죽겠는데
> 왜
> 지금 쓰려나
> 이 순간에 쓰려나
> 죄수들의 말이
> 배고픈 것보다도
> 잠 못 자는 것이
> 더 어렵다고 해서
> 그래 그러나

    배고픈 사람이

    하도 많아 그러나

    시 같은 것

    시 같은 것

    안 쓰려고 그러나

    더구나

    ⟨4·19⟩시 같은 것

    안 쓰려고 그러나

— 김수영, ⟨⟨4·19⟩시⟩ 부분

  이것은 김수영 시인이 1960년 4월 19일에 일어난 민주혁명에 대해 그 이듬해 4월 14일에 쓴 ⟨⟨4·19⟩시⟩의 첫째 연입니다. 물론 이 시를 달리 해석할 수도 있겠지만, 앞에서와 마찬가지로 시의 자발성과 시인에 대한 선행성이라는 관점에서 읽으면 입가로 소소한 웃음이 새어 나옵니다. 대강 다음과 같이 해석되기 때문이지요.

  김수영 시인 본인이 분명해보이는 이 시의 화자는 4·19혁명 1주기를 앞두고 그것을 기억하는 시를 쓰려고 합니다. 그런데 "시 같은 것", "더구나 ⟨4·19⟩ 시 같은 것"은 안 쓰려고 그러는지 바로 그 순간에 잠이 와 죽겠습니다. 화자의 이런 상황은 김수영 시인이 4·19가 일어나고 겨우 반년이 지나자마자 "혁명은 안 되고 나는 방만 바꾸어버렸다"(⟨⟨그 방을 생각하며⟩부분)라고 토로한 것처럼 크게 실망했던 것을 감안해 생각하면 더욱 흥미롭습니다. 그래서 왜 하필이면 "잠이 와

/ 잠이 와 / 잠이 와 죽겠는데" 시가 그를 찾아와서 쓸 수도 없고, 안 쓸 수가 없게 하냐고 투정을 부리고 있는 거지요.

하지만 이어지는 둘째 연에서는 갑자기 말을 바꿉니다. 세계 최초의 유인 우주선 보스토크(Vostok)호가 돌아와서 그러는지, 세계정부의 이상(理想)이 따분해서 그러는지, 이 나라 백성들이 너무 지쳐서 그러는지, 별안간 빚 갚을 것이 생각나서 그러는지, 여편네가 짜증낼까 무서워서 그러는지, 동생들과 어머니가 걱정되어 그러는지, 참았던 오줌이 마려워서 그러는지, 눈만 감으면 금방 곯아떨어질 것 같은데도, 밥보다 소중하고 달콤한 잠이 안 온다고 능청을 떨지요. 여기에도 역시 4·19 혁명에 대한 시인의 복잡한 심경이 담겨 있습니다.

7장에서 이미 잠시 언급한대로, 한나 아렌트는 프랑스 대혁명이 그 진행과정에서 공적·정치적 이상을 실현하려던 본래의 목표가 사라지고 빈곤문제 해결이라는 현실적 욕구가 핵심과제가 되어버림으로써 실패했다고 주장했습니다. 그런데 김수영 시인이 이 시 둘째 연에서 잠이 안 오는 이유로 나열한 것들이 하나같이 아렌트가 지적했던 가난문제, 생존문제와 같은 사적이고 현실적인 욕구와 연결되어 있다는 점이 눈에 띕니다. 이것은 김수영 시인이 4·19 혁명의 실패 원인을 아렌트가 주장한 프랑스 대혁명의 실패 원인과 똑같게 보았다는 것을 말해주지요. 그래서 잠을 잘 수도 없고 안 잘 수도 없고, '〈4·19〉 시'를 안 쓸 수도 없고 쓸 수도 없다고 심통을 내고 있는 겁니다.

그렇지만 마지막 연에서는 "시 같은 것 / 시 같은 것 써보려고 그러나 /〈4·19〉시 같은 것 / 써보려고 그러나"라고 결국 시를 쓰는 쪽으로 생각이 기웁니다. 아무리 잠이 와도 시가 그를 찾아와서, 다시 말해 아무리 혁명이 실패했어도 이상(理想)은 단념할 수는 없어서, 시를 쓸 수밖에 없다는 뜻이겠지요. 시는 이렇게, 바로 이런 방식으로 찾아와 시인을 부추겨 이러지도 저러지도 못하는 궁지로 몰아넣기도 하나 봅니다.

그런데 잠깐! 이 사실과 연관해서 우리가 마땅히 짚고 넘어가야 할 김수영 시인의 주장이 하나 있습니다. 그것은 시의 '자발성'과 '선행성'에서 오는 시인의 '복되고도 곤궁한' 상황이 시의 내용뿐만 아니라 형식에도 영향을 미친다는 그의 독특한 시론(詩論)이지요. 시가 자발적으로 찾아오고 시인은 그것을 낱말과 문장 속에 담을 뿐이라면, 그것이 시의 내용을 지배할 것이란 점은 어렵지 않게 짐작할 수 있습니다. 하지만 그것이 시의 형식까지 좌지우지한다니, 언뜻 수긍이 가지 않지요?

김수영의 산문 〈시여, 침을 뱉어라〉에는 이 범상치 않은 시론과 연관된 내용이 들어 있는데, 우리는 여기에서 그가 왜 그런 주장을 하는지를 알아낼 수 있습니다.

> 시작(詩作)은 '머리'로 하는 것이 아니고 '심장'으로 하는 것도 아니고 '몸'으로 하는 것이다. '온몸'으로 밀고 나가는 것이다. 정확하게 말하자면, 온몸으로 동시에 밀고 나가는 것이다. (……) 이 말은 곧 온몸으로 바로 온몸을 밀고 나가는 것이 된다. 그런데 시의 사변에서 볼 때, 이러한 온몸에 의한 온몸의 이행이 사랑이라는 것을 알게 되고, 그것이 바로 시의 형식이라는 것을 알게 된다.

우선 시 짓기가 '몸'으로 하는 것이라는 말은 무엇을 의미할까요? 또 그것이 사랑이라는 것을 알게 되고, 시의 형식이라는 것을 알게 된다는 말은 무슨 뜻일까요? 마치 수수께끼와 같은 이 글에 대해서 의견들이 무척 다양합니다. 그렇지만 그 어느 것도 이 글에 대한 이런저런 의문들을 말끔히 해소하지는 못합니다. 그렇지만 우리가 취하고 있는 시의 '자발성'과 '선행성'이라는 관점에서 보면 모든 의문이 단번에 풀립니다.

단도직입적으로 말할까요? 이 글은 한마디로 시인이 시의 종복이라는 것을 의미할 뿐입니다. 그렇기 때문에 시인은 자신의 머리(이성)로도 아니고, 가슴(감성)으로도 아니고, 온몸으로, 즉 머리와 가슴을 다 합한 온몸을 다하여 주인인 시의 뜻을 따라야 한다는 뜻이지요. 그리고 그렇게 온몸으로 따르는 것이 주인인 시에 대한 사랑이기 때문에, 시인은 내용뿐만 아니라 형식까지도 '자발적·선행적으로' 다가오는 시를 따라야 한다는 말입니다. 한마디로, 존재의 언어인 시가 말하고 시인은 내용이든 형식이든 오직 그것을 따라–말해야 한다는 거지요.

그런 의미에서 김수영 시인은 "시를 쓴다는 것이 무엇인지를 알면 다음 시를 못 쓰게 된다. 다음 시를 쓰기 위해서는 여태까지의 시에 대한 사변을 모두 파산시켜야 한다"라는 말을 인용한 글의 앞에 미리 적어놓았습니다. 자기 머리(이성)를 따라서는 안 된다는 말입니다. 그리고 글 후미에서는 같은 말을 "그런데 여기에서 중요한 것은 시의 예술성이 무의식적이라는 것이다. 시인은 자기가 시인이라는 것을 모른다. 자기가 시의 기교에 정통하고 있다는 것을 모른다"라고도 했습니다. 자기 가슴(감성)을 따라서도 안 된다는 말이지요. 또 다른 산문인 〈로터리의 꽃의 노이로제-시인과 현실〉에서 진정한 시는 "자기를 죽이고 타자가 되는 사랑의 작업이며 자세"라고 규정했습니다. 시짓기에 있어 시인은 자기의 머리(이성)도, 자기의 가슴(감성)도 죽이고 오직 온몸으로 주인인 시의 종복이 되어야 한다는 말입니다.

이런 관점에서 읽으면 김수영 시인이 같은 글에서 펼친 다음의 특이한 주장도 어렵지 않게 이해할 수 있습니다.

> 시는 문화를 염두에 두지 않고, 민족을 염두에 두지 않고, 인류를 염두에 두지 않는다. 그러면서도 그것은 문화와 민족과 인류에 공헌하고 평화에 공헌한다.

시가 문화를, 민족을, 인류를 염두에 두지 않는데도, 문화와 민족과 인류에 공헌하고 평화에 공헌한다니요! 언뜻 보기에는 그것이 어떻게 가능할까 이해가 되지 않습니다. 앞뒤가 서로 맞지 않는 것 같기 때문이지요. 하지만 이 말도 역시 시의 '자발성'과 '선행성' 때문에 가능한 것입니다. 다시 말해 존재의 진리인 시가 스스로 말하고 시인은 단지 그것을 따라-말하기 때문에 가능하다는 거지요. 시(또는 시인)가 임의로 문화, 민족, 인류를 염두에 두지 않더라도 시 안에 들어와 있는 존재의 진리가 문화, 민족, 인류가 살아갈 토대를 이미 마련하고 있기 때문에 시(또는 시인)는 문화와 민족과 인류에 공헌하고 평화에 공헌하게 된다는 말입니다. 하이데거는 같은 말을 다음과 같이 했습니다.

(존재의) 진리는 작품 속에서는 오히려 미래의 보존자들에게, 다시 말해 한 역사적 인류에게 내던져져온다. 그렇지만 내던져져온 것은 결코 자의적으로 추정된 어떤 것이 아니다. 진정한 대응투사(시 짓기)는, 그 안의 현존재가 역사적 현존재로서 이미 던져져 들어가 살고 있는 세계를 열어 보임이다. 그것은 '대지(Erde)', 즉 역사적 민족을 위한 그들의 대지인데, 그 위에서 그 민족이 은폐된 것들과 함께 살아가는 숨겨진 토대이다.

시인들이여! 우리에게 주어진 사명은

사라져버린 신의 시대, 새로운 신이 오지 않은 시대, 세계의 밤의 시대, 이같이 특징지어지는 우리 시대를 하이데거는 "궁핍한 시대(die drftige Zeit)"라고 불렀습니다. 그리고 이 시대를 사는 시인에게 사명을 부여했습니다. 모두가 신과 신성한 것의 결핍으로 말미암아 절망하며 비참한 삶을 이어가고 있을 때, 시인은 시 짓기를 통해 은폐된 존재의 진리를 열어 밝힘으로써 신성한 세계를 보여주어야 한다는 것이지요.

하이데거의 이 같은 주장은 그가 시인 중의 시인이라고 칭송한 프리드리히 횔덜린(Friedrich Hölderlin, 1770~1843)의 시에 나타난 사유와 맥을 같이하고 있습니다.

하지만 그대 시인들이여! 우리에게 주어진 사명은,
신의 뇌우 밑에서도, 맨머리로 서서
신의 빛살을 제 손으로 잡아,
그 천상의 선물을 노래로 감싸
백성들에게 건네주는 것이리라

― 프리드리히 횔덜린, 〈궁핍한 시대의 노래〉 부분

이때 하이데거가 말하는 신은 어떤 특정 종교의 신, 예컨대 기독교에서 숭배하는 신이나 무당이 부르는 주술적 신이 아닙니다. 시인이 이름 부르는 신은 존재의 진리를 전하는 신, 곧 모든 존재자들이 존재하는 의미를 참답게 열어 밝혀주는 신이지요. 하이데거는 이 신을 "마지막 신(Der letzte Gott)"이라고 불렀습니다.

시인은 이 마지막 신의 '은밀한 눈짓'을 포착하여, 즉 존재의 진리가 스스로를 열어 밝히는 '고요의 울림'을 듣고, 그의 "말씀(Sage)"을 시어로 보존하는 사람입니다. 그럼으로써 사회적·역사적 요구가 우러나오는 대지, 존재의 진리가 스스로 드러냄으로써 사람들이 살아가게 하는 토대, 곧 김수영 시인이 말하는 문화와 민족과 인류에 공헌하는 삶의 지향을 마련해주는 사람이지요.

이는 시인이란 신과 인간의 중간에서 신의 말씀을 노래로 감싸서 전하는 사람이지만, 종교적 예언자보다는 역사적 선구자에 더 가깝고, 주술적 무당보다는 사회적 혁명가에 더 근접하다는 것을 의미합니다. 김수영 시인이 〈시의 '뉴 프런티어'〉라는 산문에서 "진정한 시인은 혁명가인 것이다"라고 선언한 것이 그래서이고, 하이데거가 시 짓기를 "그 안의 현존재가 역사적 현존재로서 이미 던져져 들어가 살고 있는 세계를 열어 보임"이라고 규정한 것도 그래서입니다. 하이데거에게 시 짓기란 '진리의 정립'이자 '역사의 건립'이지요.

"예술의 본질은 시 짓기다. 그러나 시 짓기의 본질은 진리의 정립이다"라고 규정한 〈예술 작품의 근원〉에서 그는 다음과 같이 부연했습니다.

예술이 생기할 때마다, 즉 하나의 시원이 시작될 때마다, 역사 속으로 하나의 충격이 가해지며 (그로 말미암아) 역사는 비로소 처음으로 혹은 다시금 (새롭게) 시작된다. 여기서 역사란 그것이 아무리 중요한 사건이라고 할지라도 시간 속에 존재하는 사건의 추이를 뜻하지 않는다. 역사란 한 민족에게 공동적으로 부여된 사명 속으로 그 민족을 밀어 넣는 것인 동시에 그 민족이 떠맡아야 할 과제 속으로 그 민족을 몰입하게 하는 것이다.

김수영 시인이 〈모더니티의 문제〉라는 시평에서 우리 시인들을 다음과 같이 질타하는 것도 이와 같은 맥락에서 이해해야 합니다.

시인의 스승은 현실이다. 나는 우리의 현실이 시대에 뒤떨어진 것을 부끄럽고 안타깝게 생각하지만, 그보다 더 부끄럽고 안타까운 것은, 이 뒤떨어진 현실을 직시하지 못하는 시인의 태도이다. 오늘날 우리의 현대시의 양심과 작업은 이 뒤떨어진 현실에 대한 자각이 모체가 되어야 할 것이다. 우리의 현대시의 밀도는 이 자각의 밀도이고, 이 밀도는 우리의 비애, 우리만의 비애를 가리켜준다.

여기에서 "우리의 현실이 시대에 뒤떨어"졌다는 김수영 시인의 말은 우리 시가 서구적 현대성(모더니티)을 따라가지 못한다는 뜻이 아닙니다. 그는 우리의 젊은 시인들이 우리가 당면하고 있는 역사적·

사회적 현실, 우리의 비애, 우리만의 비애, 그러니까 하이데거가 말한 "그 안의 현존재가 역사적 현존재로서 이미 던져져 들어가 살고 있는 세계"에 대한 자각이 없다는 것을 질타한 것입니다. 곧 "한 민족에게 공동적으로 부여된 사명 속으로 그 민족을 밀어넣는 것인 동시에 그 민족이 떠맡아야 할 과제 속으로 그 민족을 몰입하게 하는 것"에 대한 인식이 없다는 것을 개탄한 거지요. 그렇지만 김수영 시인은 〈시여, 침을 뱉어라〉에서 다음과 같은 희망도 잊지 않고 덧붙입니다.

> 낙숫물로 바위를 뚫을 수 있듯이, 이런 시인의 헛소리가 헛소리가 아닐 때가 온다. 헛소리다! 헛소리다! 헛소리다! 하고 외우다 보니 헛소리가 참말이 될 때의 경이. 그것이 나무아미타불의 기적이고 시의 기적이다. 이런 기적이 한 편의 시를 이루고, 그런 시의 축적이 진정한 민족의 역사의 기점(起點)이 된다.

어때요? 시는 비록 낙숫물처럼 작고 약하지만 바위를 뚫을 수 있다고 하잖아요. 헛소리 같지만 참말이 될 때가 있다고 하잖아요. 이것이 나무아미타불의 기적이고 시의 기적이라고 하잖아요. 이 같은 시의 축적이 진정한 민족의 역사의 기점이 된다고 하잖아요. 당신도 그런 생각이 드나요? 그렇다면 다시 한번 묻고 싶은데, 혹시 시를 쓰고 싶지 않으세요?

그렇다고요, 이제 쓰고 싶다고요! 내가 그럴 줄 알았어요. 그렇다면, 쓰세요! 조용히 귀를 기울이고 모든 존재하는 것들의 의미가 우리에게 속삭이는 '고요의 울림'을 들어보세요. 그 안에는 자연에 대한 경탄, 사랑에 대한 갈망, 자유와 정의에 대한 소망, 사회적 약자들에 대한 연민, 그리고 우리가 떠맡아야 할 역사적 사명과 과제 등이 들어 있을 거예요. 그것들을 단어와 문장에 담아보세요. 그럼으로써 당신이 "역사적 현존재로서 이미 던져져 들어가 살고 있는 세계"를 열어 밝혀 보세요. 그것이 시이고, 사랑이고, 불의에 저항하는 분노잖아요.

나는 당신이 누구든, 무엇을 하는 사람이든, 틈틈이 시를 읽고, 또 틈틈이 시를 쓰고, 사랑하고, 슬퍼하고, 분노하며, 시적으로 살아가길 권합니다. 그러면 당신의 삶이 훨씬 멋있어질 거예요. 그러면 우리가 사는 세계가 훨씬 아름다워질 겁니다. 혹시 누가 알아요? 그것을 통해 언젠가는 바위가 뚫리고, 나무아미타불의 기적이 일어나고, 민족의 역사가 바뀔지도?

횔덜린의 〈궁핍한 시대의 노래〉에 들어 있는 시구로 당신을 격려하며 이 장을 맺습니다. "인간은 이 땅 위에서 시적(詩的)으로 거주한다(doch dichterlisch wohnet Der Mensch auf dem dieser Erde)" 그런데 이게 무슨 뜻일까요? 이번엔 당신이 한번 맞춰보세요.

이 책에 인용된 글들의 출처

* 이 책에 인용한 시는 '한국문예학술저작권협회'와 출판권을 가진 출판사를 통해 저작권자의 동의를 얻어 수록했습니다.
* 시는 작품명만 표기하고, 시를 제외한 작품들은 출판사와 출판 연도를 밝혔습니다. 원서를 참고한 경우 원서명과 출판사, 출판 연도를 표기했습니다.
* 페이지는 이 책 본문에서 인용문이 시작된 지점을 기준으로 표기했습니다.

- 8쪽 : 기욤 아폴리네르, 〈미라보 다리〉
- 19쪽 : 베르톨트 브레히트, 〈적당한 값을 받는 시인들의 노래〉
- 22-25쪽 : 안토니오 스카르메타, 《네루다의 우편배달부》, 우석균 옮김(민음사, 2004)
- 26쪽 : 파블로 네루다, 〈스무 편의 사랑의 시와 한 편의 절망의 노래 18〉
- 29쪽 : 파블로 네루다, 〈엉겅퀴에 바치는 송가〉
- 32쪽 : 김광균, 〈추일서정〉
- 40쪽 : Martin Heidegger, 〈Der Ursprung des Kunstwerk(예술작품의 근원)〉, 《Horzweg(숲길)》(Vittorio Klostermann, 1977)
- 43쪽 : 정일근, 〈신문지 밥상〉
- 46쪽 : 파블로 네루다, 〈그 이유를 말해주지〉
- 47쪽 : 파블로 네루다, 〈나는 살리라〉
- 49쪽 : 김지하, 〈속 3〉 | 정희성, 〈이것은 시가 아니다〉
- 51쪽 : 진은영, 〈러브 어페어〉
- 62쪽 : 서정주, 〈다시 밝은 날에-춘향의 말 2〉
- 64쪽 : 전봉건, 〈춘향연가〉
- 65쪽 : 문정희, 〈한계령을 위한 연가〉
- 70쪽 : 문정희, 〈찔레〉 | 최승자, 〈여자들과 사내들〉
- 71쪽 : 최승자, 〈청파동을 기억하는가〉
- 72쪽 : 기형도, 〈빈집〉
- 74쪽 : 문정희, 〈다시 남자를 위하여〉
- 76, 78-79, 83, 85, 87쪽 : 알랭 바디우, 《사랑 예찬》, 조재룡 옮김(길, 2010)
- 79쪽 : 키비, 〈자취일기〉

- 81쪽 : 마종기, 〈바람의 말〉
- 84쪽 : 김종해, 〈그대 앞에 봄이 있다〉
- 86쪽 : 정희성, 〈그대 귓가에 닿지 못한 한마디 말〉
- 91-92쪽 : 에리히 프롬, 《사랑의 기술》, 황문수 옮김(문예출판사, 2006)
- 96쪽 : 유치환, 〈행복〉
- 108쪽 : 한용운, 〈님의 침묵〉
- 111쪽 : 호세 오르테가 이 가세트, 《사랑에 관한 연구》, 전기순 옮김(풀빛, 2008)
- 115쪽 : 김남조, 〈그대 있음에〉
- 116쪽 : 프리츠 하이네만, 《실존철학》, 황문수 옮김(문예출판사, 2009)
- 120쪽 : 심보선, 〈'나'라는 말〉
- 122쪽 : Gabriel Marcel, 《le mystère de l'être Ⅱ (존재의 신비 Ⅱ)》(Aubier, 1951)
- 124쪽 : Jean-Paul Sartre, 《Huis clos—Geschlossene Gesellschaft(닫힌 방—닫힌 사회)》(Stark, 2002)
- 126쪽 : 최승자, 〈일찌기 나는〉
- 133쪽 : 알랭 바디우, 《윤리학》, 이종영 옮김(동문선, 2001)
- 134쪽 : 엘리자베스 배럿 브라우닝, 〈당신이 날 사랑해야 한다면〉
- 137, 140쪽 : 마셜 로젠버그, 《비폭력 대화》, 캐서린 한 옮김(한국NVC출판사, 2011)
- 144쪽 : 신경림, 〈갈대〉
- 145쪽 : 정호승, 〈수선화에게〉
- 148쪽 : 요한 볼프강 폰 괴테, 〈미뇽〉 | 박두진, 〈도봉〉
- 150쪽 : 안도현, 〈그립다는 것〉 | 나희덕, 〈천장호에서〉
- 151쪽 : 도종환, 〈봉숭아〉
- 152쪽 : 김소월, 〈먼 후일〉
- 153쪽 : 정희성, 〈한 그리움이 다른 그리움에게〉
- 154-155쪽 : Friedrich Wilhelm Nietzsche, 《Also sprach Zarathustra(차라투스트라는 이렇게 말했다)》(Walter de Gruyter, 1968)
- 155쪽 : 정호승, 〈수선화에게〉
- 159쪽 : 오르탕스 블루, 〈사막〉
- 161쪽 : 최승자, 〈겨울에 바다에 갔었다〉
- 163쪽 : 블레즈 파스칼, 《팡세》, 김형길 옮김(서울대학교출판문화원, 2010)
- 164쪽 : 최승자, 〈외로움의 폭력〉 | 최승자, 〈외롭지 않기 위하여〉
- 166쪽 : 최승자, 〈겨울에 바다에 갔었다〉
- 168쪽 : Lucius Annaeus Seneca, 《Seneca Dialogues(대화)》(Oxford University Press, 1977)
- 169쪽 : 에리히 프롬, 《사랑의 기술》, 황문수 옮김(문예출판사, 2006)

- 170, 178쪽 : 최승자, 〈여의도 광시곡〉
- 172쪽 : 김수영, 〈눈〉
- 176쪽 : 김수영, 〈시여, 침을 뱉어라〉,《김수영 전집 2-산문》(민음사, 1990)
- 184쪽 : 진은영, 〈어쩌자고〉
- 185쪽 : 도종환, 〈흔들리며 피는 꽃〉
- 188쪽 : 오세영, 〈그릇〉 | 유치환, 〈석굴암 대불〉
- 190쪽 : 진은영, 〈70년대産〉
- 196쪽 : 신경림, 〈길〉
- 199쪽 : Nicolai Hartmann,《Ethik(윤리학)》(Walter de Gruyter, 1962)
- 200쪽 : 정석주, 〈대추 한 알〉
- 201쪽 : 쇠얀 키르케고르,《죽음에 이르는 병》, 임춘갑 옮김(치우, 2011)
- 203쪽 : 진은영, 〈달로 가는 비행기〉
- 209쪽 : 김광규, 〈상행〉
- 213쪽 : 강은교, 〈사랑법〉
- 218쪽 : Martin Heidegger,《Sein und Zeit(존재와 시간)》(Vittorio Klostermann, 1977)
- 238쪽 : 유희경, 〈꿈속에서〉
- 240쪽 : 정호승, 〈고래를 위하여〉
- 245-246, 299쪽 : 리처드 레이어드,《행복의 함정》, 정은아 옮김(북하이브, 2011)
- 251쪽 : 피터 싱어,《이렇게 살아가도 괜찮은가》, 정연교 옮김(세종서적, 1996)
- 252쪽 : 도종환, 〈담쟁이〉
- 261쪽 : 장정일, 〈백화점 왕국〉
- 263쪽 : 막스 베버,《프로테스탄티즘의 윤리와 자본주의 정신》, 이종오 옮김(계명대학교 출판부, 1998)
- 266, 300쪽 : 김수영, 〈VOGUE야〉
- 272쪽 : 유하, 〈바람 부는 날이면 압구정동에 가야 한다 2〉 | 함성호, 〈잠실 롯데 월드-건축사회학〉
- 275쪽 : 장 보드리야르,《소비의 사회》, 이상률 옮김(문예출판사, 1992) | 문정희, 〈몸이 큰 여자〉
- 277쪽 : 오규원, 〈가끔은 주목받는 生이고 싶다〉
- 278쪽 : 함민복, 〈광고의 나라〉
- 279쪽 : 함민복, 〈자본주의 사랑〉
- 281쪽 : 천상병, 〈행복〉
- 285, 302쪽 : 유하, 〈오징어〉
- 286쪽 : 정우영, 〈압구정동이라는 사막〉
- 287쪽 : 정현종, 〈아침〉

- 294쪽 : 신경림, 〈아, 막달라 마리아조차!〉
- 296쪽 : 피터 싱어, 《이렇게 살아가도 괜찮은가》, 정연교 옮김(세종서적, 1996)
- 297쪽 : Gabriel Marcel, 《le mystère de l'être Ⅱ (존재의 신비Ⅱ)》(Aubier, 1951) ǀ 헤르만 헤세, 〈행복해진다는 것〉
- 300, 302쪽 : 김수영, 〈사랑의 변주곡〉
- 303쪽 : 김수영, 〈그 방을 생각하며〉 ǀ 김수영, 〈풀〉
- 310-311, 327, 345, 351-352쪽 : 지그문트 바우만, 《유동하는 공포》, 함규진 옮김(산책자, 2009)
- 314쪽 : 이상, 〈오감도-제1호〉
- 316쪽 : 이상, 〈대낮-어느 ESQUISSE〉
- 319쪽 : 진은영, 〈망각은 없다〉 ǀ 최영철, 〈먹이 사슬〉
- 320, 325쪽 : 도종환, 〈천변지이〉
- 322쪽 : 김승희, 〈110층에서 떨어지는 여자-9·11에 죽은 여자를 추모하며〉
- 323쪽 : 허수경, 〈원폭수첩 2〉
- 331쪽 : 마르틴 하이데거, 《기술과 전향》, 이기상 옮김(서광사, 1993)
- 332쪽 : 김혜순, 〈껍질의 노래〉
- 341쪽 : 한스 요나스, 《기술 의학 윤리》, 이유택 옮김(솔출판사, 2005) ǀ 진은영, 〈문학적인 삶〉
- 343쪽 : 최승자, 〈여의도 광시곡〉
- 348쪽 : 스테판 에셀, 《분노하라》, 임희근 옮김(돌베개, 2011)
- 353쪽 : 김수영, 〈풀〉
- 357쪽 : 최영미, 〈시〉
- 358쪽 : 파블로 네루다, 〈시〉
- 360쪽 : 김용택, 《시가 내게로 왔다》(마음산책, 2001)
- 361쪽 : 장정일, 〈가방을 든 남자〉
- 363, 366쪽 : 장정일, 〈길안에서의 택시잡기〉
- 369쪽 : 정현종, 〈시를 기다리며〉
- 371, 393, 396쪽 : Martin Heidegger, 〈Der Ursprung des Kunstwerk(예술작품의 근원)〉, 《Horzweg(숲길)》(Vittorio Klostermann, 1977)
- 375쪽 : Martin Heidegger, 〈Was ist Metaphysik? Nachwort(형이상학이란 무엇인가, 후기)〉, 《Wegmarken》(Vittorio Klostermann, 1976)
- 379, 382쪽 : 김수영, 〈말〉
- 380쪽 : 라이너 마리아 릴케, 〈오르페우스에게 바치는 소네트〉
- 384쪽 : 김수영, 〈눈〉
- 387쪽 : 김수영, 〈'4·19' 시〉

- 390, 392, 397쪽 : 김수영, 〈시여, 침을 뱉어라〉, 《김수영 전집 2-산문》(민음사, 1990)
- 394쪽 : 프리드리히 휠덜린, 〈궁핍한 시대의 노래〉
- 396쪽 : 김수영, 〈모더니티의 문제〉, 《김수영 전집 2-산문》(민음사, 1990)

철학카페에서 시 읽기

초판 1쇄 발행 2011년 11월 14일
초판 21쇄 발행 2025년 5월 7일

지은이 김용규

발행인 윤승현 **단행본사업본부장** 신동해 **편집장** 김경림
디자인 이석운 **교정교열** 최아림
마케팅 최혜진 이은미 **홍보** 반여진 허지호 송임선
국제업무 김은정 김지민 **제작** 정석훈

브랜드 웅진지식하우스
주소 경기도 파주시 회동길 20
문의전화 031-956-7366 (편집) 02-3670-1123 (마케팅)
홈페이지 www.wjbooks.co.kr
인스타그램 www.instagram.com/woongjin_readers
페이스북 www.facebook.com/woongjinreaders
블로그 blog.naver.com/wj_booking

발행처 ㈜웅진씽크빅
출판신고 1980년 3월 29일 제406-2007-000046호

© 김용규, 2011
ISBN 978-89-01-13511-3

웅진지식하우스는 ㈜웅진씽크빅 단행본사업본부의 브랜드입니다.
이 책은 저작권법에 따라 보호받는 저작물이므로 무단전재와 무단복제를 금지하며,
이 책의 전부 또는 일부를 이용하려면 반드시 저작권자와 ㈜웅진씽크빅의 서면 동의를 받아야 합니다.

* 책값은 뒤표지에 있습니다.
* 잘못된 책은 구입하신 곳에서 바꾸어 드립니다.